The Caddo Language

Wallace Chafe

A grammar, texts, and dictionary
based on materials collected by the author
in Oklahoma between 1960 and 1970

Mundart Press
2018

Copyright © 2018 by Joshua Jacob Snider
Mundart Press, 807 Howard Street, Petoskey MI 49770

All rights reserved. No part of this book may be reproduced or transmitted in any form or by any means, electronic or mechanical, Including photocopying, recording, or by any information storage and retrieval system, without permission in writing from the publisher.

The publisher hereby grants such permission to the Caddo Nation for any tribal educational or cultural purpose.

Publisher's Cataloging-in-Publication Data

    Names: Chafe, Wallace, author.

    Title: The Caddo language : a grammar, text and dictionary based on materials collected by the author in Oklahoma between 1960 and 1970 / Wallace Chafe.

    Description: Petoskey, MI : Mundart Press, 2018. | Includes bibliographical references. | Contents: Part one. The structure of the Caddo language -- Part two. Caddo texts -- Part three. English-Caddo dictionary.

    Identifiers: ISBN: 978-0-9903344-1-5 | LCCN: 2018910336

    Subjects: LCSH: Caddo language. | Caddo language--Grammar. | Caddo language--Texts. | Caddo language--Dictionaries. | Caddo Indians. | BISAC: FOREIGN LANGUAGE STUDY / Native American Languages.

    Classification: LCC: PM721 .C43 2018 | DDC: 497/.93--dc23

Contents

Acknowledgments	vii
Abbreviations	viii
Part One. The Structure of the Caddo Language	1
Chapter 1. Introduction	2
The Caddos	3
Early Sources on the Language	5
Chapter 2. Phonology	7
Phonological Changes	8
Phonological Changes Associated with Particular Morphemes	13
Formal and Informal Styles	14
Chapter 3. Nouns	15
Chapter 4. Adjectives	18
Chapter 5. Basic Verb Structure	21
Weak Preverbs	23
Questionable Preverbs	23
Reconstructed Stage	24
Chapter 6. Pronominal Prefixes	25
The Defocusing Prefix	26
Realis and Irrealis	28
Chapter 7. Number and Distribution	31
Distribution	32
Summary of Number and Distributive Prefixes	33
Chapter 8. Tense-Aspect Suffixes	36
Chapter 9. Proclitics	39
Past tense	43
Negation	44
Subordination	45
Deixis	46
Aspect	46
Modality	47
Chapter 10. Valence	48

The Causative Suffix	48
The Portative Prefix	49
The Motion Causative Prefix	49
The Benefactive Prefix	49
Middle Voice	50
Chapter 11. Extensions of the Base	52
Noun Incorporation	52
Posturals	55
Locatives	56
The Reversive	58
Finality	59
Chapter 12. Questions	60
Question-Word Questions	60
Yes-No Questions	61
Part Two. Caddo Texts	63
Introduction	64
Text 1. Coyote becomes a Mortar	65
Text 2. The Wolf and the Ducks	69
Text 3. The Wolf and the Wren	77
Text 4. How the Turtle Got Squares on his Back	90
Text 5. The Old Woman and the Elves	95
Text 6. The Transformed Husband and the Elf	103
Text 7. Memories from Dorcas Johnson's Mother	134
Text 8. Pauline Washington's Father	149
Text 9. History of the Murrow Dance Ground	164
Text 10. Speech by T'ámma' at Caddo Dance	182
Part Three. English-Caddo Dictionary	185
Introduction	186
The Dictionary	188
References	320

Acknowledgments

I am grateful for the collaboration of various Caddo speakers but above all for the contributions of Sadie Bedoka Weller (1903-1970), without whose active interest in preserving a record of her language this work would be much thinner than it is. Further assistance was provided by Clara Brown, Leon Carter, Christine Frank, Wilson Kionute, and Etta and Roscoe Shemayme. I have also benefited greatly from the work of Lynette Melnar, who joined me at a time when helpful Caddo speakers were no longer easy to find. She combined her findings with mine in a description of Caddo verb morphology that was published as Melnar (2004), on which the morphological analysis in this work is to a large extent based. I have also made use of the Caddo recordings made by Daniel da Cruz in 1956 and later passed on to me. I thank Karen and Alan Buseman for their help with the database program Toolbox and especially for formatting the English-Caddo dictionary as it appears in this work. Other commitments of the author and Mrs. Weller's untimely death have kept this work in limbo for much too long. I hope that what is presented here provides a useful introduction to the nature of this uniquely interesting and beautiful language.

Abbreviations

abs	absolutive	mir	mirative
agt	agent	nom	nominalizer
and	andative	nnsuff	noun suffix
anim	animate	oblig	obligative
ben	beneficiary	part	partial
benfv	benefactive	perf	perfect
cisloc	cislocative	pl	plural
cond	conditional	pop	populative
cont	continuative	port	portative
defoc	defocused	poss	possibility
dist	distributive	pot	potential
du	dual	prenn	prenoun
fut	future	prevb	preverb
gen	generic	prior	prioritive
hab	habitual	prob	probability
hort	hortative	prohib	prohibitive
hrsay	hearsay	ptcpl	participle
impfv	imperfective	result	resultative
ind	indicative	revers	reversive
indis	indiscriminate	sg	singular
indiv	individuative	sub	subordinator
inst	instrumental	temp	temporal
irr	irrealis	transloc	translocative
loc	locative	var	varietive
mcaus	motion causative		

Part One. The Structure of the Caddo Language

Chapter 1. Introduction

While I was working in the Bureau of American Ethnology of the Smithsonian Institution between 1959 and 1962 I was intrigued by Edward Sapir's speculation on a remote genetic relation between the Caddoan and Iroquoian language families (Sapir 1949: 173). Having already had some experience with Iroquoian languages I wanted to learn more about Caddoan, concerning which there was at that time a serious lack of detailed information. In the fall of 1959 I paid brief visits to speakers of all the surviving Caddoan languages—Arikara, Pawnee, Wichita, and Caddo—and decided to devote my primary attention to Caddo. Later Douglas Parks began working with Pawnee and Arikara (e.g., Parks 1976, 1991) and David Rood with Wichita (e.g., Rood 1996). Much earlier, in 1929-30, Alexander Lesser had collected material on a fifth Caddoan language known as Kitsai, whose last speaker passed away in about 1940 (Bucca and Lesser 1969; Parks 1977: 44-64).

As I looked for Caddo speakers in and around Anadarko, Oklahoma, I was told about Sadie Bedoka, who was at that time living in a small one-room house where she had placed everything within easy reach. When she was a small girl she contracted polio and spent the rest of her life on crutches. She had four brothers but spent most of her childhood with an aunt and uncle who lived near the town of Binger. They spoke Caddo most of the time, and wanted to pass on Caddo traditions to their niece. When I met her Sadie had already served as a Caddo consultant for others, above all for Daniel da Cruz, and she took pleasure in passing on her knowledge. Although most people knew her as Sadie Bedoka, she preferred to be called Sadie Bedoka Weller. I never learned who Mr. Weller had been.

I spent the summers of 1961 through 1965, except for the summer of 1963, working above all with Mrs. Weller. She and I visited other Caddo speakers, recording stories, reminiscences, and conversations. After 1965 I returned for shorter visits until Mrs. Weller passed away in 1970. Helpful during that time was Leon Carter along with others mentioned in the acknowledgments, but as time passed my attention was diverted to other projects that left my work with Caddo incomplete. I was fortunate, however, to be joined by Lynette Melnar, whose revision of her University of Chicago dissertation on Caddo verb morphology was published as Melnar (2004). The present work supplements hers by adding descriptions of Caddo nouns and adjectives, sample texts, and an English-Caddo dictionary. The description of verbs in this work owes a great deal to Melnar's description, but both works should be consulted for a complete picture of that complex topic.

The Caddos

At the time of their first contact with Europeans the ancestors of the Caddos were loosely organized into three major groups that inhabited a vast area covering parts of what are now Texas, Louisiana, Arkansas, and Oklahoma. The Hasí:nay group was centered near the Neches and Angelina Rivers in eastern Texas. The Kadohdá:chu' group was centered near the great bend of the Red River near the Arkansas-Louisiana border, and there was a smaller group farther down the Red River known as Na Shit'ush (*at the Pawpaw*). Hasí:nay has now become the name in their language for the Caddos in general.

Caddo culture closely resembled that of tribes of the Southeast. The Caddos cultivated corn, beans, squash, sunflowers, and tobacco and made use of the fruits and nuts that grew abundantly in their area. They hunted deer and turkeys, ate fish, and depended less on buffalo than did tribes of the Plains. They did a great deal of trading, dealing especially in salt and in bows made from the Osage orange or bois d'arc tree (*Maclura pomifera*). Their pottery was noteworthy: "In Caddo ceramics the art of the Southeast easily reached its apex, for while there are specimens of pottery from the Middle Mississippi region and Moundville which show as high technical excellence, there are none that, upon the whole, exhibit equal artistic feeling" (Swanton 1942: 159).

Their principal governmental officer was a kind of high priest, but there were a number of local chiefs and others forming a stratified system that resembled but was less rigid than the caste system of the Natchez. They had temples containing a sacred fire from which domestic fires were obtained. Their medicinal practices included extensive use of herbs and songs, and there were calendrical ceremonies associated with the agricultural cycle. Swanton concluded his survey of the available documentation by writing, "In brief, the connection of the Caddo with the Southeastern tribes is evident in every aspect of their lives—material, social, and ceremonial—such differences as existed being in matters of detail and never in fundamentals" (Swanton 1942: 239). Parsons wrote that even in the twentieth century she was "impressed by the persistence of Southeastern traits in these fragmentary groups of the once large Caddo confederacies" (Parsons 1941: 5). During my own linguistic work in the 1960s I was told by Caddos themselves that their culture was affiliated with tribes of the Southeast and I heard disparaging remarks concerning the food, clothing, and habits of Plains Indians.

The first encounter the Caddos had with Europeans was a tragic one as a result of the cruelly destructive Hernando de Soto expedition in 1541 and 1542 (Chafe 1993). They had no further significant contacts with Europeans until they were visited by Robert Cavelier, Sieur de la Salle, in 1686, after which they were frequently contacted by Spanish and French missionaries and traders. Discussions of Caddo history and culture are available in Glover (1935), Parsons (1941), Swanton (1942), Hughes (1968), Bolton (1987), Newkumet and Meredith (1988), Perttula (1992), Carter (1995), Smith (1995, 1996), and Rogers and Sabo (1996, 2004). The Caddos called each other Táysha' *Friends* to distinguish themselves from hostile neighbors like the Osages. The Spanish equated the Caddo sound spelled **ay** with Spanish **e**, and wrote the **sh** sound with the letter **x**. Adding the Spanish plural **s**, they referred to the Caddos as the Texas Indians and this name, given an English pronunciation, came eventually to be applied to the American state, much of whose eastern portion was once part of the Caddo homeland.

The vast and desirable territory occupied by the Caddos whetted the appetites of Spain, France, England, Mexico, and the Texas Republic, more or less in that order, and finally of the United States. For some time the Caddos were able to hold their own in their dealings with the Spanish and French, but that changed with the end of Spanish and French influence in Texas and Louisiana. By a treaty concluded in 1835 they relinquished their land in Louisiana to the United States in return for money that was only partially paid to them in the years following. Some of the Louisiana Caddos joined their allies in Texas, but the two groups were unable to find a permanent home until a small reservation was set aside for them on the Brazos River in 1855. White settlers who were hostile to all Indians threatened to annihilate them in 1859, and the entire population of the Brazos River reservation fled north into Indian Territory, now Oklahoma, settling in what became Caddo County.

By that time the diversity of Caddo subdivisions had been reduced to three recognized groups: the Na Dá:kuh (*at the*

Bumblebee), the Kaduhdá:chu', and the Háynay. The Na Dá:kuh gave their name in the form Anadarko to the town that became the site of the Indian Agency, where they were joined by the Kaduhdá:chu'. Other settlements were located in and around the present towns of Gracemont and Binger. The Háynay settled in the area of Ft. Cobb, Na Sún:dah *at the soldier* (from French *soldat* with the regular replacement of French L with Caddo N). The terms of the General Allotment (Dawes) Act of 1887 resulted in the partitioning of Caddo lands into 160-acre parcels. A flood of white settlers entered Caddo territory in the Oklahoma land rush of 1889, creating a checkerboard pattern of Caddo and white properties.

Under the Indian Reorganization Act of 1934 a Caddo constitution was adopted, and in 1938 the Caddo Tribe of Oklahoma became their governing body with an elected chairman and council replacing the traditional govenment by chiefs. A revised constitution was ratified in 1976. During the 1970s the Caddos were awarded monetary compensation for land that had been taken from them, and a Caddo Complex with offices, meeting rooms, eating facilities, a senior citizens center, and both indoor and outdoor dance grounds was established near Binger. Frequent dances are held there now, as well as at the traditional Murrow Dance Ground. Noteworthy is the Turkey Dance, with its memorable songs and dance steps and elaborate women's costumes.

Earlier Sources on the Language

During the first decade of the nineteenth century John Sibley, the first Indian agent in the area, collected for Thomas Jefferson vocabulary lists of Caddo, of the Natchitoches dialect, and of a distinct language called Adai. The Natchitoches vocabulary has been lost, but the Caddo list was later published (Claiborne and Mason 1879), as was the Adai (Gallatin 1836: 307-67). One of Sibley's successors, George Gray, also collected a Caddo vocabulary along with some sentences, and this material, with nineteen additional words from Sibley, was published by Gallatin (1836: 307-67, 383-97, 409-13). Schoolcraft (1853: 709-12) published a Caddo vocabulary that had been collected by Captain Randolph B. Marcy. Twenty words of Caddo collected by Lieutenant Amiel Weeks Whipple were published at about the same time (Whipple 1856: 70). Still later in the nineteenth century James

Mooney included a Caddo glossary in his Ghost-Dance study (Mooney 1896: 1102-3).

In the twentieth century George A. Dorsey (1905) published a large number of Caddo texts in English translation. A set of Caddo kinship terms was discussed by Leslie Spier (1924). A number of Caddo words were included among some ethnographic notes published by Elsie Clews Parsons (1941). In 1956 Daniel da Cruz, then a student at Georgetown University, worked with Sadie Bedoka Weller and wrote a phonemic analysis of the language as a senior essay (da Cruz 1957). Allen Taylor (1963a and 1963b) discussed the Caddoan language family, as did Mithun (1999). Rudolph Troike (1964) wrote a note on the Caddo word for 'water'. A sketch of Caddo structure was published in Chafe (1976: 55-82). Melnar (2004) provided a more complete description of Caddo verb morphology. Caddo texts can be found in Parks (1977: 27-45), and an analyzed text with commentary in Chafe (2005a). Further information on the language can be found in Melnar (1996) and in Chafe (1968, 1979, 1983, 1990, 1995a, 1995b, 1997, 2005b, 2007, 2015, and 2017).

Chapter 2. Phonology

Caddo has only three vowels: **i**, **u**, and **a**. The first two, **i** and **u**—whether they are long or short, accented or unaccented—have a lower pronunciation, [ɪ] and [ʊ], than is usually associated with vowels in the high front and high back positions: for example **Hasí:nay** *Caddo*, **shú:wi'** *young man, warrior*. The third vowel, **a**, is pronounced as a low central [a] in an open syllable or in a syllable closed with a laryngeal consonant: for example **háyá:nuh** *person*, **da'** *deer*. It is raised to [ʌ] before any other consonant except **w** or **y**, for example **hashnih** *spring* (the season), and still higher to [ə] in a syllable closed with **w** or **y**: **'ahay** *yes*, **dahaw** *onion*.

A syllabic nucleus may be either short or long, length being marked here with **a** colon. It may be low-pitched (unmarked), high-pitched (marked with an acute accent), or falling-pitched (marked with a grave accent). Falling pitched syllables are always long. If the nucleus includes a sonorant, it is the sonorant rather than the vowel that is lengthened: **bán:k'as** *lizard*.

Internal reconstruction suggests that at an earlier stage the language may have had only the following consonants:

	Labial	Alveolar	Palatal	Velar	Laryngeal
Stops	p	t		k	
Fricative		s			
Glottal stop					'
Glottal continuant					h
Sonorants	w	n	y		

Numerous changes led to the following much larger consonant inventory. The spellings used here follow a currently preferred orthography.

	Labial	Alveolar	Palatal	Velar	Laryngeal
Voiceless stops	p	t		k	
Voiced stops	b	d			
Ejective stops		t'		k'	
Fricatives		s	sh		
Affricates		ts	ch		
Ejective affricates		ts'	ch'		

Glottal Stop					'
Glottal Continuant					h
Oral sonorants	w		y		
Glottalized sonorants	'w		'y		
Nasal sonorants	m	n			

Just as the two high vowels are pronounced in somewhat unusual ways, the consonant **h** is unusual in its breathy or murmured pronunciation [ɦ] before a voiced stop, oral sonorant, or glottal stop: **kahdi:** *chief*, **dúhya'** *now*, **bah'uh** *blood*. Also worth noting is glottalization that extends over an entire syllable. The word **'way'** meaning *in fact* begins and ends with glottalized sonorants. In syllable coda position the **y** is followed by a glottal stop, but that glottalization extends to the syllable onset which is pronounced as a preglottalized **'w**.

Phonological Changes

A number of phonological changes led to the current larger consonant inventory. Their ordering can be partially but not completely reconstructed as discussed in Chafe (1968). The following list may not be complete, and not all changes are illustrated. In this four-line format line 1, in boldface, is a phonemic representation. Line 2 is a reconstructed form of an analyzable word with hyphens separating the word into morphemes. Line 3 provides a gloss for each morpheme. Line 4, in italics, is an English translation of the entire word.

(1) Penultimate syllables were lengthened before a final CVC.

hítbakayibah > hípbakáybah > hípbakáy:bah
hít=baka-yi-bahw
PAST=voice-PREVB-perceive
he heard it

(2) A glottal stop was replaced by length at the end of any prepenultimate syllable.

    háktsi'ibi'sa' > háhtsi'bi'sa' > háhtsi:bi'sa'
    hák=tsi-'ibi'-sa'
    IND=1.AGT-hit-IMPFV
    I'm hitting it

(3) A word-internal syllable nucleus consisting of **iy** or **uw** was replaced by **i:** or **u:**.

    híttsiyibah > híttsíybah > híttsí:bah
    hít=tsi-yi-bahw
    PAST=1.AGT-PREVB-perceive
    I saw it

    hítkubakyibah > híkkuwchibah > híkku:chibah
    hít=ku-bak-yi-bahw
    PAST=1.PAT-voice-PREVB-perceive
    he heard me

(4) A sonorant was replaced by a corresponding stop in word-initial position or after some but not all proclitics.

    n > t / #- **ti:dih'a'**   **w > p / #-** **pa'áhnah**
                ni-'adih-'a'   wa-'áh-nah
                  PORT-go-FUT   ANIM.PL=eat-PERF
                  he'll take it   *they ate*

    y > d / #- **dáwtakah**
                    ya-watak-ah
                  DEFOC.PAT-appear-PERF
                  one appeared

(5) A stop or affricate plus a glottal stop became an ejective.

    t ' > t' **túnt'áhnah**   **k ' > k'** **sik'uh**
                 nú-nt-'áh-nah   sik-'uh
                 BEN-BENFV-eat-PERF   stone-NN.SUFF
                 he ate it up on him   *stone*

ts ' > ts'	háhwíts'asuh	ch ' > ch'	kahniswach'ah
	hák=wiht-yi-'asuh		kak=niswak-ya'ah
	IND=DU-PREVB-come		SUB=door-be
	they (du) are coming		*that which is a door*

(6) There were several examples of consonant cluster assimilation.

nw > mm	tutayánwayáhdah	tw > pp	hítwak'unah
	tutáyámmáyáhdah		**híppak'unah**
	they (pl) won		*it barked*
tk > kk	hítkadis	tb > pb	hítbaka'
	híkkadís		hípbaka'
	she washed		*he said*
shs > shsh	kashsah'yibahw	nh > nn	kanháy'áy'wa'
	kashsháy'bah		kannáy'áy'wa'
	don't look at it!		*it will spoil the water*

(7) There were various examples of syllable coda lenition.

b > w	**háhtsibasisihsa' háhtsiwsisihsa'**
	hák=tsi-basisih-sa'
	IND=1.AGT-boil-IMPFV
	I'm boiling it
ch > sh	**napbashbáw:nah**
	nat=bak-yi-bahw-nah
	TEMP.SUB=voice-PREVB-perceive-PERF
	after he heard it
d > t	**híttsiháyni'at**
	hít=tsi-háy-ni-'ad
	PAST=1.AGT-ACT-PORT-go
	I followed

k > h   **kahbasisih**
(not before **k**)   kak=basisih
                     SUB=boil
                     to boil

(8) Glottalized sonorants metathesized syllable-finally.

'S > S'   **'ich'anyúhdi'nchah > 'ich'ahyúhdin'chah**
(syllable-final)   'ich'ah-yúh-di'n-chah
                    boat-leak-CAUS-INTENT
                    he's going to sink it

(9) Geminate laryngeals were simplified.

'' > '   **háhyah''ini'a' > háhyah'ni'a'**
          hák=yah'-'ini-'a'
          IND=log-lying-be
          there's a log lying

hh > h   **nisahháy'áh'yah > tisaháy'áh'yah**
            nisah-háy-'áh'y-ah
            house-rise-demolish-PERF
            he demolished the house

(10) Vowel syncope began with what will be called the first syncope.

VRVC > V́RC   **bakáy'ah**
                  baka-ya'ah
                  word-be
                  is a word

(11) Later came the second syncope.

VCV̌CV > VCCV   **kah'it'sush'ah**
                      kak='it'us-ya'ah
                      SUB=foam-be
                      foam, suds

(12) High pitch was assigned in the following ways.

    VhCC > V́CC   **kishwán:t'uh**
                        kishwahn-t-'uh
                        kishwan-NOM-NN.SUFF
                        parched corn

    VRVC > V́RC   **sawkán:hah**
                        sa-baka-na-hah
                        3.AGT.IRR-word-mean-HAB
                        does he mean it?

    VRV́ > V́RV́   **náná:**
                        naná
                        that one

(13) A first palatalization was restricted to the following two morphemes.

    k > ts / -i   **ki- > tsi-**
                        first person agent realis prefix

                  -ki > -tsi'
                  hypocoristic suffix

(14) Later came a second palatalization.

    ty > ts **dashka'ahtsih**   **ky > ch** **sichih**
                  dashka'aht-yih   sik-yih
                  shade-LOC   hand-LOC
                  in the shade   *in the hand*

    sy > sh **chámmí:shih**   **tk > ch** **pihcháhnah**
                  chámmís-yih   wiht-káh-nah
                  jaw-LOC   DU-shout-PERF
                  in the jaw   *they (du) have shouted*

    nak > nach **háhnachá:ni'sa'**
                      hák=na-ká-'ni'-sa'
                      IND=DIST-PREVB-buy-IMPFV
                      he's buying things

(15) In at least one case **ww > w'** and **tk > hk**.

> **dáw'áhkihah**
> ya-wa-wataki-hah
> wood-anim.pl-appear-hab
> *they (pl) visit*

Phonological Processes Associated with Particular Morphemes

(16) Some morphemes insert an anaptyptic **i** to protect their right edge from a following consonant.

> **-kid(i)-**   **híkkidinuh**
> *on a raised surface*   hít-kidi-nuh
>   PAST=RAISED.SURFACE-take off
>   *he took it off the table*

(17) Some verb roots add **ih** before the consonant onset of a final syllable.

> **-ad(ih)-**   **tsi:dih'a'**
> *go*   tsi-'adih-'a'
>   1.AGT-go-FUT
>   *I'll go*

(18) Some noun and verb roots, when word-initial, after a proclitic, or after a pronominal prefix, add a prothetic **'i**.

> **('i)káh-**   **pakáhchah**   **'ikáhchah**
> *shout*   wa-káh-chah   'ikáh-chah
>   ANIM.PL-shout-INTENT   shout-INTENT
>   *they (pl) are going to shout*   *he's going to shout*
>
>   **háh'ikáhsa'**   **háhtsi:káhsa'**
>   hák='ikáh-sa'   hák=tsi-'ikáh-sa'
>   IND=shout-IMPFV   IND=1.AGT-shout-IMPFV
>   *he's shouting*   *I'm shouting*

(19) The causative suffix assigns high pitch to a preceding vowel.

-i'n-   **hípbasisí:hin'**
causative   hít=basisih-i'n
          PAST=boil-CAUS
          she boiled it

(20) Second person agent **yah'**- loses the **y** after **k**.

hákáw:káybáwsa'
hák=yah'-baka-yi-bahw-sa'
ind=2.agt-speech-prevb-perceive-impfv
you are listening

Formal and Informal Styles

Caddo is usually spoken in an informal or fast speech style where intervocalic **h**, **w**, and **y** are elided, for example:

Formal	Informal	
daháw'	**daáw'**	*three*
hiwi'	**hi:'**	*four*
háyá:nuh	**háá:nuh**	*person*
'ahya'	**'a:'**	*in the past*

However, because they lend themselves more readily to analysis, the formal versions are more often cited in this work.

Chapter 3. Nouns

Many Caddo nouns lack any further morphological structure. In the current database there are 243 nouns of that kind. The following is a representative sample.

bá' *arrow*	**dáná:win'** *beggar*	**kuhuh** *alligator*
bah *acorn*	**dáshkat** *bread*	**kunaw** *ax*
banit *bird*	**dawát** *basket*	**miyu'** *cat*
batah *catfish*	**duská:yu'** *bald eagle*	**ní:'aw** *transvestite*
bay *berry*		
ba'at *braid*	**ká:shuh** *blackbird*	**nidun** *ball*
dá:'as *boil (on the skin)*	**ka'ah** *brain*	**sá:'ah** *box elder*
dá:kuh *bumblebee*	**ka'an** *bottle*	**sán:tuh** *bell*
	kán:day *bowl*	**Shánitihka'** *Arapaho*
dabas *bean*	**kássi'** *beads*	**wá:'ah** *bee*

Some noun roots do not stand alone but take part in either or both of two constructions. In one of these constructions they are followed by a noun suffix, either **-'uh** *simple noun suffix* that adds no further meaning; **-yih** *locative noun suffix* translatable as *in, at,* or *on*; **-tsi'** *hypocoristic noun suffix*; or **-ti'ti'** *diminutive noun suffix*. In the other construction noun roots are incorporated in a verb that begins with the subordinator proclitic **kak=** and ends with the verb root **-ya'ah** *be* or **-'a'** *be present*. These possibilities can be exemplified with the noun root **niwis-** *arm*.

mí:suh	**mí:shih**
niwis-'uh	niwis-yih
arm-NN.SUFF	arm-LOC.SUFF
arm	*on the arm*

kahniwish'ah	**kahníwín'nah**
kak=niwis-ya'ah	kak=niwis-na-ya'ah
SUB=arm-be	SUB=arm-DIST-be
that which is an arm	*those which are arms*

The following are more examples with the simple noun suffix **-'uh**.

pit'uh *spine*
dit'uh *tongue*
náybik'uh
  testicles
bí:suh *wing*
bán:k'uh *wattles*
hást'uh *urine*
kawtaht'uh *sweat*
ní:bán:'uh
  smallpox

sak'uh *sun*
háw:t'uh *wind*
hi'ú:suh *smoke*
há:suh *rope*
wást'uh *seed*
dá:ch'uh *thorns*
bahshuht'uh
  stick
sik'uh *stone*
sah'uh *tent*

kahbat'uh
  thread, string
háttsiht'uh *trash*
nusbán'nuh *web*
dún:k'uh
  something
  whole, intact
biduhk'uh
  something short
  and fat

The following are additional examples with the locative suffix **-yih**, which is often found with body parts, but also with certain items of the environment.

ba'chih
  in the throat
bí:shih *in the*
  wing
bin'nih *in the*
  belly
bíshtsih *in the ear*
bíw'chih *in the*
  knee
biyahkahih *in the*
  armpit
dashkuhih *in the*
  dark
ditsih *on the*
  tongue
dutsih *on the*
  buttocks
k'á:shih *in the leg*
k'án:tsih *in the*
  head
kaskí:shih *in the*
  groin
kúysahih *on the*
  side
nahtskuhih *on*
  the chin
nashk'un'nih *on*
  the navel
náywachih *in the*
  mouth
náywahshutsih
  on the lip
nikuhih *on the*
  back
bahkahih *in the*
  woods
dahdínnih *on the*
  hillside
náwyá:hih *in the*
  yard
nihdá:hih *at the*
  river

The hypocoristic suffix **-tsi'** appears especially in the names of certain animals and birds, but also in words for certain small objects, relatives, and other objects that are viewed affectionately.

k'apáhtsi'
  chicken
du'u'tsi' *donkey*
  (cf. **du'u'**
  rabbit)
bachissántsi'
muskrat
kah'ay'tsi'
  screech owl
pit'uhtsi' *rat*
  terrier
dí'tsi' *dog*
káwanastsi'
  sheep
danchín:tsi'
  skunk
dah'tsún:tsi' *runt*
dá:kúytsi' *ground*

binchak'á'tsi' *squirrel*
'náw'tsi' *bear*
kask'ahtsi' *stinking turtle*
ts'i:pístsi' *wren (small variety)*
chiyuhtsi' *wren*
dáwyáhtsi' *yearling (horse or cow)*
k'ahyuhtsi' *baby*
shiahtsi' *boy*
hakasáhtsi' *dime* (cf. **hakasah** *thin*)
k'án'tsi' *Plains Apache* (cf. **k'án'** *duck*)
hashníhtsi' *June* (cf. **hashnih** *spring*)
bahán:tsi' *sunflower*

The diminutive suffix **-ti'ti'** is found with some bird and animal names, kinship terms, and elsewhere.

dà:ti'ti' *fawn* (cf. **dá'** *deer*)
katti'ti' *pocket knife, pen knife* (cf. **kat** *knife*)
k'án:ti'ti' *duckling* (cf. **k'án'** *duck*)
haninti'ti' *younger son, daughter, nephew, niece* (cf. **hanin'** *son, daughter, nephew, niece*)
k'apáhti'ti' *chick* (cf. **k'apáhtsi'** *chicken*)
shahatti'ti' *child of father's sister's child* (cf. **shahat** *father's sister's child*)
kínítti'ti' *younger brother or cousin of woman* (cf. **kíníttsi'** *older brother or cousin of woman*)
ni:bán'uhti'ti' *chickenpox* (cf. **ni:bán:'uh** *smallpox*)
k'ashuhbátti'ti' *summer squash* (cf. **k'ashuhbat** *stinking gourd*)
hashnihti'ti' *April* (cf. **hashnih** *spring*)
hashnih ha'imay *May, big spring*)
dútti'ti' *colt*

Chapter 4. Adjectives

In the current database there are 72 words that function as adjectives. Forty-seven of those words begin with the adjective prefix **ha-** followed by an adjective root. Examples are:

ha'imay *big*	**hatidu'** *hot*	**hakuhdu'** *cold*
habíw'kat *old*	**ha'ahat** *good*	**haishuh** *straight*
habitsaw *sweet*	**haká:yu'** *white*	**hakáhti'** *fast*

Although most adjective roots occur only in this one construction, the adjective root **-tinu'** *red* appears in several combinations.

hatinu'   *red*
wá'a:tinu'   *red wasp*
ch'ántinu'   *tomato (round red fruit)*
k'ántinu'   *redhead*
Káyántinu'   *Red River*
dáytinu'   *mescal bean (red bean)*

Examples of adjectives that lack the initial **ha-** are:

kat'a' *rich*
winná:'ah *mean*
k'itsi' *mischievous*
washah *useless*
k'adah *dirty*
witsí:kih *stubborn*

There are two prefixes that may occur before the **ha-**. One is **kú-** *exactly* as in **kúhaishuh** *exactly straight*. The other is **tsi-** *too* as in **tsihadiba'** *too long*. There is also a suffix **-shah** *more, kind of* as in **ha'ahatshah** *better*, **'wan'ti:shah** *nearly all, most*, **hak'ay'ku'shah** *yellowish*. Some adjectives may also function as nouns: **habitsaw** *sweet* or *sugar*, **hadánnu'** *sticky* or *syrup*. Some nouns that begin with **ha-** may have originated as adjectives.

Hasí:nay *Caddo*
háyá:nuh *person*

hachá:suh *game animal*
hatsihdi' *child*
háyniwah *blanket*

Some adjectives are also used adverbially.

Ha'ahat   hákit'abí'sa'.
ha-'ahat   hák=yi-t-'a-bí'n-sa'
ADJ.PREF-good   IND=DEFOC.AGT-BENFV-PREVB-sweep-IMPFV
good, nice, nicely   they were sweeping for her
They were sweeping nicely for her.

Habíw'kat   sikihún:t'a'.
ha-bíw'kat   sikik=nu-nut-'a'
ADJ.PREF-old   BELIEF.PAST=3.BEN-BENFV-be.present
old, long ago
How it was believed long ago.

When an adjective is used attributively, it usually precedes the noun.

ha'imáy   naht'uh
ha-'imay   naht-'uh
ADJ.PREF-big   field-NN.SUFF
big   field
big field

However, it follows the noun when the combination has been lexicalized.

'út   haká:yu'
    ha-ká:yu'
    ADJ.PRE-white
raccoon   white
badger

An adjective may be attributive to an incorporated noun.

Ha'ímáy háh'isú:dí:t'a'.
ha-'imay hák='i-su-widí:-t-'a'
ADJ.PREF-big IND=PREVB-nose-swell-NOM-be.present
big his nose is swollen
He has a big swollen nose.

The following are examples of adjectives used as predicates.

Hadiba' da'ah.
ha-diba' ya'ah
ADJ.PREF-long
long it is
It's long.

Hadiba' bakáy'ah.
ha-diba' baka-ya'ah
ADJ.PREF-long word-be
long the word is
The word is long.

Ha'ahat da'ah, ná: kunah.
ha-'ahat ya'ah
ADJ.PREF-good
good he is that doctor
He's good, that doctor.

Chapter 5. Basic Verb Structure

This chapter and those that follow repeat much that is included in Melnar (2004), which should be consulted for further details. Caddo is a prototypical example of the polysynthetic language type (Chafe 2017; Fortescue, Mithun, and Evans 2017). Its complex verb morphology combines within a single word a number of elements that languages of a different type would assign to separate words. Among them are, for example, marking participants in events and states with pronominal affixes, the frequent use of noun incorporation, the inclusion of markers of posture (sitting, standing, and lying), and a variety of other ways of modifying the nature of an event or state within a complex verb template.

Caddo is strongly verb-centered. Although it offers a substantial number of independent nouns (Chapter 3), nominalized verbs are often used in their place. For example, a verb with the subordinator proclitic—**kah'isich'ah** *that which is a hand*—is used more often to refer to a hand than the simpler noun **sichih** *in the hand*. Verbs have a templatic structure that was described by Melnar in terms of the 23 position classes shown in Figure 5.1.

15	14	13	12	11	10	9	8	7	6	5	4	3	2	1	0	-1	-2	-3	-4	-5	-6	-7
proclitics	pronominal prefixes	interrogative	number	durative	distributive	applicative	noun root	manner	number	distributive	locative	postural	continuative	transitivizer	base	causative	andative	middle	cislocative	iterative	intentive	tense-aspect suffixes

Figure 5.1. Position classes within a Caddo verb (after Melnar 2004: 12)

Caddo verbs are constructed on a base (position 0) that is preceded by a pronominal prefix (position 14) and followed by a tense-aspect suffix (position -7). Often the pronominal prefix is preceded by one of approximately 175 proclitics expressing tense, aspect, mood, and other inflectional categories (position 15). Every verb contains at least a base and a pronominal prefix, although third person realis agents and patients are not overtly marked. Many verbs contain either a proclitic or a tense-aspect suffix or both, although an imperative verb may contain nothing more than a base preceded by a second person agent prefix. The base itself may consist of nothing more than a verb root, but many bases reach out to other parts of the template to create complex inflectional and derivational combinations. The basic verb structure is shown in Figure 5.2.

Proclitic	Pronominal Prefix	Base	Suffix
(15)	(14)	(0)	(-7)
tense, aspect, modality, etc.	person, role, reality	root and extensions	tense, aspect

Figure 5.2. Basic verb structure

The word in example (1) is constructed on the base **ka-dís** *wash*:

(1) **háhtsikadíssa'**
hák=tsi-ka-dís-sa'
IND=1.AGT-PREVB-wash-IMPFV
I'm washing it

The base **-kadís-** is preceded by the pronominal prefix **tsi-** *1st person agent (realis)* and followed by the aspect suffix **-sa'** *imperfective*. At the beginning of the word is the proclitic **hák=** *indicative*. The base consists of the verb root **-dís-** *wash* preceded by the preverb **-ka-**. A majority of Caddo bases have this bipartite structure in which a preverb is arbitrarily selected by the root and contributes no further meaning of its own. Many of these preverbs may have originated either as instrumental prefixes or as incorporated noun roots, but in most cases their origin is no longer apparent. Although the preverb and root are usually contiguous, they may be separated by **-wa-** *animate plural* as in:

(2) **háhtsikawadíssa'**
   hák=tsi-ka-wa-dís-sa'
   IND=1.AGT-PREVB-ANIM.PL-wash-IMPFV
   we (plural) are washing it

Weak Preverbs

In (3) through (5) the root **-káh-** *shout* is preceded by the preverb **'i-**. In (5) the proclitic **hák=** is absent and the aspect suffix is **-nah** *perfect*.

(3) **háh'ikáhsa'** (4) **háhtsi:káhsa'**
   hák='i-káh-sa'   hák=tsi-'i-káh-sa'
   IND=PREVB-shout-IMPFV   IND=1.AGT-PREVB-shout-IMPFV
   he's shouting   *I'm shouting*

(5) **'ikáhnah**
   'i-káh-nah
   PREVB-shout-PERF
   he has shouted

The preverb **'i-** is called 'weak' because, instead of being followed by **-wa-** *'animate plural'* as in (2), it is replaced by **wa-** in (6) and (7) and by **-wiht-** *'dual'* in (8), where **tk > ch**.

(6) **háhwakáhsa'** (7) **pakáhnah**
   hák=wa=káh-sa'   wa-káh-nah
   IND=ANIM.PL-shout-IMPFV   ANIM.PL-shout-PERF
   they (pl) are shouting *they (pl) have shouted*

(8) **háhwihcháhsa'**
   hák=wiht-káh-sa'
   IND=DU-shout-IMPFV
   they (du) are shouting

Questionable Preverbs

Although preverbs tend to be monosyllabic like **ka-** and **'i-** in the above examples, their position is sometimes filled by longer sequences that may have played a different role that is no longer apparent, as in (9), (10), and (11). They are treated here like other preverbs.

(9) **-nida-'ak-**
find

(10) **-náy-'áw-**
sing

(11) **-'inu-hk-**
pick up

Reconstructed Stages

Caddo is not only polysynthetic but also highly fusional as the result of the numerous sound changes outlined in Chapter 2, changes that often obscure the identity of morphemes or the boundaries between them. Morphological analysis is thus facilitated by reconstructing an earlier stage of the language that existed at a time when the composition of a verb was more obvious (Chafe 1968). That earlier stage is represented here in the second line of the interlinear format.

Chapter 6. Pronominal Prefixes

The pronominal prefixes occupying position 14 distinguish four persons—1st, 2nd, 3rd, and defocusing, and three cases—agent, patient, and beneficiary. Their reconstructed forms are shown in Figures 6.1 through 6.4 (cf. Melnar 2004: 23-56). These prefixes are divided into two distinct sets termed *realis* and *irrealis*. Figures 6.1 and 6.2 show reconstructed realis and irrealis forms. As mentioned above, verbs with third person realis agents and patients lack an overt pronominal prefix, but such verbs occur very frequently. Third person is never marked when a 1st or 2nd person prefix is also present. Special forms are available for combinations of 1st and 2nd person as shown in Figures 6.3 and 6.4.

	Agent	Patient	Beneficiary
1st person	**tsi-**	**ku-**	**ku-**
2nd person	**yah'-/sah'-**	**si-**	**si-**
3rd person	-----	-----	**nu-**
Defocusing	**yi-**	**ya-/'a-**	**yu-**

Figure 6.1. Realis pronominal prefixes

	Agent	Patient	Beneficiary
1st person	**t'a-/t'i-**	**ba-**	**ba-**
2nd person	**sah'-**	**sa'a-**	**sa'u-**
3rd person	**sa-/ya-**	**sa-**	**'u-**
Defocusing	**'a-**	**'a'a-**	**'a'u-**

Figure 6.2. Irrealis pronominal prefixes

	1st person patient	1st person beneficiary	2nd person patient	2nd person beneficiary
1st person agent			t'a-	t'u-
2nd person agent	yahku-	yahku-		

Figure 6.3. Realis 1st and 2nd person combinations

	1st person patient	1st person beneficiary	2nd person patient	2nd person beneficiary
1st person agent			t'a'a-	t'a'u-
2nd person agent	sahku-	sahku-		

Figure 6.4. Irrealis 1st and 2nd person combinations

The Defocusing Prefix

In addition to 1st, 2nd, and 3rd persons Caddo offers a fourth choice labeled *defocusing* (Chafe 1990; in Chafe 1976 it was called *indefinite*). This prefix deflects attention from its referent(s), whose identity may be irrelevant, unknown, or defocused for some other reason. The following uses have been found:

(a) reference to a nonprotagonist in a story
(b) words that have been lexicalized to refer to certain objects, persons, or actions
(c) addressing and referring to in-laws
(d) combined with dual or plural marking, the expression of inclusive person
(e) defocusing the agent where English would use a passive

Option (a) is illustrated in (1), where the defocused agent (**yi-**) refers to the wolf, who said something to the wren, who was the protagonist.

(1) **kánímbaka'**
kán=yi-nu-baka'
HRSAY=DEFOC.AGT-3.BEN-say
he (the wolf) said to her

Option (b) is illustrated in (2).

(2) **nakikadis**
nak=yi-ka-dís
INST=DEFOC.AGT-PREVB-wash
soap, literally that with which one washes

Option (c) is another use of the word in (1), where in this case the defocused agent is the mother-in-law.

(3) **kánímbaka'**
kán=yi-nu-baka'
HRSAY=DEFOC.AGT-3.BEN-say
she (the mother-in-law) said to her

Option (d) is illustrated in (4) (inclusive dual) and (5) (inclusive plural).

(4) **díwísbáwnah**
yi-wiht-yi-bahw-nah
DEFOC.AGT-DU-PREVB-see-PERF
we (dual inclusive) have seen it

(5) **dí:wabáwnah**
yi-yi-wa-bahw-nah
DEFOC.AGT-PREVB-PL.ANIM-see-PERF
we (plural inclusive) have seen it

Option (e) is illustrated in (6), where **na 'ahay'** corresponds to an English *by* phrase.

(6) **kánímbaka'**   **na 'ahay'**
    kán=yi-nu-baka'   by aunt
    HRSAY=DEFOC.AGT-3.BEN-said   by aunt (father's sister)
    one said to him, namely his aunt, or *he was told by his aunt*

Realis and irrealis

The realis-irrealis distinction has scope over an entire event or state and not just the pronominal referent (Chafe 1995a). The choice is governed by whether the event or state is judged to conform to the speaker's view of reality, as opposed to something that belongs, in whole or in part, to an imagined world whose reality is either questioned or denied. In all its uses except yes-no questions an irrealis pronominal prefix is preceded by a proclitic that specifies the basis of the irreality (Melnar 2004: 49-55). These proclitics (or their absence) distinguish the eight possibilities listed below. The absence of a proclitic in the case of a yes-no question suggests that this was the earliest use of the irrealis forms. The proclitics, with their somewhat looser phonological attachment to what follows (shown by =) probably originated as separate particles that became attached to the verb.

(a) yes-no question	unmarked	The real and unreal are alternatives.
(b) negation	**ku=** or **kúy=**	The unreal is asserted.
(c) prohibition	**kash=**	The listener is instructed not to perform the unreal.
(d) obligation	**kas=**	The real is desirable against an unreal background.
(e) condition	**hí=**	The real and the unreal are both options.
(f) simulation	**dúy=**	The real resembles the unreal.
(g) infrequency	**wás=**	The real is less common than the unreal.

(h) mirative **hús**= The real is a surprise.

The following words exemplify each of these options.

(1) **sáy'bah**? (yes-no question)
 sah'-yi-bahw
 2.AGT.IRR-PREVB-see
 do you see it?

(2) **kúyt'áybah** (negation)
 kúy-t'a-yi-bahw
 NEG-1.AGT.IRR-PREVB-see
 I don't see it.

(3) **kashsháw'k'asay'** (prohibition)
 kash=sa-bak-'a-sáy'
 PROHIB=3.AGT.IRR-speech-PREVB-make.sound
 don't speak!

(4) **kassah'yáwtah** (obligation)
 kas=sah'-ya-watak
 OBLIG=2.AGT.IRR-PREVB-visit
 you should visit

(5) **hít'awchibáw'a'** (condition)
 hí=t'a-bak-yi-bahw-'a'
 COND=1.AGT.IRR-speech-PREVB-perceive
 if I will hear it

(6) **dúyt'a:dihchah** (simulation)
 dúy=t'a-'a-dih-chah
 SIM=1.AGT.IRR-PREVB-go-INTENT
 as if I was going to go

(7) **wást'áybah** (infrequency)
 wás=t'a-yi-bahw
 INFREQ=1.AGT.IRR-PREVB-perceive
 I seldom see him

(8) **hússa:yáhsa'** (mirative)
hús-sa-'i- yáh-sa'
MIR-3.AGT.IRR-PREVB-eat-IMPFV
He's eating it!

Chapter 7. Number and Distribution

Whether a pronominal referent is singular, dual, plural, or distributive is not marked within the pronominal prefix itself but with prefixes that are positionally and semantically diverse, presumably having entered the language at different times and from different sources. They include the following (see Melnar 102-126). Except for **wiht-**, the other three prefixes include more than number alone. Thus, **wa-** includes animacy while **'awi-** and **hani-** both include absolutive case.

(a) dual **wiht-**
(b) animate plural **wa-**
(c) absolutive singular **'awi- / 'a-**
(d) absolutive plural **hani- / hana- / na-**

The dual prefix, **wiht-**, occupies position 12. Its position farthest from the base suggests that it is a relatively recent addition to Caddo morphological structure.

(1) **pihchahin'na'**
 wiht-ka-hi'n-'a'
 DU-PREVB-rinse-FUT
 they (dual) will rinse it

Plurality is marked by **wa-**, which occupies the position between a preverb and a verb root. It is apparently restricted to animate plurals. Its position inside the base, but also the possibility of a cognate relation to an Iroquoian plural marker of the same shape, suggest that it has enjoyed a long history in the Caddo language. Example (2) illustrates its use.

(2) **kawahin'na'**
 ka-wa-hi'n-'a'
 PREVB-ANIM.PL-rinse-FUT
 they (animate.plural) will rinse it

A straightforward distinction between singular and plural is restricted to absolutive referents. Absolutive singular is marked by **'awi-** or **'a-**

and absolutive plural by **hani-** or **na-**. In (3) and (4) the intransitive absolutive referents are marked as singular and plural.

(3) **'áwkahyún:'a'**
    'awi-kah-yuhn-'a'
    ABS.SG-PREVB-help-FUT
    he or she will help

(4) **hánkahyún:'a'**
    hani-kah-yuhn-'a'
    ABS.PL-PREVB-help-FUT
    they will help

Because plural includes two or more, **wiht-** and **wa-** may occur within the same word, as in (5). While **wiht-** establishes the participants as dual, **wa-** specifies their animacy and thus the two prefixes together narrow the choice to *animate dual*.

(5) **háhwiswá:yah**
    hák-wiht-yi-wa-yah
    IND-DU-PREVB-ANIM.PL-go
    they (du) go

In (6) the absolutive singular number expressed by **'awi-** applies to the second person beneficiary included within the prefix **t'u-**, which pairs a 1st person agent with a 2nd person beneficiary. The marking of singularity applies to the absolutive argument, here the 2nd person beneficiary. (The hyphen between the **t** and the **'** shows that they are pronounced separately, not as an ejective **t'**. Compare **hít-'awat** *they went* with **hít'awat** *if we went*.)

(6) **t'ut-'ikahyún:'a'**
    t'u-t-'awi-kah-yuhn-'a'
    1.AGT/2.BEN-BENFV-ABS.SG-PREVB-help-FUT
    I'll help you (sg)

Distribution

There are three distributive markers, all of which specify plurality, but at the same time specify that entities are distributed across space, time, or distinct instances (Mithun 1999: 88-91). The three are:

(a) absolutive distributive   **na- / ni-**
(b) individuative distributive   **haka-**
(c) varietive distributive   **kaki-**

The absolutive distributive **na-**, which occupies position 5, is restricted to absolutive referents. It is illustrated in example (1).

(1) **tabín:chah**
na-bíhn-chah
ABS.DIST-carry-INTENT
he's going to carry several things

The individuative distributive **haka-** (position 10) emphasizes the independence of the distributed entities, as in example (2). The varietive distributive **kaki-** (also position 10) emphasizes the distinctness of the entities, as in example (3).

(2) **dihkámmáw:dah**
yi-haka-ni-wa-wid-ah
DEFOC.AGT-INDIV.DIST-PORT-PL.ANIM-come-PERF
they brought separate things

(3) **kah'ukakí:'ah**
kak-'u-kaki-ya'ah
SUB-3.PAT-VAR.DIST-be
all different kinds

Summary of Number and Distributive Prefixes

Figure 7.1 summarizes the relations between these prefixes and their meanings, and Figure 7.2 shows in bold their positions within the verb template. The 0 position is occupied by a base within which animate plural **wa-** is inserted.

		singular	dual	plural	animate	absolutive	distributive	individuative	varietive
'awi-/'a-	absolutive singular	x				x			
wiht-	dual		x						
wa-	animate plural			x	x				
hani-/na-	absolutive plural			x		x			
na-/ni-	absolutive dist.					x	x		
haka-	individuative dist.						x	x	
kaki-	varietive dist.						x		x

Figure 7.1. Ways of marking number and distribution (cf. Melnar 2004: 235)

tense, aspect, modality	15
person, role, reality	14
interrogative	13
dual	12
durative	11
individuative, varietive	10
applicative	9
noun root	8
manner	7
absolutive sg. and pl.	6
absolutive distributive	5
locative	4
postural	3
continuative	2
transitivizer	1
animate plural	0
causative	-1
andative	-2
middle	-3
cislocative	-4
iterative	-5
intentive	-6
tense, aspect	-7

Figure 7.2. Positions of number and distribution markers

Chapter 8. Tense-Aspect Suffixes

The tense-aspect suffixes that occupy position -7 include the following:

(a) imperfective **-sa'**
(b) perfect **-ah / -nah / -dah**
(c) habitual **-hah**
(d) translocative perfect **-shiyah**
(e) future **-'a' / -wa'**
(f) intentive andative **-sat**

The imperfective is illustrated in example (1), the perfect in (2), the habitual in (3), the translocative perfect in (4), and the future in (5) and (6), where future **-wa'** occurs after a glottal stop. For the intentive andative see (12) below.

(1) **'asáysa'**
'a-sáy-sa'
PREVB-emerge-IMPFV
he's emerging

(2) **'asá:yah**
'a-sáy-ah
PREVB-emerge-PERF
he has emerged

(3) **'asáyhah**
'a-sáy-hah
PREVB-emerge-HAB
he emerges

(4) **'asáyshiyah**
'a-sáy-shiyah
PREVB-emerge-TRANSLOC.PERF
he has emerged over there

(5) **'asáy'a'**
'a-sáy-'a'
PREVB-emerge-FUT
he will emerge

(6) **tadí'wa'**
nadí'-wa'
pound-FUT
she will pound it

The perfect suffix may signal the present relevance of a past event, but its meaning often overlaps with that of a simple past as otherwise expressed by the past proclitic **hit**=. This ambiguity is reminiscent of that shown in several European languages, as when German *wir haben es gesehen* might be translated either *we've seen it*—the perfect meaning—or *we saw it*—the simple past meaning. The translocative perfect in (4) adds the meaning *over there* to the perfect. What looks like the perfect suffix also appears arbitrarily following the middle voice marker **-'u-**, where it apparently contributes no meaning of its own, as at the end of **kah'áyhán'unah** *to breathe*.

Position -6 is occupied only by the intentive suffix **-chah**, usually translated *be going to* and contrasting with future *will* as in (5) and (6). It is assigned to a separate position class because it is sometimes followed by a suffix from position -7, as in (8).

(7) **'asáychah**
'a-sáy-chah
PREVB-emerge-INT
he's going to emerge

(8) **'asáychahsa'**
'a-sáy-chah-sa'
PREVB-emerge-INT-IMPFV
he's going to be emerging

The andative suffix, which occurs in position -2, involves going somewhere to do something. It has the forms **-nih** / **-hih** / **-ih**.

(9) **hítsí:bah**
hí=tsi-yi-bahw
HORT=1.AGT-PREVB-see
let me see it

(10) **hítsí:báwnih**
hí=tsi-yi-bahw-nih
HORT=1.AGT-PREVB-see-AND
let me go and see it

The *intentive andative*, the last of the suffixes occurring in position -7, combines the intentive and andative meanings. Its form is **-sat** as in (12), contrasting with the simple intentive in (11).

(11) **tsitáyyúhchah**
tsi-t-háy-yúh-chah
1.AGT-BNFV-PREVB-tell-INTENT
I'm going to tell him

(12) **tsitáyyúhsat**
tsi-t-háy-yúh-sat
1.AGT-BNFV-PREVB-tell-INT.AND
I'm going to go and tell him

The *iterative* aspect suffix that occurs in position -5 signals an event that is repeated often. Its form is **-nun'**, as illustrated in (13) and (14).

(13) **hákkúybáwnun'sa'**
hák=ku-yi-bahw-nun'-sa'
ind=1.pat-PREVB-see-ITER-IMPFV
he sees me often

(14) **háh'ikáhnun'sa'**
hák='ikáh-nun'-sa'
ind=shout-ITER-IMPFV
he's shouting repeatedly

Chapter 9. Proclitics

For position 15 Melnar identified 175 proclitics. Many of them probably originated as separate particles, but now they are attached to the following word. In some respects the attachment is looser than that of fully integrated prefixes, as indicated by the boundary marker =. These proclitics occur both singly and in various combinations, and they can be divided into those which occur in realis and irrealis environments. Among the simple realis proclitics are the following:

(a) belief   sik=
(b) continuative   'udík=
(c) habitual   húk=
(d) hearsay   kán=
(e) hortative   hí=
(f) imperative   ts'i=
(g) indicative   hák=
(h) locative   dák=
(i) partial negative t'án=
(j) past   hít=
(k) possibility   ták=
(l) prioritive   ts'ík=
(m) probability   túk=
(n) resultative   káyn=
(o) simulative   wát=
(p) translocative   nák=
(q) veritive   ts'it=

The belief proclitic is illustrated in (1), the continuative in (2), and the habitual in (3).

(1) **síhnáy'áw:nah**
    sík=náy-'áw-nah
    BELIEF=PREVB-sing-PERF
    I believe he sang.

(2) **'udíh'a'ihah**
    'udík='a'ih-hah
    CONT=be.present-HAB
    he's still alive.

(3) **húkkukáywáhdisa'**
    húk=ku-káywáhdi-sa'
    HAB=1.PAT-PREVB-forget-IMPFV
    I always forget.

The hearsay proclitic is illustrated in (4), the hortative in (5), and the imperative in (6).

(4) **kán'adih'a'**
kán='adih-'a'
HRSAY=go-FUT
I hear he will go.

(5) **hítsí'bin'**
hí=tsi-'i-bi'n
HORT=1.AGT-PREVB-wipe
let me wipe it.

(6) **ts'idàw:chahsan**
ts'i=yah'-wichah-san
IMP=2.AGT-mind-stay
be on the lookout!

The indicative proclitic is illustrated in (7), the locative in (8), and the partial negative in (9).

(7) **hákibáwsa'**
hák=yi-bahw-sa'
IND=PREVB-see-IMPFV
he's looking at it.

(8) **dákibáwsa'**
dák=yi-bahw-sa'
LOC=PREVB-see-IMPFV
he's looking at this here.

(9) **t'ántsiwchibah**
t'an=tsi-bak-yi-bahw
partial.neg=1.agt-sound-prevb-perceive
I didn't quite hear it.

The past proclitic is illustrated in (10), the possibility in (11), and the prioritive in (12).

(10) **híkkadis**
hít=ka-dís
PAST=PREVB-wash
she washed it.

(11) **táhtsí:báw'a'**
ták=tsi-yi-bahw-'a'
POSS=1.AGT-PREVB-see-FUT
I might see it.

(12) **ts'ikkanna'ah**
ts'ik=kan-ya'ah
PRIOR=liquid-be
it's already liquid.

The probability proclitic is illustrated in (13) and the resultative in (14).

(13) **túhnida:ki'a'**
túk=nida-'aki-'a'
PROB=PREVB-find-FUT
he'll probably find it.

(14) **káynnibah**
káyn=yi-bahw
RESULT=PREVB-see
he's looking at it as a result.

The simulative proclitic is illustrated in (15), the translocative in (16), and the veritive in (17).

(15) **wáttsí:báwhah**
wát=tsi-yi-bahw-hah
SIMUL=1.AGT-PREVB-see-HAB
as if I look at it.

(16) **táhnáy'áwsa'**
nák=náy-'aw-sa'
TRANSLOC=PREVB-sing-IMPFV
he's singing over there.

(17) **ts'idíwkáy:'ah**
ts'it=yi-baka-ya'ah
VER=PREVB-word-be
it's the very fact.

The simple irrealis proclitics include the following:

(a) generic conditional nas=
(b) particular conditional hí=
(c) conditional indiscriminative nawi=
(d) interrogative indiscriminative t'akán=
(e) wh interrogative indiscriminative síkáy=
(f) mirative hús=
(g) negative kú= / kúy=
(h) obligative kas=
(i) prohibitive kash=

The generic conditional proclitic is illustrated (17) and the particular conditional in (18).

(17) **nasakambashú:kah**
nas=sa-kan-bashúk-ah
GEN.COND=3.PAT.IRR-liquid-dry.up-PERF
when the water has dried up.

(18) **hít'awchibáw'a'**
hí=t'a-bak-yi-bahw-'a'
PTCLR.COND=1.AGT.IRR-sound-PREVB-perceive-FUT
if I happen to hear it.

The conditional indiscriminative proclitic is illustrated in (19) and the interrogative indiscriminative in (20).

(19) **nawisáybáw'a'**
nawi=sa-yi-bahw-'a'
COND.INDISC=3.PAT.IRR-PREVB-see-FUT
if anyone sees it.

(20) **t'akámmahkahwa'**
t'akán=wahkahwa'
INTERROG.INDISC=know
does he know anything?

The wh interrogative indiscriminative proclitic is illustrated in (21) and the mirative in (22).

(21) **síkáynúndahtsah**
síkáy=nu-nu-daht-yah
WH.INTERROG.INDISC=3.BEN-BENFV-price-be
whatever is the price?

(22) **hússah'ya'**
hús=sah'-'i-'a'
MIR=2.AGT.IRR-PREVB-be.present
you're here!

The negative proclitic is illustrated in (23) and the obligative in (24).

(23) **kút'awchibáw:nah**
kú=t'a-bak-yi-bahw-nah
NEG=1.AGT.IRR-sound-perceive-PERF
I didn't hear it.

(24) **kassah'náy'aw**
kas=sah'-náy-'aw
OBLIG=2.AGT.IRR-PREVB-sing
you should sing.

The prohibitive proclitic is illustrated in (25).

(25) **kashsháwk'asay'**
kash=sah'-bak-'a-say'
PROHIB=2.AGT.IRR-sound-PREVB-emit
don't make a sound!

In addition to the simple proclitics illustrated above, there are a number of proclitics that combine various meanings within a single form. Some of them are illustrated below, and more can be found in Melnar (2004: 58ff).

Past Tense

Many proclitics combine with past tense, which also occurs alone as **hít**= (realis) or **hís**= (irrealis), as shown in (1) and (2).

(1) **hítdibah**   (2) **hísdibah**
    hít=yi-bahw   hís=yi-bahw
    PAST=PREVB-see   PAST.IRR=PREVB-see
    he saw it   *he didn't see it*

When *past* combines with a proclitic that contains **a** or **á**, that vowel is replaced with **í**. Example (3) contains the *hearsay* proclitic **kán**=, and (4) the corresponding *past* form **kín**=.

(3) **kánnibah**
kán=yi-bahw
HRSAY=PREVB-see
allegedly he sees it

(4) **kínnibah**
kín=yi-bahw
PAST.HRSAY=PREVB-see
allegedly he saw it

With proclitics that contain a high vowel in the last syllable (often the only syllable), optionally followed by **y** (that is, where the last syllable contains **i**, **í**, **iy**, **íy**, **u**, **ú**, **uy**, or **úy**), *past* is represented by the insertion of **'í** before the final consonant or morpheme boundary, as in (6) and (8).

(5) **wítdibah**
wít=yi-bahw
WHO.INTERROG=PREVB-see
who does he see?

(6) **wí'ítdibah**
wí'ít=yi-bahw
PAST.WHO.INTERROG=PREVB-see
who did he see?

(7) **kúyt'áybah**
kúy=t'a-yi-bahw
NEG=1.AGT-PREVB-see
I don't see it

(8) **kúy'ít'áybah**
kúy'í=t'a-yi-bahw
NEG.PAST=1.AGT-PREVB-see
I didn't see it

Negation

In addition to the simple negative proclitic **kú**= or **kúy**=, depending on the dialect, negative combinations include *negative prioritive* **kúts'í**= in (9), translatable as *not yet*. The *partial negative* **t'án**= in (10) allows for a positive possibility and can be translated *maybe*. The *partial negative interrogative* **t'ú**- in (11) questions such a possibility. While all of the preceding are irrealis, (12) and (13) are realis. (12) shows the *negative past hearsay* **kínút**=, and (13) shows the *past partial negative* **t'ín**=.

(9) **kúts'ít'áybah**
kúts'í=t'a-yi-bahw
NEG.PRIOR=1.AGT.IRR-PREVB-see
I haven't seen it yet.

(10) **t'ánnahdah**
t'án=yahad-ah
PARTIAL.NEG=die-PERF
maybe he died.

(11) **t'úsa'a'áwdi'a'**
t'ú=sa'a-'awi-widi-'a'
PARTIAL.NEG.INTERROG=2.PAT.IRR-goal-arrive-FUT
maybe you'll come?

(12) **kínútdibah**
kínút=yi-bahw
NEG.PAST.HRSAY=PREVB.see
they say he didn't see it.

(13) ná: **t'íntsí:báw:nah**
 t'ín=tsi-yi-bahw-nah
that PAST.PART.NEG-1.AGT-PREVB-see-PERF
I saw everything except that.

Subordination

Among the proclitics that express subordination are the *temporal subordinator* **nat**= in (14) and the *spatial subordinator* **kúk**= in (15). Examples (16) and (17) illustrate the ubiquitous nominalizing *subordinator* **kak**= in two of its usages: (16) showing a favorite way of referring to an object and the second word in (17) showing a kind of *infinitive* function, used here to express the purpose of the going.

(14) **nattsí:báw:nah**
nat=tsi-yi-bahw-nah
TEMP.SUB=1.AGT-PREVB-see-PERF
after I saw it

(15) **kúhtsí:báw:nah**
kúk=tsi-yi-bahw-nah
SPAT.SUB-1.AGT-PREVB-see-PERF
where I saw it

(16) **kah'iskáy'ah**
kak='i-sikah-ya'ah
NOM.SUB=PREVB.ear-be
that which is an ear

(17) **kassah'yat** **kakáy'bah**
kas=sah'-'ad kak=yah;-yi-bahw
OBLIG=2.AGT.IRR-go NOM.SUB=2.AGT.PREVB-see
you should go *to see him.*

Deixis

Several proclitics have a deictic function. Example (18) shows the *translocative* proclitic **ták**=, and example (19) the *past translocative* proclitic **náyt**=.

(18) **táhnáy'áw:sa'**
ták=náy-'áw-sa'
TRANS=PREVB-sing-IMPFV
he's singing over there.

(19) **náyttsit'ímmah**
náyt=tsi-t-'i-ni-wáhd
PAST.TRANS=1.AGT-BEN-dance-PREVB-bring
I brought the dance from there.

Aspect

Examples (20)-(23) illustrate the kinds of differences that appear among the proclitics involving aspect. (20) shows the *continuative indicative* **há'ukík**=, (21) shows the *negative continuative irrealis* **t'a'uník**=, (22) shows the *negative interrupted continuative irrealis* **nus**=, and (23) shows the *future resultative* **kayt**=.

(20) **há'ukíhnáy'áwsa'** (21) **t'a'uníhnáy'aw**
há'ukík=náy-'áw-sa' t'a'uník=náy-'áw
CONT.IND=PREVB-sing-IMPFV NEG.CONT.IRR=PREVB-sing
he's still singing. *he doesn't sing anymore.*

(22) **nust'áybah**
nus=t'a-yi-bahw
NEG.INTERRUP.CONT.IRR =1.AGT.IRR-PREVB-see

I haven't seen him for a long time.

(23) **kaytdibáwnah**
kayt=yi-bahw-nah
FUT.RESULT=PREVB-see-PERF
he will have seen him.

Modality

Examples (24) through (27) show several proclitic combinations that involve modality (cf. Melnar 2004: 83-84). (24) shows the *negative continuative generic conditional* **nadú'us**=, (25) shows the *simulative subordinator* **sikak**=, (26) shows the *indiscriminative interrogative* **t'akán**=, and (27) shows the *prohibitive hortative* **yút**=.

(24) **nadú'ust'áy:bah**
nadú'us=t'a-yi-bahw
NEG.CONT.GEN.COND=1.AGT.IRR-PREVB-see
whenever I don't see him any more

(25) **sikakiyahk'ah**
sikak=yi-yah-k'ah
SIMUL.SUB=DEFOC.AGT-PREVB-drink
like what one drinks with

(26) **t'akánku'ahkahwa'**
t'akán=ku-'ah-kahwa'
INDISCRIM.INTERROG=1.PAT-PREVB know
do I know anything?

(27) **yúttáy'aw**
yút=náy-'áw
PROHIB.HORT=PREVB.sing
don't let him sing!

Chapter 10. Valence

The position immediately adjacent to the verb base is occupied by derivational affixes that affect a verb's valence (Melnar 2004: 129-144). They include a causative suffix in position -1, three prefixes in position 1: *portative*, *motion causative*, and *benefactive*. There is also a *middle voice* suffix that occupies position -3.

(a) causative   **-(i)'ni-**
(b) portative   **ni-**
(c) motion causative **yán-**
(d) benefactive   **n- / nt- / t-**
(e) middle   **-u' / -'u**

15	14	13	12	11	10	9	8	7	6	5	4	3	2	1	0	-1	-2	-3	-4	-5	-6	-7
tense, aspect, modality	person, role, reality	interrogative	dual	durative	individuative, varietive	applicative	noun root	manner	absolutive sg and pl	absolutive distributive	locative	postural	continuative	**port, motion caus, ben**	animate plural	**causative**	andative	**middle**	cislocative	iterative	intentive	tense, aspect

Figure 10.1. Positions of valence changing affixes

The Causative Suffix

Example 2 shows the *causative* suffix **-(i)'ni-** added to the base **-basisih-** *boil* in (1). It creates a derived transitive base that adds an agent.

(1) **háhbasisihsa'** (2) **tsiwsisih'nichah**
    hák-basisih-sa'   tsi-basisih-'ni-chah
    IND-PREVB-boil-IMPFV 1.AGT-PREVB-boil-CAUS-INT
    it's boiling   *I'm going to boil it*

The Portative Prefix

The *portative* prefix combines with verbs of motion to indicate that the motion involves carrying something. Its form is **ni-**, as in (4).

(3) **tsi:dih'a'**
tsi-'a-dih-'a'
1.AGT-PREVB-go-FUT
I'll go

(4) **tsín'adih'a'**
tsi-ni-'a-dih-'a'
1.AGT-PORT-PREVB-go-FUT
I'll take it (go carrying it)

The Motion Causative Prefix

The *motion causative* prefix combines with verbs of motion to add an agent causer of the motion. The results have often been lexicalized to yield unpredictable meanings, but in general they involve applying some sort of force to the motion. Its form is **yán-** as in (6) and (8). (Cf. Melnar 2004: 138-141, where it is called the *mild causative*.)

(5) **tsi:dih'a'**
tsi-'a-dih-'a'
1.AGT-PREVB-go-FUT
I'll go

(6) **tsíyán'adih'a'**
tsi-yán-'a-dih-'a'
1.AGT-MCAUS-PREVB-go-FUT
I'll chase it away

(7) **háhiyah**
hák=yi-yah
IND=PREVB-go.along
he kept on going

(8) **háhyánniyah**
hák=yán-yi-yah
IND=MCAUS-PREVB-go.along
he drove it away

The Benefactive Prefix

The *benefactive* prefix (Melnar's *dative applicative*) adds a beneficiary. It occurs in several forms, including **-t-** (10), **-n-** (12), and **-nut-** (14).

(9) **híttsiháyyuh**
hít=tsi-háy-yúh
PAST=1.AGT-PREVB-tell
I told

(10) **híttsitáyyuh**
hít=tsi-t-háy-yúh
PAST=1.AGT-BENFV-PREVB-tell
I told him

(11) **tí:nikah**
ni-yunik-ah
PREVB-take.away-PERF
he took it away

(12) **tunnún:kah**
nu-nu-ni-yunik-ah
3.BEN-BENFV-PREVB-take.away-PERF
he took it away from him

(13) **háh'ikáhsa'**
hák='i-káh-sa'
IND=PREVB-call-IMPFV
he's calling

(14) **háhtsincháhsa'**
hák=tsi-nut-káh-sa'
IND=1.AGT-BENFV-call-IMPFV
I'm calling to him

(15) **hákkúncháhsa'**
hák=ku-nVt-káh-sa'
IND=1.BEN-BENFV-call-IMPFV
he's calling to me

(16) **háhúncháhsa'**
hák=nu-nut-káh-sa'
IND=3.BEN-BENFV-call-IMPFV
he's calling to him

In (16) the third person beneficiary is unmarked because of the presence of a first-person agent.

Middle Voice

Position -3 is occupied by the *middle voice* suffix, whose functions are like those of middle markers in other languages. Melnar (2004: 144-149) discusses a range of possibilities for Caddo. Its shape is **-'u** (18) or **-u'** (20), but also **-'unah / -u'nah** in word-final position as in (20), (21), and (22), where **-nah** has the form of the perfect aspect suffix but does not carry the perfect meaning (see Chapter 8).

(17) **háhtsikadíssa'**
hák=tsi-ka-dís-sa'
IND-1.AGT-PREVB-wash-IMPFV
I'm washing it

(18) **háhtsikadís'usa'**
hák=tsi-ka-dís-'u-sa'
IND-1.AGT-PREVB-wash-MID-IMPFV
I'm washing (myself)

(19) **tahún:kah**
na-hunik-ah
PREVB-move-PERF
he has moved it

(20) **tahúnku'nah**
na-hunik-u'nah
PREVB-move-MID
he has moved (himself)

(21) **'áwshan'unah**
'awi-shan-'unah
ABS.SG-cough-MID
he coughed

(22) **háníwáshnu'nah**
hani-wa-shan-u'nah
ABS.PL-ANIM.PL-cough-MID
they coughed

A true reflexive, as opposed to middle voice, uses the reflexive particle **wít** as in (23).

(23) **wít   tsihnáh'yah**
    tsi-ki-náh'y-ah
self   1.AGT-PREVB-cut-PERF
I cut myself (intentionally)

Chapter 11. Extensions of the Base

The base may be extended through the addition of various elements that appear in a variety of positions within the verb template. Mentioned here are noun incorporation, posturals, locatives, the reversive, and a suffix expressing finality.

Noun Incorporation

Noun incorporation is common but not productive. It is found especially with body parts, which may appear in several different constructions. The noun root **ch'ah-** *eye* provides examples. Within a morphological noun **ch'ah-** can be followed by the simple noun suffix **-'uh**, which signals nothing more than the fact that the word is a noun, as in (1), or it may be followed by the locative noun suffix **-yih** as in (2).

(1) **ch'ah'uh**
 ch'ah-'uh
 eye-NSF
 eye

(2) **ch'ahih**
 ch'ah-yih
 eye-LOC
 in the eye

A common construction is a verb in which the noun root has been incorporated with the verb root **-ya'ah** *be* and the verb begins with the subordinating proclitic **kak=**, which yields a word that functions syntactically as a noun. When it is incorporated, the noun root is often preceded by an empty *prenoun*, most often **'i-**.

(3) **kah'ich'áy'ah**
 kak-'i-ch'ah-ya'ah
 SUB-PRENN-eye-be
 eye, literally that which is an eye

The same verb may optionally add the *defocusing patient* prefix **'a-**, as in (4), to specify that the eye was possessed by someone.

(4) **kah'a'ch'áy'ah**
kak-'a-'i-ch'ah-ya'ah
SUB-DEFOC.PAT-PRENN-eye-be
one's eye, literally that which is one's eye

A specific possessor can be shown by incorporating a noun root with **-ya'ah** *be* and adding a pronominal prefix such as **ku-** *1st person patient* in (5), and optionally adding also the subordinating proclitic **kak=**, as in (6).

(5) **ku'ch'áy'ah** (6) **kakku'ch'áy'ah**
ku-'i-ch'ah-ya'ah   kak-ku-'i-ch'ah-ya'ah
1.PAT-PRENN-eye-be   SUB=1.PAT-PRENN-eye-be
my eye   *that which is my eye*

An incorporating verb root, such as **-ya'ah** in the above examples, may be directly preceded by the *absolutive distributive* prefix **na-** (position 5), which thus intrudes between the incorporated noun root and the verb root, as in (7):

(7) **kah'ich'ánna'ah**
kak-'i-ch'ah-na-ya'ah
SUB=PRENN-eye-ABS.DIST-be
eyes, literally those which are eyes

The *eye* noun root **ch'ah-** may appear in other incorporating environments:

(8) **hak'ichahwa:ní:yah**
haka-'i-ch'ah-wa'níy-ah
INDIV=PRENN-eye-close-PERF
they closed their eyes

(9) **hákku'ch'ah'ísh'usa'**
hák-ku-'i-ch'ah-'ísh-'u-sa'
IND=1.PAT-PRENN-eye-move-MID-IMPFV
my eye is twitching

Sometimes it may show a lexicalized meaning:

(10) **kah'ich'án:'i'**
kak='i-ch'ah-na-'i'
SUB=PRENN-eye-ABS.DIST-have
automobile, literally that which has eyes (headlights)

Sometimes it functions as a classifier for small round objects:

(11) **ch'ahka'ay' di'ch'áníwáhdah**
yi-'i-ch'ah-na-ni-wáhd-ah
DEFOC.AGT-PRENN-eye-ABS.DIST-PORT-come-PERF
bone nettle   they brought small round objects
they brought bone nettles (a small round fruit)

(12) **kassi' 'ich'ánchà:ni'chah**
'i-ch'ah-na-ká-ni'-chah
PRENN-eye-ABS.DIST-PREVB-buy-INTENT
bead   he's going to buy small round objects
he's going to buy beads

Other noun roots may be lexicalized in other ways, as in (13) with the noun root **k'ánt-** *head*.

(13) **kakk'án'áy'ah**
kak=k'ánt-na-ya'ah
SUB=head-ABS.DIST-be
postage stamps, literally those which are heads

The position of an incorporated noun root may be occupied by a lexicalized compounding of two noun roots.

(14) **kúh'ichahámman'na'**
kúk='i-chah-hámma-na-'a'
WHERE=PRENN-eye-hole-ABS.DIST-be.present
eye sockets

(15) **kúhnisahnikuh'a'**
kúk=nisah-nikuh-'a'
WHERE=house-back-be.present
at the back of the house

A verb root may be nominalized with a suffixed **-t** and then incorporated into another verb as in (16).

(16) **kaki:wíst'ahay**
kak=yi-'awis-t-'a-háy
SUB=DEFOC.AGT-sitting-NOM-PREVB-rise
to rise from sitting

Posturals

Position 3 is occupied by three elements that specify whether an absolutive participant is sitting, standing, or lying. Sitting is shown by **'awis-** (2) and (6), standing by **'anikis-** (3) and (7), and lying by **'ini-** (4) and (8).

(1) **hákku:nássa;**
hák=ku-'a-nátd-sa'
IND=1.PAT-PREVB-be.cold-IMPFV
I'm cold

(2) **hákku:wís'nássa'**
hák=ku-'awís-'a-nátd-sa'
IND=1.PAT-sitting-PREVB-be.cold-IMPFV
I'm cold while sitting

(3) **hákku:nikisnássa'**
hák=ku-'anikis-'a-nátd-sa'
IND=1.PAT-standing-PREVB-be.cold-IMPFV
I'm cold while standing

(4) **hákku:ni:nássa'**
hák=ku-'ini-'a-nátd-sa'
IND=1.PAT-LYING-PREVB-be.cold-IMPFV
I'm cold while lying down

(5) **háhnáy'áw:sa'**
    hák=náy-'áw-sa'
    IND=PREVB-sing-IMPFV
    he's singing

(6) **háh'awis'náy'áw:sa'**
    hák='awis-náy-'áw-sa'
    IND=sitting-PREVB-sing-IMPFV
    he's singing while sitting

(7) **háh'ánkis'náy'áw:sa'**
    hák='anikis-náy-'áw-sa'
    IND=standing-PREVB-sing-IMPFV
    he's singing while standing

(8) **háh'ínnáy'áw:sa'**
    hák='ini-náy-'áw-sa'
    IND=lying-PREVB-sing-IMPFV
    he's singing while lying down

Locatives

Position 4 is occupied by a number of prefixes that specify spatial locations or relations. Nine of them are exemplified here and there are additional example in Melnar (2004: 160-169). Two of them may occur together, as with *under water* in the second example under (5).

(a) among, between, part of a group	**daka'ah-**
(b) attached	**daht-**
(c) hanging	**da-**
(d) in fire	**'aka-**
(e) in water	**hawat-**
(f) on a raised surface	**kid-**
(g) out of sight	**'ayah-**
(h) under	**nukah-**
(i) up	**'awi-**

Examples follow.

(1) among, between, part of a group: **daka'ah-**

> **háhdak'ah'a'**   **hítdak'áy:'ah**
> hák=daka'ah-'a'   hít=daka'ah-ya'ah
> IND=among-be.located   PAST=among-be
> *it's in between*   *he was in the crowd*

(2) attached: **daht-**

> **kakidahtsu'**   **háhdahtsu'sa'**
> kak=yi-daht-yu'   hák=daht-yu'-impfv
> SUB=DEFOC.AGT-attached-put   IND=attached-put-IMPFV
> *to attach*   *he's attaching it*

(3) hanging: **da-**

> **háh'áwda'a'**   **háhdáy'usa'**
> hák='awi-da-'a'   hák=da-yu'u-sa'
> IND=ABS.SG-hanging-be.located   IND=hanging-put-IMPFV
> *it's hanging*   *she's hanging it up*

(4) in fire: **'aka-**

> **háh'akayá:wis'a'**   **'akáwá:'ah**
> hák='aka-yá-'awis-'a'   'aka-wá'-ah
> IND=in.fire-next.to-sit-be.present   in.fire-put.in-PERF
> *he's sitting next to the fire*   *he's put it in the fire*

(5) in water: **hawat-**

> **hítawat'away'**   **hawatnukahí:yah**
> hít=hawat-'a-wa'i   hawat-nukah-híy-ah
> PAST=in.water-PREVB-throw   in.water-under-get.stuck-PERF
> *he threw it in the water*   *he got stuck under water*

(6) on a raised surface: **kid-**

>**háhnushchidín:'a'**
>hák=nusht-kid-ini-'a'
>IND=paper-raised.surface-lying-be.located
>*the paper is lying on the table*

>**hákkidáw:sa'**
>hák=kid-awis-'a'
>IND=raised.surface-sit-be.located
>*he's sitting on a raised surface, he's riding*

(7) out of sight: **'ayah-**

>**háh'ayahyuhsa'** **kúh'asás'yahyuhsa'**
>hák='ayah-yuk-sa' kúk='asás-'ayah-yuk-sa'
>IND=out.of.sight-enter-IMPFV WHERE=wire-out.of.sight-enter-IMPFV
>*he's going in* *where the wire goes in*

(8) under: **nukah-**

>**kúh'ínkah'a'** **kúhánkah'a'**
>kúk='i-nukah-'a' kúk=ha-nukah-'a'
>WHERE=PREVB-under-be.located WHERE=place-under-be.located
>*it's underneath* *the under part*

(9) up: **'awi-**

>**'áw'á:nah** **'áw'adá'nah**
>'awi-'án-ah 'awi-'a-dá'n-ah
>up-hold-PERF up-PREVB-pull-PERF
>*he held it up* *he pulled it up*

The reversive

The reversive suffix **-ts'úk-** reverses the meaning of the preceding base, as in the second example.

dibitchah
yi-bit-CHAH
PREVB-close-INTENT
he's going to cover it

dibitts'úhchah
yi-bit-TS'ÚK-CHAH
PREVB-close-REVERS-INTENT
he's going to uncover it

In the second example here **-ts'úk-** simply replaces the base **-tsu'-**.

'áwnitsu'ah
'awi-ni-tsu'-ah
ABS.SG-DIST-join-PERF
he has joined it

'áwnits'ú:kah
'awi-ni-ts'úk-ah
ABS.SG-DIST-REVERS-PERF
he has broken it apart

Finality

A suffix with the form **-sitsún-**, which indicates that an event takes place for the last time, was found only in the following examples:

tsitáyyúhsitsúnnah
tsi-t-háy-yúh-sitsún-nah
1.agt-benfv-event-tell-final-perf
it was the last time I told him

t'utáyyúhsitsúnhah
t'u-t-háy-yúh=sitsún-hah
1.agt/2.pat-benfv-event-tell-final-hab
this is the last time I tell you

Chapter 12. Questions

As is true of many languages, Caddo questions fall into two types. The first type is comprised of "question-word" questions. They corresponds to English "wh-questions," so called because they often begin with a word like *who*, *what*, *where*, or *when*. They contain a lexical gap which the listener is asked to fill. The other type is comprised of "yes-no" questions which ask the listener to say whether they are true or false

Question-Word Questions

Questions of this type contain verbs that begin with one of thirteen proclitics that occur in position 15. The following examples illustrate present and past tense versions.

(1) what? **dikat=**, **dikít=**

>   **dikatda'ah**   **dikítda'ah**
>   dikat=ya'ah   dikít=ya'ah
>   WHAT?=be   WHAT? (PAST)=be
>   *what is it?*   *what was it?*

(2) who? **wít=**, **wí'ít=**
>   **wítdibah**   **wí'ítdibah**
>   wít=yi-bahw   wí'ít=yi-bahw
>   WHO?=PREVB-see   WHO (PAST)?=PREVB-see
>   *who does he see?*   *whom did he see?*

(3) where? **kúyt=**, **kúy'ít=**
>   **kúyttáy'aw**   **kúy'íttáy'aw**
>   kúyt=náy-'áw   kúy'ít'=náy-'áw
>   WHERE?=PREVB-sing   WHERE (PAST)?=PREVB-sing
>   *where is he singing?* *where did he sing?*

(4) when? **sít=, sí'ít=**

    sídày:báw'a'   **sí'ídày:bah**
    sít=yah'-yi-bahw-'a'   sí'ít=yah'-yi-bahw
    WHEN?=2.AGT-PREVB-see-FUT   WHEN (PAST)?=2.AGT-PREVB-see
    when will you see him?   *when did you see him?*

(5) whatever? **hikat=, híkít=**

    hikapbashbáwhah
    HIKAT=bak-YI-bahw-HAH
    whatever?=sound-prevb-perceive-hab
    whatever does he hear?

    hikípbashbah
    HÍKÍT=bak-YI-bahw
    whatever (past)?=sound-prevb-perceive
    whatever did he hear?

(6) which one? **ni'ít=**

    ni'ítdibáwchah
    ni'ít=yi-bahw-chah
    WHICH ONE?=PREVB-see-INTENT
    which one is he going to see?

(7) whenever? **síkáy=**
    síkáytsitsáwtah
    síkáy=tsi-t-ya-watak
    WHENEVER?=1.AGT-BENFV-woods-appear
    whenever do I visit him?

Yes-No Questions

    As mentioned above in the section on Realis/Irrealis, a verb with an irrealis pronominal prefix and without a proclitic is interpreted as a yes-no question.

sa'ú:di'a'
sa-'awi-widi-'a'
3.AGT.IRR-ABS.SG-arrive-FUT
will he come?

One proclitic that does occur in yes-no questions is **t'u**=, called by Melnar the *partial negative interrogative*.

t'úsa'a:hi'in
t'u=sa'a-'a-hi'in
PARTIAL.NEG.INTERROG=2.PAT.IRR-PREVB-be.afraid
maybe you're afraid?

Another is **t'úykáy**=, called the *indiscriminative interrogative*.

t'úykáysáybah
t'uykáy=sa-yi-bahw
INDIS.INTERROG=2.AGT.IRR-PREVB-see
do you see anything?

Part Two. Caddo Texts

Introduction

Presented here are ten texts with morphological analyses. The first five were included in Parks (1977: 27-43) in a two-line format, with a transcription of the Caddo text followed by a word by word translation but without a morphological analysis. Here those texts have been expanded into a five-line format. Line 1, in **boldface**, shows what was said, although it was usually spoken in the more informal style described at the end of Chapter 2. For example, the word **'ahya'** was usually pronounced **'a:'** with loss of the **hy** cluster in the middle. Line 2 is a reconstructed form of an analyzable word with hyphens separating it into morphemes. Line 3 provides a gloss for each morpheme. Line 4 gives a translation of each word. Line 5, in *italics*, is a free translation of a phrase or sentence. Lines 2 and 3 are empty when a word is not analyzable. Sentences are numbered and usually end with a falling pitch that is shown with a period. Separate intonation units within a sentence end with a nonfinal pitch contour that is shown with a comma. When necessary, reference will be made to a particular intonation unit as, for example, 1.1 refers to the first intonation unit in sentence 1.

In the first three of these texts the protagonist is Tá:shah, the Caddo word for coyote or wolf. The first story, Coyote becomes a Mortar, follows the typical pattern of Coyote stories, in which Coyote is moving about in search of food and then decides on a trick that will get him what he wants. In this case he turns himself into a mortar, so he can eat the corn that is dropped into him. It is impossible to imagine what the shape of Coyote's new identity might be, but Coyote stories often call for considerable imagination. This story was published with an interlinear analysis in Chafe 2005a: 323-350.

Text 1. Coyote becomes a Mortar

1 **Bah'nah**   **'ahya'**   **tiki:**
   bak-'a-nahy
   speech-prevb-become
   hearsay   in the past   far
   It is said that long ago

       háh'í:'a'   **Tá:shah.**
       hák='í-'a'
       IND=PREVB-be.present
       he is present   Coyote
       there was Coyote.

Just as European fairy tales begin with the formula *once upon a time*, Caddo stories typically begin with the words **Bah'nah 'ahya' tiki:** *It is said that far in the past*. **Bah'nah** is a verb, but because of its frequency and formulaic status it will be cited in its remaining occurrences without further analysis and it will be translated *hearsay*.

2 **'Wáy'shah**   **bah'nah**   **háh'íyá:sa'**
   'wáy'-shah   hák='i-yá-sa'
   in.fact-MORE   IND=PREVB-roam-IMPFV
   (exclamation)   hearsay   he is roaming
   He was roaming about hungrily.

       háhnah'núhsa'.
       hák=náhk-núk-sa'
       IND=bone-be.hungry-IMPFV
       he is hungry

3 **Kúkahyánda'ah**   **'wáy'shah**
   kúkak=ya-nida-'ak   'wáy'-shah
   NEG.SUB=DEFOC.PAT.IRR-PREVB-find   in.fact-MORE
   he didn't find it   (exclamation)
   Not finding anything he thought "All right."

   níhwitsá:'ah   "Háwwih."
   ník=wit-yá-ya'ah
   PAST.TEMP.SUB=mind-roam-be
   he thought   all right

4 "Hítsi'ch'áhdá:'at."
   hí=tsi-'i-ch'áhdá-'a-d
   HORT=1.AGT-floating-PREVB-go
   let me go floating
   "Let me go floating!"

5 "Kikuh hítsi:náynu'uh."
        hí=tsi-'a-nahy-nu'uh
        HORT=1.AGT-PREVB-become-MID
   mortar   let me become
   "Let me become a mortar!"

6 "Kayttsi:yah   'ínniyah túkkuhash'náwyáhdi'na'."
   kayt=tsi-yi-yah   túk=ku-hash'náw-yáh-di'n-'a'
   FUT.RESULT=PREVB-go.along   POTENT=1.PAT-meal-eat-CAUS-FUT
   so that I go along   somewhere she may feed me
   "So that as I go along somewhere someone may feed me."

7 Bah'nah háh'ich'áhdáyyah.
        hák='i-ch'áhdá-yi-yah
        IND=PREVB-floating-PREVB-go along
   hearsay   he is floating along
   He was floating along.

8 Kúsidí: bah'nah.
   kú-sidíy
   just-this way
   after a while hearsay
   After a while.

9   **Náttih   hákahwáwdisa'   katchahih   bah'nah.**
              hákak=wa-widi-sa'   kat-chah-yih
              IND.SUB=ANIM.PL-arrive-IMPFV water-edge-AT
    women   they are arriving   at the bank   hearsay
    Some women were arriving at the bank.

10 **Di'ch'ahyahdán:'a'   bah'nah.**
    yi-'i-ch'ah-yah-dá'n-ah
    DEFOC.AGT-PRENN-round.object-away-pull.up-PERF
    they pulled up something round   hearsay
    They pulled out something round.

11 **"Dah'yahdán:'ah!"**
    yah'-yah-dá'n-ah
    2.AGT-away-pull.up-PERF
    pull it!
    "Pull it out!"

12 **Dímmáyhah   dínhahyú:nah.**
    yi-ni-wayuh-ah   yi-ni-hah-yúhn-ah
    DEFOC.AGT-PORT-climb-PERF   DEFOC.AGT-PORT-SPACE-go.home-PERF
    they lifted it   they took it home
    They lifted it and took it home.

13 **Dímmishiyah**
    yi-ni-wid-shiyah
    DEFOC.AGT-PORT-arrive-TRANSLOC.PERF
    they arrived there carrying it
    They arrived there carrying it and were pounding it.

         kuh   bah'nah   háhnawadi'sa'.
                           hák=na-wa-dí'-sa'
                           IND=DIST-ANIM.PL-pound-IMPFV
         and   hearsay   they're pounding it

14 **Háháyyah bah'nah**
   hák=ha-yi-yah
   IND=time-PREVB-go.along
   during that time   hearsay
   Pretty soon they soon ran out of corn.

       kúsidí: túkkímmáyú:kah.
       kú-sidí: túk=kis-na-wa-yúk-ah
       JUST-this.way POTENT=corn-DIST-ANIM.PL-use.up-PERF
       pretty soon   they ran out of corn

15 **Kúkahyándàn:áwá:wa'.**
   kúkak=ya-na-dá'n-na-wáw-'a'
   NEG.SUB=DEFOC.PAT.IRR-DIST-ANIM.PL-be.present
   not having any kernels
   Not having any kernels.

16 **Náná: bah'nah hússáy'ahsa'.**
                      hús=sa-ya'ah-sa'
                      MIR=3.PAT.IRR-be-IMPFV
   that one hearsay it is him!
   It was him!

17 **Tá:shah nít'ánáynu'nah   kikuh.**
            nít='a-nahy-nu'-nah
            PAST.GEN.PTCPL=PREVB-become-MID-PERF
   coyote   who became   mortar
   Coyote who had become a mortar.

18 **Háh'i'áhsa'   ná: kisi'.**
   hák='i-'áh-sa'
   IND=PREVB-eat-IMPFV
   he's eating it   that corn
   He was eating that corn.

Text 2. The Wolf and the Ducks
Cf. Parks 1977: 31-33

This story differs from the first in several ways. First, there was no attempt to identify its protagonist with the familiar Coyote, and in translation Tá:shah was identified as a wolf. Although he may have wanted to eat the ducks, they outsmarted him and left him blind. Instead of illustrating the wolf's trickery, there was a trick played on him by the ducks, thereby serving to explain a property of wolves, the color of their eyes, and thus placing it in the tradition we we meet below in Text 4, How the Turtle Got Squares on his Back.

1 **Bah'nah 'ahya'   tiki:,**
   hearsay in the past far
   It is said that long ago,

      k'an'   háhutáywa:nihsa'   nihdáhih.
             hák=nu-t-háy-wa-wanih-sa'   nikidáh-yih
             IND=BEN-BENFV-PREVB-ANIM.PL-play-IMPFV   river-LOC
      duck   they are playing   at the river
      some ducks were playing at the river.

2 **Haka'aw'   kínkammach'ah.**
   ha-ka'aw'   kín=kan-wak-ya'ah
   adj.pref-deep PAST.HEARSAY=water-hole-be
   deep   it was a waterhole
   It was a deep waterhole.

3 **Wit   wa'nah   nassa'ch'ánníwtakah,**
                nas=a-'ich'áh-na-ni-watak-ah
                GEN.CON=DEFOC.PAT-eye-DIST-PORT-appear-PERF
   self each   when he took out his eyes
   When each one took out his eyes,

      háki'ch'ánnáywat'áw'isa'.
      hák=i'ch'án-na-na-hawat-'a-wa'i-sa'
      IND=eye-DIST-ABS.PL-IN.WATER-PREVB-throw-IMPFV
      he was throwing his eyes in the water
      he threw his eyes in the water.

4 **Sínátti' wa'nah nasahwatnukahyukah,**
                    nas=a-hawat-nukah-yuk-ah
                    GEN.COND=DEFOC.PAT-water-under-enter-PERF
then   each   when he dove in
Then when each one dove in,

    kuti: **'asá:yah**
                      'a-sáy-ah
                      DEFOC.AGT-emerge-PERF
on the other side   he emerged
he emerged on the other side

    háts'ih'ich'ánchà:ni'a'.
    háts'ik='ich'ah-na-kah-'ini-'a'
    PRIOR.IND=eye-DIST-inside-lying-be.present
his eyes were back in place
with his eyes back in place.

5 **Bah'nah kúsidí: 'Ibah Tá:shah   hússáy'asuh!**
                                                    hús=sa-ya-'asuh
                                                    MIR=3.IRR-PREVB-come
hearsay   after a while   uncle   coyote   he came!
Then Uncle Coyote came!

6 **Kámbaka'   "Páhtsi'   dikadà:wa'nihah?"**
   kán=baka'   páh-tsi'   dikat=yah'-wa-'nih-hah
   HEARSAY=he.said   nephew-HYPO   WHAT?=2.AGT-ANIM.PL-make-HAB
   he said   nephew   what are you doing?
He said, "Nephews, what are you doing?"

7 **Kánímbaka'   "Tsí:nih.**
   kán=yi-nu-baka'
   HEARSAY=DEFOC.AGT-BEN-said
   they said to him   nothing
They said to him, "Nothing.

Tsitáywa:nihah."
tsi-t-háy-wa-wanih-sa'
1.AGT-BENFV-PREVB-ANIM.PL-play-IMPFV
we're playing
We're playing."

8 **"Kaki'ch'ánnáywat'away'."**
kak=yi-'i-ch'áh-na-ni-hawat-'a-way'
SUB=DEFOC.AGT-PRENN-eye-DIST-ABS.PL-in.water-PREVB-throw
throwing our eyes in the water
"Throwing our eyes in the water."

9 **"Sínátti' kakihwatnukahyuh**
       kak=yi-hawat-nukah-yuh
       SUB=DEFOC.AGT-in.water-under-enter
then   diving in
"Then diving in

   kaki'ch'ánnida'ah."
   kak=yi-'i-ch'áh-na-nida-'ak
   SUB=DEFOC.AGT-eye-DIST-PREVB-find
   finding our eyes
   and finding our eyes."

10 **"Kuti: nas'awayuh,   kúha'ahat**
                  nas='a-wayuh   kú-ha-'ahat
                  GEN.COND=DEFOC.PAT-climb   JUST-ADJ.PREF-good
   on the other side when you climb out   nicely
   "When you climb out on the other side,

      háh'a'ch'ánch'à:ni'a."
      hák='a-'i-ch'áh-na-kah-'ini-'a'
      IND=DEFOC.PAT-PRENN-eye-DIST-INSIDE-lying-be.present
      your eyes are back in place
      your eyes are nicely back in place."

11 "Háwwih."
    all right
    "All right."

12 'Way'   'itsi'   bah'nah   'way'   háhwit'ihsa'
                                       hák=wit-'ih-sa'
                                       IND=mind-happen-IMPFV
    just   that is hearsay   just   he wants it
    Actually he just wanted

        híyáhkáw'ah.
        hí=yáh-kah-wa-'ah
        HORT=eat-INSIDE-ANIM.PL-be
        he would eat them
        to eat them.

13 Kámbaka'   "Háwwih   páhtsi',
    kán=baka'   páh-tsi'
    hearsay=he.said   nephew-HYPO
    he said   all right nephew
    He said, "All right, nephews,"

        hítsitánna'ah."
        hí=tsi-t-hán-ya'ah
        HORT=1.AGT-BEN-ANIM.PAT-be
        let me try
        "let me try."

14 "Dahku'ch'ánníw'áhah,"
    dahku-'i-ch'áh-na-ni-wa'áhak
    2.AGT/1.PAT-PRENN-eye-DIST-PORT-find.out
    take my eyes out
    "Take my eyes out,"

"dahku'ch'ánnáywataway'."
dahku-'i-ch'áh-na-ni-hawat-'a-way'
2.AGT/1.PAT-PRENN-eye-DIST-PORT-in.water-PREVB-throw
throw my eyes in the water
"throw my eyes in the water."

15 **Bah'nah**   **kúsidí:**
             kú-sidí:
             JUST-this way
hearsay   pretty soon

    di'ch'ánníwtakah,
    yi-'i-ch'áh-na-ni-watak-ah
    DEFOC.AGT-PRENN-eye-DIST-PORT-appear-PERF
    they took his eyes out
    Then they took his eyes out,

    di'ch'ánnáywat'áw'ah,
    yi-'i-ch'áh-na-ni-hawat-'a-wa'-ah
    DEFOC.AGT-PRENN-eye-DIST-PORT-in.water-PREVB-throw-PERF
    they threw his eyes in the water
    they threw his eyes in the water,

    hawatnukáyhah.
    hawat-nukah-yuk-hah
    in.water-under-enter-HAB
    he dove in
    and he dove in.

16 **Kuti:**   **'íwyuhshiyah.**
                    'i-wayuh-shiyah
                    PREVB-climb-TRANSLOC.PERF
on the other side   he climbed out
He climbed out on the other side.

17 **Bah'nah   kúha'ahat**
                ku-ha-'ahat
                JUST-ADJ.PREF-good
   hearsay   just good
   His eyes were nicely

   dáh'ich'ánchà:ni'a'.
   dák='i-ch'áh-na-kah-'ini-'a'
   LOC.IND=PRENN-eye-DIST-INSIDE-lying-be.present
   his eyes were in place
   back in place.

18 **Bah'nah   "Nabít   yutánnábahnit"**
                na bit   yu-t-hán-yábah-nid
                AT two   DEFOC.BEN-ANIM.PAT-be.pl-CISLOC
   hearsay   second   let's try it
   "Let's try it again"

   k'an'   kámbah'wá:wa'.
            kán=bak-'-wáw-'a'
            HEARSAY-speech-CAUS-PL-be
   duck   they said
   the ducks said.

19 **"Hawwih   dúhya'   nasahwatnukahyukah,**
                        nas=a-hawat-nukah-yuk-ah
                        GEN.CON=DEFOC.PAT-in.water-under-enter-PERF
   all right   now   when he dives in
   "All right now when he dives in,

   hídi'ch'ámma'á:nih."
   hí=yi-'i-ch'áh-na-wa-yán-ih
   HORT=defoc.AGT-PRENN-eye-DIST-ANIM.PL-catch-AND
   let's go catch his eyes
   let's go catch his eyes."

20 **Bah'nah   'ukkih   háhut'áyá:sa'   katchahih.**
                        hák=nut-'a-yá-sa'   kat-chah-yih
                        IND=3.BEN-PREVB-move-IMPFV   water-edge-AT
    hearsay   really   he is moving   on the bank
    He was moving on the bank.

21 **"Páhtsi',   páhtsi',   kúydíwá:yah?"**
    páh-tsi'   páh-tsi'   kúyt=yi-wa-ya'ah
    nephew-HYPO   nethew-HYPO   WHERE?=DEFOC.AGT-ANIM.PL-be
    nephew   nephew   where are you?
    "Nephews, nephews, where are you?"

22 **"Kút'aháybah."**
    kú=t'a-ha-yi-bahw
    neg=1.agt.irr-place-prevb-see
    I can't see
    "I can't see."

23 **Bah'nah   kúsidíy**
    bak-'a-nahy   kú-sidí:
    speech-prevb-become   JUST-this way
    hearsay   soon
    Then

    háhíwá:yah,
    hák=yi-wá-yah
    IND=DEFOC.AGT-ANIM.PL-went.along
    they went
    they went,

    bah'nah   ch'ahka'ay'
    hearsay
    bone nettles

di'ch'ánníwáhdah,
yi-'i-ch'áh-na-ni-wáhd-ah
DEFOC.AGT-PRENN-eye-DIST-PORT-bring-PERF
they brought
they brought,

náná: wa'nah di'ch'áhdaw'nah,
               yi-'i-ch'áh-da-bi'n-ah
               DEFOC.AGT-PRENN-eye-HANGING-hit-PERF
those each they hit his eyes
they hit his eyes,

kúh'ich'áhámman'na'.
kúk='i-ch'áh-hámmak-na-'a'
LOC.SUB=PRENN-eye-hole-DIST-be.present
where the eye sockets were
where the eye sockets were.

Reference here is to the fruit of the stinging nettle (Urtica dioica).

24 **Kuti: bah'nah pakáwtahshiyah.**
               bak-'a-nahy   waka-watak-shiyah
               speech-prevb-become ?-emerge-TRANSLOC.PERF
on the other side hearsay   he emerged
He emerged on the other side.

25 **Náná: kánnutáy'ah dúhya',**
              kán=nu-t-ya'ah
              HEARSAY=3.BEN-BENFV-be
that it is why   now
That's why now

        háh'ich'ánna'ahsa' hak'ay'ku'.
        hák='i-ch'áh-na-ya'ah-sa'   ha-k'ay'ku'
        IND=PRENN-eye-DIST-be-IMPFV ADJ.PREF-yellow
        his eyes are   yellow
his eyes are yellow.

Text 3. The Wolf and the Wren
Cf. Parks 1977: 33-35

   This story has even less in common with a traditional Coyote story. It involves three principal actors with varying roles and is a mixture of elements borrowed from the European fairy tale of Little Red Ridinghood combined with elements that are more at home in Caddo culture. In the beginning the wren is sent off with a basket to take, not to her grandmother, but to her grandfather. On her way she encounters a wolf who is interested in the contents of her basket, but as she tries to escape from him she meets a singing crow. Songs are a familiar element of Caddo stories. As she hides in the crow's nose, the wolf arrives and exclaims, "What a big nose you have!" When the crow blows his nose, the wren is able to fly away.

1 **'Ahya'** tiki:, **bah'nah** háh'í:'a', tsínda:kístsi'.
   hák-'í-'a' tsínda:kís-tsi'
   IND-PREVB-be.present wren-HYPO
   in the past far hearsay there was wren
   Long ago it is said there was a little wren.

2 **Bah'nah** ná: sá:sin',
   sás-in'
   mother-KIN
   hearsay that mother
   Her mother

   tut'iyas'nihah dawat.
   nu-t-'awi-yas-'nih-ah
   3.BEN-BENEFV-ABS.SG-preparation-make-PERF
   prepared for her basket
   prepared for her a basket.

3 **Túmbah'nah** ná: t'i' chiyuhtsi',
   nu-nu-bak-'a-nahy chiyuh-tsi'
   3.BEN-BENEFV-speech-make-PERF wren-HYPO
   she told her that little one wren
   She told that little wren

    kahni:dih'a'   **ná:**   **dawat.**
    kak=ni-'a-dih-'a'
    SUB=PORT-PREVB-go-FUT
    to take it   that   basket
    to take that basket.

Chiyuhtsi' is an alternative word for wren.

4   **"Kú'á:na'"**   **kánímbaka'**
                    kán=yi-nu-baka'
                    HRSAY=DEFOC.AGT-BENFV-say
over there   she told her
"When you arrive over there,"

    "nassah'áw:dih,
    nas=sah'-'a-wid-ih
    GEN.COND-2.AGT.IRR-PREVB-arrive-AND
    when you arrive there
    she told her,

    ná: **'ínniyah**   **háh'ihsa'**   **tá:shah."**
           'ini-yi-ya'ah   hák='ih-sa'
           lying-DEFOC.AGT-be   IND-happen-IMPFV
    there   somewhere   it happens   wolf
    "somewhere there is a wolf."

5   **Bah'nah**   **tushdáwá:'ah,**
                nu-t-kid-'a-wá'-ah
                3.BEN-BENFV-ON.SURFACE-PREVB-lay-PERF
hearsay   she laid it on a surface for her
She laid it on a surface for her,

    wa'nah   **ha'ahat**
                 ha-'ahat
                 ADJ.PREF-good
    each thing   nicely
    she prepared everything

> **tut'iyas'nihah.**
> nu-t-'awi-yas-'nih-ah
> 3.BEN.-BENFV-ABS.SG-preparation-make-PERF
> she prepared it for her
> *nicely for her.*

The positional morpheme **-kid-** in 5.1 appears in many Caddo verbs, expressing a Caddo pride in placing food on a raised surface. The adjective **ha'ahat** "good" in 5.2 is used here adverbially: "in a good way" or "nicely".

6 **Nátti' há:yuh bah'nah**
    there   above   hearsay
    There on top

> **tushdímbíhnidah**
> nu-t-kid-ini-bíhn-id-ah
> 3.BEN-BENFV-ON.SURFACE-lying-lay-CISLOC-PERF
> she laid it on top for her
> *she laid for her*

> **kakkanduts'ah.**
> kak=kandut-ya'ah
> SUB=clay-be
> clay
> *some clay.*

Kakkanduts'ah shows the subordinator **kak=** being used to introduce a nominal referent, literally *that which is clay (or mud)*.

7 **Kánnúmbaka'**   **"Ná: dúhya'**
    kán-nu-nu-baka'
    HRSAY-3.BEN-BENFV-said
    she said to her   there now
    She said to her, "If now

nassáybáw'a',
nas=sah'-yi-bahw-'a'
GEN.COND-2.AGT.IRR-PREVB-see-FUT
if you see him
you see him there,

síná: dah'úmbah'nah."
            yah'-nu-nu-bak-'a-nahy
            2.AGT-BEN-BENFV-speech-make-PERF
like this   tell him
tell him this."

Sentence 7 contains another direct quote. The verb in 7.1 contrasts with **kánímbaka'** in 4, this time lacking the defocused agent prefix. The mother is now treated as the protagonist.

8 **"Dí: 'ibat   tsi'nadihah."**
                         tsi-t-ni-'a-dih-hah
                         1.AGT-BENFV-PORT-PREVB-go-HAB
   this   grandfather   I'm taking it to him
   "I'm taking this to my grandfather."

9 **"Tsichandu'nadihah**
   tsi-t-kandut-ni-'a-dih-hah
   1.AGT-BENFV-clay-PORT-PREVB-go-HAB pipe-NN.SUFF
   I'm taking clay to him
   "I'm taking clay to him

              t'ánk'uh   kah'a'nih'a'."
              t'ánk-'uh   kak='a-'nih-'a'
              pipe-nn.suff   SUB=PREVB-make-FUT
              pipe   to make it
              to make a pipe."

Sentence 9 begins by incorporating the noun root for clay in a verb with a first person agent and a third person beneficiary who is not overtly expressed. The verb at the end with the subordinator **kak=** and the future aspect expresses the purpose of taking the clay.

10 **Bah'nah   háhiyah   háhiyah.**
              hák=yi-yah   hák=yi-yah
              IND=DEFOC.AGT-go.along   IND=DEFOC.AGT-go.along
    hearsay   she went along   she went along
    She continued to go along.

Repetition of the verb in 10 expresses the continuation of the action of *going along*.

11 **Ku'á:na'   bah'nah   hákah'í'asuh.**
                            hákak='í-'asuh.
                            IND.SUB=PREVB-come
    over there   hearsay   he came
    Over there he came.

In 11 the proclitic **hákak=** combines **hák=** *indicative* with **kak=** *subordinator*. The effect resembles that of the construction *it was over there that he came*.

12 **Kánímbaka'   "Kúydà:dihah?"**
    kán=yi-nu-baka'   kúyt=yah'-'a-dih-hah
    HRSAY=DEFOC.AGT-BENFV-said WHERE?-2.AGT-PREVB-go-HAB
    he said to her   where are you going?
    He said to her, "Where are you going?"

13 **Kánnúmbaka'   "'Ibat**
    kán=nu-nu-baka'
    HRSAY=BEN-BENFV-said
    she said to him   grandfather
    She said to him "My grandfather

                tsichandu'nadihah
                tsi-t-kandut-ni-'a-dih-hah
                1.AGT-BENFV-clay-PORT-PREVB-go-HAB
                I'm taking clay to him
                I'm taking clay to him

    t'ánk'uh   nah'a'na'."
    t'ánk-'uh   nak='a-'n-'a'
    pipe-NN.SUFF   INST.SUB=PREVB-make-FUT
    pipe   to use to make it
    to make a pipe with."

14   **Ná: tá:shah   kámbaka'   "Kúy'a'**
                                kán=baka'
                                hrsay=said
that   wolf   he said   here
The wolf said, "Here

    hít'ushbah!"
    hí=t'u-t-yi-bahw
    HORT=1.AGT/2.BEN-BENFV-PREVB-see
    let me see
    let me see!"

15   **"Síná: kut'ihah."**
                      ku-t-'ih-hah
                      1.PAT-BENFV-happen-HAB
like that   it happens to me
"I'm like that."

Sentence 15 might be translated literally *'It happens to me like that.'*

16   **"'Win't'a'   kú:'nutah**
                            ku-wit-nut-hah
                            1.PAT-mind-like
also   I like it
"I also like

    t'án:k'uh   nast'án'a'na'."
    t'ánk-'uh   nas=t'a-nu-'a-'n-'a'
    pipe-NN.SUFF   GEN.COND-1.AGT.IRR-BENFV-PREVB-make-FUT
    pipe   when I will make it
    to make pipes."

Sentence 16 shows the incorporation of -**wit**- *mind* into verbs involving mental activity.

17 **Bah'nah** **'isikáwní:yah,**
        'i-sik-kah-waníy-ah
        PRENN-hand-inside-insert-PERF
hearsay   he put his hand in
He put his hand in,

    'wáy'shah   **'wán'ti',**
    my goodness everything
    My goodness

    dika'hay **dínt'áhnah.**
                yi-nu-t-'áh-nah
                DEFOC.AGT-BEN-BENFV-eat-PERF
    whatever he ate up on her
    he ate up everything on her!

17.2 begins with the exclamation **'wáy'shah 'wán'ti'** expressing surprise at what he did. The wren is treated as the beneficiary of the wolf's eating, as captured by the translation *ate up on her*.

18 **Bah'nah** **sínátti'** **hakíyánniyah.**
                          hák=yi-yán-niy-ah
                          IND=DEFOC.AGT-catch-chase-PERF
hearsay then he chased her
Then he chased her.

19 **Ku'á:na'** **bah'nah** **hákakkidáwsa'**
                               HÁKAK=KID-'awis-sa'
                               IND.SUB=ON.SURFACE-sitting-IMPFV
over there hearsay he's sitting on something raised
Over there was sitting

    ká:k'ay'.
    crow
    a crow.

In 19 **kid-** shows that the crow was sitting on something raised up probably a branch.

20 **'Ahashshah bah'nah háhnáy'áwsa'.**
                                      hák=náy-'áw-sa'
                                      IND=PREVB-sing-IMPFV
    really!   hearsay   he's singing
    He was singing away!

In sentence 20 **'ahashshah** adds force to the crow's singing, captured here as *singing away*.

21 **Kúsidí: ná: t'i'   kámbaka',**
                                kán=baka'
                                HRSAY-said
    soon   that   little one   she said
    Then that little one said,

        "Hákkutáyní'asuh   ná: tá:shah."
        hák=ku-t-háy-ní-'asuh
        IND=1.PAT-BENFV-ACTIVITY-chase-come
        he's chasing me   that wolf
        "That wolf is chasing me."

22 **Sínátti' bah'nah kánímbaka',**
                                kán=yi-nu-baka'
                                HRSAY=DEFOC.AGT-BENFV-said
    then   hearsay   he said to her
    Then he said to her,

        "Dà:yahyuh   kúkku:sú'a'."
        yah'-'ayah-yuk   kúk=ku-'i-sú-'a'
        2.AGT-be.inside-enter LOC.SUB=1.PAT-PRENN-nose-be.present
        get in it   my nose
        "Get in my nose."

22.2 incorporates **'i-su-** *nose* with **-'a'** *be present*.

23 **Bah'nah   sínátti'   'ayahah**
                            'ayah-ah
                            be.inside-PERF
   hearsay   then   she was inside
   Then she was inside

      kúh'isú'a'.
      kúk='i-sú-'a'
      LOC.SUB=PRENN-nose-be.present
      where his nose was
      his nose.

24 **'Ukkih   bah'nah   'way'   Tsah   Tá:shah**
   really   hearsay   in fact   Mr.   Wolf
   Really in fact Mr. Wolf

      hússaháyní'asuh!
      hús=sa-háy-ní-'asuh
      MIR=3.AGT.IRR-activity-closely-come
      he was following!
      was following!

25 **Kámbaka'   "Sidi: hít'ínámmah."**
   kán-baka'   hít='ini-hana-wáhd
                          PAST=lying-walking-bring
   he said   this way   she flew
   He said, "She flew this way."

26 **Bah'nah   ná: ká:k'ay'   'ahashshah   dáhnáy'áwsa'.**
                                                dáh=náy-'áw-sa'
                                                LOC.IND=PREVB-sing-IMPFV
   hearsay   that   crow   really   he was singing
   That crow was singing away there.

27 **Kín'a'nihah   kán:day.**
   kín='a-'nih-hah
   PAST.HRSAY-PREVB-make-HAB
   he was making it   wooden bowl
   He was making a wooden bowl.

28 **Bah'nah   háhbak'ihsa'.**
            hák=bak-'ih-sa'
            IND=speech-happen-IMPFV
   hearsay   he is saying
He was saying.

Songs are introduced with verbs of saying.

29 **'Ahashshah   bah'nah   táh'áwwishshiyah**
                                 ták='a-wid-shiyah
                                 TRANSLOC.IND=PREVB-arrive-TRANSLOC.PERF
   really   hearsay   when he arrived there
When he arrived there,

      ná: tá:shah,
      the wolf,

      bah'nah   háhúmbak'ihsa'.
                  hák=nu-nu-bak-'ih-sa'
                  IND=3.BEN-BENFV-speech-happen-IMPFV
   hearsay   he is saying to him
he was saying to him.

30 "**Ná: sídat'ihah?**"
            sít=ya-t-'ih-hah
            WH.INTERROG=DEFOC.PAT-BEN-happen-HAB
   there   what's the matter with you?
"What's the matter with you there?"

31   **"'Ahashshah ha'imay**
                ha-'imay
                ADJ.PREF-big
really   big
"There's a really big

        háka:sú:dí:t'a'."
        hák=ya-'i-su-widí:-t-'a'
        IND=DEFOC.PAT-PREVB-nose-swell-NOM-be.present
        there's a swelling on your nose
        swelling on your nose."

The verb in 31 nominalizes the verb root –**widí:**- *swell* with the following -**t**-, allowing it to be incorporated with the verb root -**'a'**- be present.

32   **Kánnúmbaka'**   **"Sí'ídàn:t'a'**
    kán=nu-nu-baka'   si'ít=yah'-nut-'a'
    HRSAY=3.BEN-BENFV-said   PAST.WH.INTERROG=2.AGT-BENFV-be.present
    he said to him   what happened to you?
    He said to him "What happened to you

        wit   híssa'bin',
                hít=sa-'i-bi'n
                PAST=3.IRR-PREVB-hit
        self   you hit it
        did you hit yourself,

        kúkà:nihsa'   **ná: kán:day?"**
        kúk=ya-'a-nih-sa'
        LOC.SUB=DEFOC.PAT-PREVB-make-IMPFV
        where you were making it   that   bowl
        where you were making that bowl?"

32 2 shows the past tense **sí'ít**= of the wh interrogative **sít**= in 30.

33 **"Hun'nah, híkku'bin'**
　　no　　　　it hit me
　　"No, I got hit

　　　　na   nidun   kúyhtsitáywan."
　　　　　　　　　　　kúyk=tsi-t-háy-wan
　　　　　　　　　　　PAST.LOC.SUB=1.AGT-BENFV-activity-engage.in
　　　　at   ball   where I was playing
　　　　where I was playing ball."

34 **Baka'   "Nuka'**
　　he said   maybe
　　He said "Maybe

　　　　sah'atáyánnáhdu'wa'
　　　　sah'a-tayán-yáhd-u'-wa'
　　　　2.AGT.IRR-?-be.able-MID-FUT
　　　　you will be able
　　　　you will be able

　　　　kúkà:suhí'usa',
　　　　kúk=yah'-'i-su-hí-'u-sa'
　　　　LOC.SUB=2.AGT-PREVB-nose-blow-MID-IMPFV
　　　　to blow your nose
　　　　to blow your nose,

　　　　bah'nah   kakúdah'náwkáybah?"
　　　　　　　　　kakút=yah'-na-'awi-kah-yi-bahw
　　　　　　　　　NEG.SUB=2.AGT-DIST-ABS.SG-INSIDE-PREVB-experience
　　　　hearsay   without feeling pain
　　　　without feeling pain?"

Sentence 34 uses **nuka'** *maybe* to introduce a yes-no question.

35 **Kánímbaka'**
　　kán=yi-nu-baka'
　　HRSAY=DEFOC.AGT-BENFV-said
　　he said to him
　　He said to him

"**Háwwih tsitáyántáybáw'a'.**"
  tsi-t-haya-na-t-ha-yi-bahw-'a'
  1.AGT-BENFV-ANIM.PAT-DIST-BENFV-PLACE-PREVB-see-FUT
all right   I'll see
"All right I'll see."

As in English, 35 uses *see* with the meaning *try*.

36 **Bah'nah   'ukkih   kudi:**
    hearsay   really   over there
    Really

    náh'ínánniyah.
    nák='i-nán-yi-yah
    TRANSLOC.IND=PREVB-flying-PREVB-go.along
    she flew there
    away she flew.

Text 4. How the Turtle Got Squares on his Back
Cf. Parks 1977; 27-28

The next three texts depart in several ways from the Coyote tradition. The first, How the Turtle Got Squares on his Back, remains within the tradition of stories in which animals talk and behave in other human ways. And like The Wolf and the Ducks, which explains why the wolf has yellow eyes, this one explains the markings on the back of a turtle. Both of these stories fit the pattern of Rudyard Kipling's Just So Stories, a pattern that was not original with him but was distributed widely across various cultures.

1 **Kahná:yúhtsa'ah.**
kak=ná:-yúh-t-ya'ah
SUB=story-tell-NOM-be
that which is a story
It's a story.

A traditional way of introducing a story.

2 **'Ahya' tiki: bah'nah,**
in the past far hearsay
Long ago it is said,

    kínkambashuh   'wán'ti' tiki:.
    kín=kan-bashúk
    PAST.HRSAY=water-dry.up
    water was dried   all   far
    water dried up everywhere.

3 **Bah'nah ná: ch'ayah, banit,**
hearsay that turtle bird
The turtle, birds,

    dika'hay   kah'ukakí:'ah
                      kak=yu-kaki-ya'ah
                      SUB=DEFOC.BEN-VAR-be
    whatever   all kinds
    all kinds of creatures

háhbakán'ín:'a'.
hák=baka-na-'ini-'a'
IND=speech-DIST-be.lying-be.present
they held a council
were holding a council.

4 **Kahutáyá:bah**   **síttutihah**
kak=nu-t-ha-yábah   sít=nu-t-'ih-hah
SUB=3.BEN-BENFV-space-be.pl   WH.INTERROG-3.BEN-BENFV-happen-HAB
how things are   what is the reason
Concerning the reason for this

     'wáy'shah   dí:,
     oh my!   this

     'wán'ti'   dika'hay   kambashú:kah.
                           kan-bashúk-ah
                           water-dry.up-PERF
     all   thing   water dried up
     all the water was dried up.

5 **Kú'akannida'**   **kú:ku'.**
kú='a-kan-nida'
NEG=DEFOC.AGT.IRR-water-find
one did not find it   water
Water was not found.

6 **Bah'nah   wa'nah   háyá:nuh   háhiyah,**
                                     hák=yi-yah
                                     IND=DEFOC.AGT-go.off
hearsay   each   person   one went off
Each creature went off,

     wa'nah   húshnu'   katsiutáy'ah.
                           katsik=nu-t-ha-ya'ah
                           PRIOR.SUB=3.BEN-BENFV-space-be
     each   other   direction
     each in a different direction.

7 Bah'nah ná: Tsah Ch'ayah háhiyah   kúkidah.
                                              kú=kidah
                                              LOC.SUB=valley
   hearsay   that mister turtle one went off in the valley
   That Mister Turtle went off in the valley.

8 Kámbah'wá:wa'   "Háwwih háyá:nuh."
   kán=bak-wáw-a'
   HRSAY=speech-ANIM.PL-make
   they said   all right person
   They said "All right people."

9 Kashsháw'k'asay'
   kash=sah'-bak-'a-say'
   PROHIB=2.AGT.IRR-speech-make.a.sound
   don't say anything
   "Don't say anything

        díh'nah dahká:nit,
                 yah'-káh-nid
                 2.AGT-shout-CISLOC
        but   shout!
   but shout,

        háyá:nuh nassah'kannida'kah   kú:ku'."
                  nas=sah'-kan-nida-'ak-ah
                  GEN.COND=2.AGT.IRR-water-prevb-find-
                      PERF
        person   if you have found it   water
   people, if you find water."

10 Bah'nah háhiyah.
            hák=yi-yah
            IND=DEFOC.AGT-go.off
   hearsay he went off
   He went off.

92

11 **Kúsidi:,   bah'nah   ha'imay   hússayah'ni'a'.**
                           ha-'imay   hús=sa-yah-'ini-'a'
                           ADJ.PREF-big   MIR=3.PAT.IRR-log-lying-be.present
   in a while   hearsay   big   a log was lying
   In a while there was a big log lying.

12 **Nátti'   bah'nah   dikahí:yah.**
                        dika-híy-ah
                        PREVB-get.stuck-PERF
   there   hearsay   he got stuck
   There he got stuck.

13 **Kúyatá:náhdu'   natdah'ní:way.**
   kú=ya-t-ha-yán-yákid-u'   nat=yah'-ni-way
   NEG=3.AGT.IRR-BENFV-space-jump-go.by-MID   TEMP.SUB=log-PORT-climb
   he couldn't jump over
   He wasn't able to climb over the log.

14 **Bah'nah   kúhaishuh   nat'ikah,**
              kú-ha-ishuh   nat='i-káh
              JUST-ADJ.PREF-straight   TEMP.SUB=PREVB-shout
   hearsay   straight   he shouted
   Straightaway he shouted,

      bah'nah   nátti'   káni:niwsakah,
                              kán=yi-'ini-wa-sak-ah
                              HRSAY=DEFOC.AGT-lying-ANIM.PL-stomp-PERF
   hearsay   there   they stomped on him
   and they stomped on him there.

      ná: nabit   kahánná:bah.
          na two   kak=hani-wa-ya'ah
          AT two   SUB=ABS.PL-ANIM.PL-be
   those   second   it was them
   it was those other ones.

15 **Náná:** **kánnutáy'ah.**
            kán=nu-t-ha-ya'ah
            HRSAY=3.BEN-BENFV-space-be
that one   it is the reason
That is the reason.

16 **Dúhya'** **bah'nah.**
now   hearsay
Now.

17 **Wa'nah** **háhuchá:ní'sa'.**
            hák=nu-t-kahán-'í'-sa'
            ind=3.BEN-BENFV-square-be.there-IMPFV
each   he has squares
They all have squares.

Text 5. The Old Woman and the Elves
Cf. Parks 1977: 35-37

The following two stories involve real people, but in both of these stories they are aided by one or more fictional beings who are called in Caddo **yáhyashattsi'**, which has been translated *elf*, although of course they belonged to a different tradition than the elves of Germanic folklore.

1 **Bah'nah   ahya'   tiki: háh'í:'a'**
                                           hák='í-'a'
                                             IND=PREVB-be present
   hearsay   in.the.past   far   there was
It is said that long ago there was

             ha'ímáychi',   sah'yati'.
             ha-'imáy-chi'
             ADJ.PREF-big-HYPO
             old person   old lady
an old lady.

2 **Bah'nah   kayttut'áyáh'ah**
                  kayt=nu-t-'a-yáh
                  FUT.RESULT=3.BEN-BENFV-PREVB-try
   hearsay   she would make an effort
She would work hard

             dika'hay   háh'a'nihsa'   háhischiyah.
                       hák='a-'nih-sa'   hák=yisak-yi-yáh
                       IND=PREVB-do-IMPFV   IND=day-PREVB-go.by
             something   she is doing   all day long
to do something all day long.

3 **Bah'nah   nasayaah,**
                  nat=sa-yah-chud-ah
                  GEN.COND=3.IRR-PREVB-tire-PERF
   hearsay   when she got tired
When she got tired,

  bah'nah 'áwnáw'a',
     'awi-nahw-'a'
     3.ABS-sit.down-FUT
  hearsay she will sit down
  she would sit down,

  kaypbahsáy'unah   nuka'.
  kayt=bak-sáy-'u-nah
  FUT.RESULT=speech-utter-MID-PERF
  she would call   maybe
  maybe she called.

4 **Kakitánkahyún'a',**
 kak=yi-t-hani-kah-yuhn-'a'
 SUB=DEFOC.AGT-BENFV-ABS.PL-PREVB-help-FUT
 they will help
 For them to help,

  kúyyáwtáhdih
  kúy=ya-watak-dih
  NEG=PREVB-carry.out-?
  she wouldn't carry it out
  they didn't come

  kakitánkahyún'a'.
  kak=yi-t-hani-kah-yuhn-'a'
  SUB=DEFOC.AGT-BENFV-ABS.PL-PREVB-help-FUT
  for them to help
  to help.

5 **Sínátti' bah'nah.**
 at that time hearsay
 At that time.

6 **Síttut'ihnah   bah'nah,**
 sít=nu-t-'ih-nah
 WH.INTERROG=3.BEN-BENFV-happen-PERF
 as it happened   hearsay
 As it happened,

nasáykún'nah
nat=sa-yikún-ya'ah
GEN.COND=3.IRR-evening-be
when it was evening
from the evening

    ts'i'ahyá'ti'   **nasa:nihá:kit**
    ts'i='ahya'-ti'   nas=a-hani-háki-'n
    PRIOR=in.the.past-?   GEN.COND=3.IRR-ABS.PL-wake-CAUS
    the next day   when they woke her up
    to the next day when she awoke

    'wán'ti' **dika'hay** **kúha'ahat.**
                               kú-ha-'ahat
                              just good
    all   things   good
    everything was good.

7 **Nídih'abin'**   **ha'ahat**
   nít=yi-ha-'a-bi'n   ha-'ahat
   PAST.GEN.PTCPL=DEFOC.AGT-SPACE-PREVB-sweep ADJ.PREF-good
   it was swept   nicely
   It was swept nicely,

    'wán'ti' **dika'hay,**
    every   thing
    everything,

    kúhasak'ay   **háhunchidín'a'.**
    kú-ha-sak'ay   hák=nu-nut-kidi-na-'a'
    just-adj.pref-clean   IND=3.BEN-BENFV-RAISED-DIST-be.present
    just clean   they were on the counter for her
    and was clean and on the counter for her.

8 **Dika'hay** **'wán'ti'** **kahutánnáwsit.**
                             kak=nu-t-hani-na-wVsit
                           IND=3.BEN-BENFV-ABS.PL-DIST-?
  things   all   completely
  Everything completely.

9 **Bah'nah   sínátti'   títdischah.**
                         tít=yisak-ya'ah
                         EACH.TIME=day-be
   hearsay   after that   every day
   Every day after that.

10 **Bah'nah   dika'hay   'áwyah'úhdi'nah   t'i'.**
                         'awi-yah'-yúk-di'n-ah
                         ABS.SG-?- save-PERF
   hearsay   something   she saved   a little
   She saved a little.

11 **Nahwa'ah   yahyashattsi'**
   nak=wa-'ah   yahyashat-tsi'
   INST.SUB=ANIM.PL-eat   elf-HYPO
   what they would eat   elves
   What they would eat, elves,

   hússahánnabahsa'.
   hús=sa-hani-na-bak-sa'
   MIR=3.IRR-ABS.PL-DIST-say-IMPFV
   they were the ones
   they were the ones.

12 **Bah'nah   nápba'   sáwáwdihah.**
                         sa-wa-widi-hah
                         3.IRR-ANIM.PL-come-HAB
   hearsay   at night   they came
   They came in the night.

13 **Ha'ahat   hákit'abí'sa'**
   ha-'ahat   hák=yi-t-'a-bín'-sa'
   ADJ.PREF-good   IND=DEFOC.AGT-3.BEN-PREVB-sweep-IMPFV
   good   they are sweeping for her
   They were sweeping well

    hákitacháywatáh'nisa',
    hák=yi-t-hat-ka-yi-watak-'ni-sa'
    IND=DEFOC.AGT-3.BEN-SPACE-PREVB-be.clean-CAUS-IMPFV
    they are cleaning the space for her
    and cleaning the premises for her.

14 **Hákinchahí'sa'.**
    hák=yi-na-ka-hi'n-sa'
    IND=DEFOC.AGT-DIST-PREVB-wash.dishes-IMPFV
    they are washing dishes
    They were washing dishes.

15 **Bah'nah   dika'hay   wa'nah   kidímmá'wa'.**
                                                           kid-'ini-wá'-wa'
                                                       RAISED-lying-leave-FUT
    hearsay   things   each   she would leave on the table
    She would leave all the things lying on the table.

16 **Kúhúmbahshúnchidín:'a'**
    kúk=nu-na-bahshún-kidi-na-'a'
    WHERE=3.BEN-DIST-willow-raised-DIST-be.present
    where there were raised willow branches
    A willow table to lay things on.

    dika'hay   nakkissa'.
                         nak=kid-sa'
                         INST.SUB=raised-IMPFV
    things   to lay things on
    to lay things on

A table made of willow branches.

17 **Nasánk'a'nihah**
    nas=sa-nak-'a-'nih-ah
    gen.cond.irr=3.irr-fire-prevb-make-perf
    when she made a fire
    When she made a good fire.

   ha'ahat   **háhúnk'í'sa'.**
   ha-'ahat   hák=nu-nak-'í'-sa'
   adj.pref-good ind=3.ben-fire-have-impfv
   good   she had a fire

18 **Bah'nah ná:** **t'i'** **yahyashattsi'**
          yahyashat-tsi'
          elf-HYPO
 hearsay those little elves
 Those little elves

   sahash'náwwáyáhah.
   sa-hash'náw-wá-yáh-ah
   3.AGT.IRR-meal-ANIM.PL-eat-PERF
   they ate
   ate.

19 **Nápba' nasáwáwdah,**
   nas=sa-wa-wid-ah
   GEN.COND.IRR=3.IRR-ANIM.PL-come-PERF
 at night when they came
 At night when they came,

   ná: kúhtsa'k'a'   **nakihash'náwyah.**
   kuk=t-ya'k-'a'   nak=yi-hash'náw-yáh
   WHERE=3.BEN-wood-be.present INST.SUB=DEFOC.AGT-meal-eat
 that on her wooden table table
 there was a meal on her table.

20 **Kahbahshúnchidínna'ah.**
 kak=bahshún-kidi-na-ya'ah
 SUB=willow-raised-DIST-be
 a willow table
 A table of willow branches.

21 **Nátti' bah'nah síttutáyyakíhnah,**
                        sít=nu-t-háy-yakíh-nah
                        WH.INTERROG=3.BEN-BENFV-time-how.far-PERF
then   hearsay   later on
Then later on,

    'way'shah   wa'nah,
    different   each

    dika'hay   hákimissa'   nápba'.
                hák=yi-ni-wid-sa'
                IND=DEFOC.AGT-PORT-take-IMPFV
    things   they brought   at night
    they were bringing different things at night.

22 **Bah'nah   ts'i'áhyá'ti'**
                  ts'i-'áhyá'-ti'
                  ?-already-?
hearsay   in the morning
The next day

    hátsihúnda'a'   dika'hay,
    hátsik=nu-nu-da-'a'
    PRIOR.IND=3.BEN-BENFV-hanging-be.present
    it was hanging for her   things
    things were hanging up for her,

    da',   nu',   hi'nuh   'náw'tsi'   kakk'ash'ah.
                                          kak=k'as-ya'ah
                                          SUB=leg-be
    deer   turkey   or   bear   leg
    deer, turkey, or bear leg.

23 **Dika'hay   wa'nah   háhda'a'.**
                                hák=da-'a'
                            IND=hanging-be.present
things   each   it's hanging
Each of these things was hanging.

24 **Ná:** **kúkahánná:bah** **yahyashattsi',**
   kúk=ya-hani-na-yábah yahyashat-tsi'
   LOC.SUB=DEFOC.PAT-ABS.PL-DIST-they.are elf-HYPO
   those it is them elves
   It was those elves,

    dihash'náwyáhdi'nah
    yi-hash'náw-yáh-di'n-ah
    DEFOC.AGT-meal-eat-CAUS-PERF
    they fed her
    they fed her

    tutáyánnah **kúyyáwtáhdih.**
    nu-t-hayán-ya'ah kúy=ya-waták-dih
    3.BEN-BENFV-reason-be NEG.IRR=DEFOC.PAT-appear-go
    because people didn't care
    because people didn't care.

25 **Kakitánkahyún:'a'.**
    kak=yi-t-hani-kah-yuhn-'a'
    sub=defoc.agt-benfv-inside-help-fut
    to help her
    To help her.

Text 6. The Transformed Husband and the Elf
Cf. Parks 1977: 37-53

The next story adheres more completely to Caddo folklore, lacking any European influence. The central theme of a husband who transformed himself into some kind of nonhuman form is a kind of horror story from which the wife and their dog were rescued by the intervention of a benevolent elf. Not only does the elf kill the transformed husband, but he then goes on to provide the wife and dog with the means to obtain whatever kind of meat they want. If the story verges occasionally on incoherence that may reflect its genuinely native origin.

1 **Bah'nah**   **'ahya'**   **tiki:,**   **háhnámmiht'a',**
                                                                             hák=námmiht-'a'
                                                                             IND=town-'a'
hearsay   in.the.past   far   there was a town
It is said that long ago, there was a town,

     wísts'i'   **náttih**   **háh'í:'a'.**
                               hák='í-'a'
                               IND=PREVB-be.present
     one   woman   she was there
one woman was there.

2 **Háyá:nuh**   **háhun:t'a'.**
                    hák=nu-nut-'a'
                    IND=3.BEN-BENFV-be.present
   person   she had
She had a person (husband).

3 **Síttutáyyakíhnah**   **bah'nah**
   sít=nu-t-háy-yakíh-nah
   WH.INTERROG=3.BEN-BENEFV-activity-how.much-PERF
   after a time   hearsay
One time the two of them set out,

    háhwíswá:yah,   **ná: shú:wi' kah'íyáh'ah.**
    hák=wiht-yi-wa-yáh   kak='i-yási'-'a'
    IND=DU-PREVB-DU-go   SUB=PREVB-roam-FUT
    they two set out   that man   so he could roam
    the two of them set out, so the man could roam (hunt).

4 **Síttutsanna'ahnah**
   sít=nu-t-tsak-na-ya'ah-nah
   WH.INTERROG=3.BEN-BENEFV-day-DIST-be-PERF
   how many days it was
   A number of days

    nuka'   **háhíwá:yah.**
           hák=yi-wa-yah
           IND=DEFOC.AGT-ANIM.PL-go.along
    maybe   they traveled
    maybe they traveled.

5 **Nuka' daháw' híwí'.**
   maybe three   four
   Maybe three or four.

6 **Nappáwdihshiyah.**
   nat=wa-wid-ih-shiyah
   WHEN=ANIM.PL-arrive-AND-TRANSLOC.PERF
   when they arrived there
   When they arrived there.

7 **Kúyhándáw'ah**   **kúh'áw'ih'a',**
   kúyk=ha-nida-wa-'ak   kúk='a-wa-wa'ih-'a'
   PAST.LOC.SUB=place-PREVB-ANIM.PL-find   LOC.SUB=PREVB-ANIM.PL-camp-FUT
   where they found a place   where they would camp
   Where they found a place where they would camp,

    kahnah'wa'nih'a'   **nuka',**
    kak=nak-'a-wa-'nih-'a'
    SUB=fire-PREVB-ANIM.PL-make-FUT
    to make a fire   maybe
    to make a fire maybe,

    na   **hash'náwwáyáh'a'**   **dika'hay,**
                      hash'náw-wa-yáh-'a'
                      meal-ANIM.PL-eat-FUT
where   they will eat   something
where they would eat something,

    kúh'akasni'wa'   **ná: sah háyá:nuh.**
    kúk='aka-sni'-wa'
    LOC.SUB=PREVB-cook-FUT
    where she would cook   that   ms.   person
where the woman would cook.

8 **Bah'nah**   **t'i'**   **pit'uhtsi'**   **háhnuwìn'í'a'.**
                     pit'uh-tsi'   hák=nu-wiht-nV-'í-'a'
                     terrier-HYPO   IND=3.BEN-DU-BENEFV-have-be.present
hearsay   little   terrier   they have
They had a little terrier.

9 **Nassa:nihá:yah**   **kaytdiyah,**
   nas=sa-'ini-háy-ah   kayt=yi-yah
   GEN.COND=lying-get.up-PERF   FUT.RESULT=PREVB-go
   when he got up   he would go
When he (the husband) got up he would go,

    háywitáyyah
    hák=witah-yi-yah
    IND=RESULT-PREVB-go
    he kept being gone
he kept being gone,

    bah'nah,   **nasáykún'nah**
                 nas=sa-yikún-'a-nahy
                 GEN.COND=3.AGT.IRR-dark-PREVB-become
hearsay   when it got dark
when it got dark

'áwwitah.
'awi-wid-hah
ABS.SG-arrive-HAB
he got back
he came back.

10 **Ná: pit'uhtsi' kámbaka' "Háwwih 'iyay',**
   pit'uh-tsi' kán=baka'
   terrier-HYPO HRSAY=said
that terrier   he said   all right   sister
The terrier said "All right sister,

tsitáynáhyún:'a'."
tsi-t-háy-náh-yúhn-'a'
1.AGT-BENEFV-PLACE-PREVB-go.home-FUT
I will follow him
I will follow him."

11 **"Kayttsí:bah   hikat'a'nihah."**
   kayt=tsi-yi-bahw   hikat='a-'ni-hah
   FUT.RESULT=1.AGT-PREVB-see   WHATEVER=PREVB-do-HAB
   I will see it   what he does
"I will see what he does."

12 **"Kúyt'adihah   dí: dahay'   dúhya'**
   kuyt='a-dih-hah
   WHERE=PREVB-go-HAB
   where he goes   this brother-in-law now
"Where this brother-in-law goes now

nasa'yah."
nas=sa-'yah
WHEN=3.AGT.IRR-go.along
when he goes
when he goes."

13 **"Háwwih"   kánímbaka'.**
              kan=yi-nu-baka'
              HRSAY=DEFOC.AGT-BENEFV-said
   all right   she said to him
   "All right" she said to him.

14 **"Dáháy:bah   dah'utáyni'at."**
   yah'-ha-yi-bahw   yah'-nu-t-háy-ni-'ad
   2.agt-place-prevb-see   2.agt-3.ben-benfv-place-port-go
   watch him!   follow him!
   "Watch him and follow him!"

15 **Bah'nah   kútikí:shah   háhutáyní:yah.**
              kú-tikih-shah   hák=nu-t-háy-ni-'yah
              JUST-far-MORE   IND=3.BEN-BENEFV-PLACE-PORT-go.along
   hearsay   at a distance   he followed him
   He followed him at a distance.

16 **Síttutáyyakíhnah   bah'nah.**
   sít=nu-t-háy-yakíh-nah
   WH.INTERROG=3.BEN-BENEFV-activity-how.much-PERF
   after a while   hearsay
   After a while.

17 **Da'chah   'áwyátáh'nah.**
              'awi-yá-tak-'n-ah
              ABS.SG-next.to-stand-CAUS-PERF
   gun   he leaned it
   He leaned his gun.

18 **'ínámbín'unah.**
   'ini-hana-bíhn-'u-nah
   lying-CONT-lie-MID-PERF
   he rolled
   He rolled (on the ground).

19 **Bah'nah   kuti: dika'hay   hushnu'   sáy:'ah.**
                                                    sa-ya'ah
                                                    3.IRR-be
   hearsay   on the other side   something   different   he was
   On the other side he was something different.

20 **Bah'nah   háhiyah.**
               hák=yi--yah
               IND=DEFOC.AGT-go.along
   hearsay   he went along
   He went along.

21 **Ha'imay   háh'ichà:wis'a'**
   ha-'imay   hák='i-chah-'awis-'a'
   ADJ.PREF-big IND=PRENN-edge-sitting-be.present
   big   he was sitting on the edge (of a clearing)
   There was a big clearing

       bahkahih.
       bahkah-yih
       woods-LOC
       in the woods
       in the woods.

22 **Nátti'   bah'nah   ná: dika'hay**

   there   hearsay   that   something
   There were those things

       hikítdabahsa'.
       hikít=dabah-sa'
       PAST.WHATEVER=be-ANIM.PL-be-IMPFV
       whatever they were
       whatever they were.

23 **Naytda:yáhah.**   **bah'nah.**
   nayt=ya-'i-yáh-ah
   GEN.PTCPL=DEFOC.PAT-PREVB-eat-PERF
   the one that ate you   hearsay
   The one that would eat you.

24 **Háhutámmabín'usa'.**
   hák=nu-t-hana-wa-bihn-'u-sa'
   IND=BEN-BENFV-CONT-ANIM.PL-lie.down-MID-IMPFV
   they were wrestling
   They were wrestling.

25 **Hashnih**   **kínháy'ah.**
                      kín=ha-ya'ah
                      PAST.HRSAY=time-be
   spring (season)   it was the time
   It was in the spring.

26 **Sínátti' bah'nah,**
   then   hearsay
   Then, it is said,

        ná: t'i'   **pit'uhtsi'**   **'ahuhnah,**
                           pit'uh-tsi'   'a-huhn-ah
                           terrier-HYPO   DEFOC.PAT-return-PERF
   that little one   terrier   he returned
   that little terrier went back,

        kánnumbaka'.
        kán=nu-n-baka'
        HEARSAY=BEN-BENFV-said
   he said to her
   and said to her.

27 "'Iyay'   kíht'úmbaka'
               kík=t'u-nu-baka'
               PAST.SUB=1AGT/2BEN-BENFV-said
   older sister   I said to you
   "Sister, I told you

   tsitáyni:dih'a',
   tsi-t-háy-ni-'a-dih-'a'
   1AGT-BEN-ACTIVITY-PORT-PREVB-go-FUT
   I will follow him
   I would follow him,

   tsi:báwnah."
   tsi-yi-bahw-nah
   1AGT-PREVB-see-PERF
   I saw him
   and I saw him."

28 "**Da'chah**   **'áwyátáh'nah,**
                  'awi-yá-tak-'n-ah
                  ABS.SG-NEXT.TO-stand-CAUS-PERF
   gun   he leaned it
   "He leaned his gun,

   'ínámbín'unah,
   'ini-hana-bíhn-'u-nah
   lying-CONT-lie-MID-PERF
   he rolled
   he rolled (on the ground),

   sidí: nat'a'nihshiyah,
            nat='a-'nih-shiyah
            TEMP.SUB=PREVB-do-TRANSLOC.PERF
   that   after he had done it
   after he had done that,

           dika'hay   húshnu'   sáy'ah."
                                  sa-ya'ah
                                  3IRR-be
      something different   he was
      he was something different."

29   **"Háwwih   sidàw:tsáh'ah**
                   sít=yah'-wit-yá'ah
                   WH?=2AGT-mind-roam
      all right   what do you think?
      "All right, what do you think?

      hí'awihtahyuh,
      hí='a-wiht-hah-yúhn
      HORT=DEFOC.AGT.IRR-DU-PREVB-return
      let's go home
      let's go home,

      hashuwah   dánchidánchidú:ni',
                    yah-kachán-ki-dúni'
                    2AGT-possessions-PREVB-gather up
      hurry up   gather up your possessions
      hurry and gather up your possessions,

      hatidu'   kakúts'itdisk'anah."
      ha-tidu'   kakúts'it=disk-'a-nahy
      adj.pref-hot   PRIOR.SUB=day-PREVB-become
      hot   before the day becomes
      before the day gets hot."

30   Ná: **háhwiswá:yah**   **háhwiswá:yah**
          hák=wiht-yi-wa-yah   hák=wiht-yi-wa-yah
          IND=DU-PREVB-ANIM.PL-go.along   IND=DU-PREVB-ANIM.PL-go.along
          they went along   they went along
          They kept going

nat'akachánchidú:ni'ah.
nat='a-kachán-ki-dúni'-ah
AFTER=DEFOC.AGT.IRR-possessions-PREVB-gather.up-PERF
after they had gathered up their possessions
after they had gathered up their possessions.

31 **Kúsidí:** **dika'hay** **níhbahsay'**
   kú-sidi: níh=bak-sáy
   JUST-this way PAST.TEMP.SUB=sound-emerge
   in a little while something when a sound was heard
   Pretty soon was heard

   kah'abínbahsay **kah'áwwih.**
   kak='a-bís-na-bak-sáy kak='awi-wín
   SUB=PREVB-wing-DIST-sound-emerge SUB=ABS.SG-descend
   the sound of wings coming down
   the sound of wings coming down.

32 **Bah'nah** **t'i'** **yahyashattsi'** **háh'ánkisa'.**
   yahyashat-tsi' hák='anikis-'a'
   elf-HYPO IND=standing-be.present
   hearsay little one elf he's standing there
   A little elf is standing there.

33 **"Kúyda'ítdihah?"**
   kúyt=yah'-wiht-dih-hah
   WHERE?=2AGT-DU-go-HAB
   where are you going?
   "Where are you two going?"

34 **"Tsiwihtáwáynihah."**
   tsi-wiht-a-wa-yunik-hah
   1AGT-DU-PREVB-ANIM.PL-run.off-HAB
   we're running away
   "We're running away."

35 **"Hákkuwín:táyní'asuh."**
   hák=ku-wiht-??-níy-'asuh
   IND=1PAT-DU-??-chase-come
   he's chasing us
   "He's chasing us."

36 **"Háyá:nuh   híkkut'ihah,**
   hayánuh   hít=ku-t-'ih-hah
                PAST=1PAT-BEN-have-HAB
   person   I had it
   "I had a man (husband),"

       náná: dika'hay   hússáy'ahsa'   húshnu'."
                           hús=sa-ya'ah-sa'
                           mir=3pat.irr-be-impfv
       that one something he is becoming!   different
       "he was becoming something different!"

37 **"Tsiwihtáwáynihah."**
   tsi-wiht-a-wa-yunik-hah
   1AGT-DU-PREVB-ANIM.PL-run.off-HAB
   we're running away
   "We're running away."

38 **"Háwwih"   kán'ímbaka'.**
              kán-'wiht-n-baka'
              HEARSAY=DU-BENFV-said
   all right he said to them
   "All right," he told them.

39 **Bah'nah   kats'ihikún'nah.**
              kats'ik=yikún-ya'ah
              PRIOR.SUB=evening-be
   hearsay   late in the evening
   It was late in the evening.

40   **'Itsi'**   **nuka'**   **háhnu'íshnún:t'a'.**
                           hák=nu-wiht-kinúnt-'a'
                           IND=3.BEN-DU-lunch-be.present
    that is   maybe   the two had their lunch
    Maybe the two of them had their lunch.

41   **Díh'nah**   **kámbaka'**
                kán=baka'
                MIR=said
    but   he said
    But he said

        "**Natti'**   **kutí:**   **dah'ínnahsa'."**
                                          yah'-'ini-ya-hsa'
                                          2.AGT-lying-brush-?
        there   on the other side   lie in the brush
        "Lie down there in the brush on the other side."

42   **"Nasawkámmah**

    nas=a-baka-wa-bahn
    GEN.COND=1.AGT.IRR-speech-ANIM.PL-perceive
    when we hear him
    "When we hear him"

        sínátti'   **dí:**   **kúhtsi:yuhsa'**
                              kúk=tsi-'i-yuhk-sa'
                            LOC.SUB=1.AGT-pick-IMPFV
        then   this   where I pick it
        "then where I pick this"

        nátti'   **dah'íttáwka'ahnih.**
                      yah'-wiht-daka'ah-nih
                      2.AGT-DU-under-AND
        there   go and stay under it
        "go and stay under it there!"

43 **Bah'nah pítta:bihnah   náná:,**
           wiht-'i-ta'-bihn-ah
           DU-PREVB-PREVB-lie.down
    hearsay   they lay down
    They lay down,

   nátti'   bahshúnchippá:'ah,
            bahshút-na-kitwá'-ah
            branch-DIST-pile-PERF
       then   he piled branches
       then he piled branches (on them),

   nátti' bah'nah ná: kúhní:tnáy'ahsa'.
                             kúk=ní:t-na-ya'ah-sa'
                             LOC.SUB=feather-DIST-be-IMPFV
       there   hearsay that   where feathers are
       there where feathers were.

44 **Kúh'iyuhsa'   ná: nu'.**
    kúk='i-yuhk-sa'
    LOC.SUB=PREVB-pluck-IMPFV
    where he's plucking it   that   turkey
    Where he was plucking that turkey.

45 **Bah'nah háhut'áyá:sa',**
              hák=nut-'a-yá-sa'
              IND=3.BEN-PREVB-be.engaged-IMPFV
    hearsay   he is engaged in it
    While he was engaged in it,

   ná: yahyashattsi' kahdáysahwa'.
            yahyashat-tsi'   kak=dáy-sah-wa'
            elf-HYPO   SUB=?-?-roast
       that elf   roasting
       that elf was roasting it.

46 **'Way' háhwít'áwka'ah'a'.**
        hák=wiht-'awi-ka'ah-'a'
        IND=DU-circular.motion-under-be.present
in fact   they are under it
In fact they were under (the feathers).

47 **Kúhní:tdatchah.**
kúk=ní:t-datchah
LOC.SUB=feather-be.standing
where the feathers were standing
Where the feathers were.

48 **Bah'nah kúha'ahat   dashkuhih**
           kú-ha-'ahat   dashkuh-yih
           JUST-ADJ.PREF-good dark-LOC
hearsay   just good   at dark
When it had just about become dark,

    kaháynah,
    kak='a-yi-nahy
    SUB=PREVB-PREVB-become
    it became

    kúsidí: níhbahsay
                         ník=bak-say
                         PAST.TEMP.SUB=speech-make.sound
    in a little while they heard him
    in a little while they heard him

    kah'í:kuh   háh'í'asuh.
    kak='i-kúh   hák='i-'asuh
    SUB=PREVB-roar IND=PREVB-come
    roaring   he is coming
    come roaring.

49 **Háh'í'asuh,   háh'í'asuh,**
    hák='i-'asuh   hák='i-'asuh
    IND=PREVB-come   IND=PREVB-come
    he is coming   he is coming
    He kept coming,

        kúnáyá:nuh   háhbashwabáwsa'.
        kú-nayánuh   hák=bak-wa-bahw-sa'
        JUST-plainly   IND=sound-ANIM.PL-perceive-IMPFV
        just plainly   they are hearing him
        they were hearing him plainly.

50 **Bah'nah   ná: yahyashattsi'   háh'áwsa'.**
                                       hák='awis-'a'
                                       IND=sitting-be.present
    hearsay   that elf   he's sitting
    The elf was sitting.

51 **Kúsidí: bah'nah   dammìn:náhsukà:nihah.**
    kú-sidí: ya-niwis-náhsukah-'nih-ah
    JUST-this.way   wood-arm-notch-make-PERF
    after a while   hearsay
    Then he made a notch in a branch.

52 **Níttáhsukà:nihah.**
    nít=náhsuká-'nih-ah
    PAST.GEN.PTCPL=notch-make-PERF
    having made the notch
    Having made the notch.

53 **Natáhsukà:nihah   bah'nah,**
    nat=náhsuká-'nih-ah
    TEMP.SUB=notch-make-PERF
    after he made the notch   hearsay
    After he made the notch,

  chaway háhu'nín'a'.
      hák=nu-'ini-'a'
      ind=3.BEN-lying-be.present
  bow   it's lying beside him
  the bow was lying beside him.

54 **Bah'nah kúsidí: 'áwwidah**
      kú-sidí: 'awi-wid-ah
      JUST-this.way ABS.SG-arrive-PERF
  hearsay after a while he came
  Soon he (the husband) came

  kanímbaka'.
  kán=yi-nu-baka'
  HRSAY=DEFOC.AGT-benfv-said
  he said to him
  and said to him (the elf).

55 **"T'usha'íkkáybáwnah   dí: háyá:nuh?"**
  t'ú=sah'-wiht-haka-yi-bahw-nah
  PARTIAL.NEG.INTERROG=2.AGT-DU-INDIV-PREVB-see-PERF
  maybe you saw two of them   these people
  "Did you perhaps see these two people?"

56 **"T'ámmahwihtáhdah dítti' 'ínniyah?"**
  t'ámmak=wiht-hákid-ah
  INTERROG=DU-pass.by-PERF
  did they pass by? here somewhere
  "Did they pass by somewhere here?"

57 **Kanímbaka'   "Núkka'."**
  kán-yi-nu-baka'
  HRSAY-DEFOC AGT-3.BEN-said
  he said to him   I don't know
  He said to him "I don't know."

58 "Ná: 'itsi' hikatda'ah
                hikat-ya'ah
                WHAT?-be
that   that is what is it?
"What is that

    kutí: háhní:'na:ni'a'?"
                        hák=nít-na-'ini-'a'
                        IND=feather-DIST-lying-be.present
    on the other side   feathers are lying
    lying under the feathers?"

    "Hikat'ínka'áy'ah   ná:?"
    hikat-'inika'ah-ya'ah
    what-under.it-be
    what is under it?   there
    "What is under it there?"

59 Bah'nah kúyh'áwsháychahah.
              kúyk='awi-shahy-chah
              past.loc.sub=abs.sg-jump-intent
hearsay   where he was going to jump
Where he was going to jump.

60 Háki:chahshiyah   na   yahyashattsi'.
    hák=yi-'i-chahk-shiyah
    IND=DEFOC.AGT-PREVB-shoot-TRANSLOC.PERF
    he got shot   by   elf
He was shot by the elf.

61 Bah'nah kuti: 'áwwí:shiyah.
                      'awi-wihy-shiyah
                      ABS.SG-fall.over-TRANSLOC.PERF
hearsay   on the other side   he fell over
He fell over on the other side.

62 **Kínnakà:cha:wáy'hah.**
kín=nak-'a-'ichah-wáy'-hah
PAST.HRSAY=fire-PREVB-?-jump-HAB
he jumps over the fire
He started to jump over the fire.

63 **Bah'nah 'áwshahyah,**
        'awi-shahy-ah
        ABS.SG-jump.down-PERF
hearsay   he jumped down
He jumped down,

    kúka'ukì:huhnah
    kú-ka'ukík='a-huhn-ah
    JUST-CONT.SUB=PREVB-return-PERF
    he started back
    he started back

    húki:chahsa',
    húk=yi-'i-chahk-sa'
    JUST.THEN=DEFOC.AGT-PREVB-shoot-IMPFV
    he was shot just then
    and was shot just then,

    bah'nah   kutí: 'áwwí:shiyah.
                            'awi-wihy-shiyah
                            ABS.SG-fall.over-TRANSLOC.PERF
    hearsay   on the other side   he fell over
    he fell over on the other side.

64 **Bah'nah ha'ahat   tunk'a'nihah**
        ha-'ahat   nu-nak-'a-'nih-ah
        ADJ.PREF-good   3.BEN-fire-PREVB-make-PERF
hearsay   good   he built his fire
He (the elf) built up the fire nicely

takáhdi'nah ná: dika'hay.
nak-háh-di'n-ah
fire-burned-CAUS-PERF
he burned him   that thing
and he burned that thing.

65 **Bah'nah sínátti' ná: pit'áwkáydah bah'nah.**
                              wiht-'awikáy-dah
                              du-get.up-perf
hearsay   after that   those   they got up   hearsay
After that they got up.

66 **Háhash'ná**wwáyáhsa'   **nu' háhwa'áhsa'.**
hák=hash'náw-wa-yáh-sa'   hák=wa-'áh-sa'
IND=meal-ANIM.PL-eat-IMPFV   IND=ANIM.PL-eat-IMPFV
they are eating a meal   turkey   they are eating
They ate a meal of turkey.

67 **Nappa'áhcúh-nah,**
nat=wa-'áh-tsúk-nah
TEMP.SUB=ANIM.PL-eat-REV-PERF
after they ate
After they ate,

68 **Sínátti' kán'ímbaka' "Háwwih."**
         kán=wiht-n-baka'
         HRSAY=DU-BENFV-said
after that   he said to those two   all right
after that he (the elf) said to them "All right."

9 **"Kúsah'ítdikih,**
kú-sah'-wiht-dikih
JUST-2.AGT-DU-sleep
just go to sleep
"Just go to sleep,

   tutsáy:nih   **ts'i'ahyá'ti'**   **dah'wihtáhdi'a'."**
   nu-t-ya-yunik   ts'i-'ahya'-ti'   yah'-wiht-hakidi-'a'
   3.BEN-BENFV-time-pass too-already-?   2.AGT-DU-continue-FUT
   there is enough time   tomorrow   you will go on
   there's enough time for you to go on tomorrow."

70 **"Tsi:kayá't'awih'a'."**
   tsi-'aka-ya-'awih-'a'
   1.AGT-by.fire-next.to-sit-FUT
   I'll sit by the fire
   "I'll sit by the fire."

71 **"Na: kaht'áwíkkáybah**   **háhinashah."**
     kak=t'a-wiht-ka-yi-bahw   hák=yi-nas-yi-yah
     SUB=1.AGT/2.PAT-DU-PREVB-PREVB-perceive IND=PREVB-night-PREVB-?
   there for me to watch over you   through the night
   "To watch over you there through the night."

72 **"Ts'i'ahyá'ti' tiki: dah'wihtáhdi'a'."**
   ts'i-'ahya'-ti'   yah'-wiht-hakidi-'a'
   too-already-?   2.AGT-DU-continue-FUT
   tomorrow far you will go on
   "Early in the morning you can go on."

73 **"Háwwih" kánímbaka'.**
     kan=yi-nu-baka'
     HRSAY=DEFOC.AGT-BENFV-said
   all right one said to him
   "All right" he was told.

74 **Bah'nah ná: kúsíbít**   **pítdiki:hnah,**
      kú-sí-bit   wiht-dikih-nah
      just-how.many-two DU-sleep-PERF
   hearsay those both   they went to sleep
   They went to sleep,

    dí'tsi'   **húhún:t'a'.**
               húk=n-nt-'a'
               DUR.SUB=3.BEN-BENFV-be.present
    dog   having a dog
    with the dog.

75 **Ts'i'ahyá'ti'** **tikih** **bah'nah.**
    ts'i-'ahya'-ti'
    too-already-?
    tomorrow   far   hearsay
    Early in the morning.

76 **Kúyhut'iyah'wá:yuh**   **ná:**   **nu',**
    kúyk=nu-t-'awi-yah'-wá-yúk
    PAST.LOC.SUB=3.BEN-BENFV-ABS.SG-?-ANIM.PL-use.up
    what they had left   that turkey
    What they had left from the turkey,

    náná **t'a'** **piht'áhnah.**
               wiht-'áh-nah
               DU-eat-PERF
    that   also   they ate
    they ate that too.

77 **'Way'** **'ahnah**   **dashkat** **háhnu'ínt'a'.**
                                    hák=nu-wiht-nt-'a'
                                    IND=3.BEN-DU-BENFV-be.present
    in fact   themselves   bread   they had it
    In fact they themselves had bread.

78 **Kaniht'ihah**
    kan=wiht-'a-hih-ah
    HRSAY=DU-PREVB-give-perf
    they were given
    They were given

kúyhut'iyah'wá:yuh.
kúyk=nu-t-'awi-yah'-wá-yúk
PAST.LOC.SUB=3.BEN-BENFV-ABS.SG-?-ANIM.PL-use.up
what they had left
what was left.

79 **Háhwiswá:yah**   **háhwiswá:yah.**
hák=wiht-yi-wa-yah   hák=wiht-yi-wa-yah
IND=DU-PREVB-ANIM.PL-go.along   IND=DU-PREVB-ANIM.PL-go.along
they went along   they went along
They kept going.

80 **Bah'nah**   **tikí:**   **ku'á:na'.**
hearsay   fár   over there
Far over there.

81 **Kanímbaka'**   **ná:**   **yahyashattsi'.**
kan=yi-nu-baka'   yahyashat-tsi'
HRSAY=DEFOC.AGT-BENFV-said   elf-HYPO
he said to them   that   elf
The elf said to them.

82 **"Ná: dí: dúhya' hákah'íswá:yah**
                  hák=yah'-wiht-yi-wa-yah
                  IND=2.AGT-DU-PREVB-ANIM.PL-go.along
that   this   now   as you go along
"Now as you go along over there,"

     ku'á:na',"
     over there

83 **"nasah'wítníwdih**
nas=sah'-wiht-ni-widih
GEN.COND=2.AGT.IRR-DU-PORT-arrive
when you get there
"when you get there"

        'ínniyah   dah'ída'káywa'ut,"
                        yah'-wiht-ya'k-hay-wa'ud
                        2.AGT-DU-tree-activity-look.for
    somewhere   look for a tree
"look for a tree somewhere,"

        "ha'ímay   kahdahsukah'i'."
        ha-'imay   kak=ya'k-sukah-'i'
        ADJ.PREF-big SUB=tree-hollow-have
        big   it has a hollow
"that has a big hollow."

84   "Ná: kúhdahsukah'a'
                kúk=ya'k-sukah-'a'
                LOC.SUB=tree-hollow-be.present
    that   where the hollow is
"Where the hollow is

        nátti'   dah'wít'yahyuh."
                 yah'-wiht-'ayah-yuk
                 2.AGT-DU-PREVB-go.in
        there   go in
go in there."

85   "Nats'issh'ít'yáyhah,"
    natsit=sah'-wiht-'ayah-yuk=
    PRIOR.TEMP.SUB=2.AGT.IRR-DU-PREVB-go.in-PERF
    when you have gone in
"When you have gone in,"

        "ná: pit'uhtsi'   hí'it'aw'   niswachih."
               pit'uh-tsi'   hí='awi-t'aw' niswak-yih
               terrier-HYPO HORT=ABS.SG-sit door-AT
        that   little terrier   let him sit
"let the terrier sit by the door."

86 **"Sínátti' dahsúdu'a' dih'nah,"**
　　　　　ya-ki-súdu-'a'
　　　　　tree-PREVB-close-FUT
　after that　it will close　　　　　but
　"After that it will close but"

　　"dí:　kaytámmak'i'
　　　　　kayt=hán-wak-'i'
　　　　　FUT.RESULT=PREVB-hole-be.present
　　this　there will be a small hole
　　"there will be a small hole"

　　kúkahutsáy:nih."
　　kúkak=nu-t-yáy-nih
　　LOC.SUB=3.BEN-BENFV-enough-make
　　being enough
　　"that is enough."

87 **"Ná:　pit'uhtsi'　kúh'isuhsáy'usa'."**
　　　　　　　　　　kúk='i-suk-sáy-'u-sa'
　　　　　　　　　　LOC.SUB=PRENN-nose-stick.out-MID-IMPFV
　that　terrier　　where his nose sticks out
　"For the terrier's nose to stick out."

88 **Nátti'　háhwiswá:yah,　　　　háhwiswá:yah,**
　　　　　hák=wiht-yi-wa-yah　　　hák=wiht-yi-wa-yah
　　　　　IND=DU-PREVB-ANIM.PL-go.along　IND=DU-PREVB-ANIM.PL-go.along
　then　they went along　　　　they went along
　Then they kept going,

　　na:　háhischiyah.
　　　　hák=yisak-iyak
　　　　IND=day-go.by
　　that　all day long
　　all day long.

89 **Bah'nah   kúha'ahat   kahikún'nah.**
              kú-ha-'ahat   kak=yikún-ya'ah
              just-ADJ.PREF-good SUB=evening-be
    hearsay   just good   being evening
    Right at evening.

90 **Pihdánda'kah   ná: kahdahsukah'i',**
    wiht-ya-nida-'ak-ah   kak=ya'k-sukah-'i'
    DU-tree-PREVB-find-PERF   SUB=tree-hollow-have
    they found the tree   that
    They found the tree with the hollow,

        pityáyhah
        wiht-yah-yuh-ah
        DU-tree-proceed-PERF
        they went to the tree
        they went to the tree

        kúsikiki'ímbah'nah.
        kú-síkík=yi-nu-bak-'a-nahy
        just-PAST.SIMUL=DEFOC.AGT-BENFV-speech-prevb-become
        just the way they were told
        just as they were told.

91 **Bah'nah   ná: sah   háyá:nuh   kúha'ahat**
                                        kú-ha-'ahat
                                        just-ADJ.PREF-good
    hearsay   that ms.   person   just nicely
    The woman nicely

        háh'áwyahdatchah.
        hák='awi-yah-datchah
        IND=ABS.SG-next.to-be.standing
        she leaned back
        leaned back.

92 **Háh'íkkihsa'   ná: pit'uhtsi'   háh'áwsa'   kuká'kah.**
   hák='i-dikih-sa'   pit'uh-tsi'   hák='awih-sa'
   ind=dikih-impfv   terrier-HYPO IND=sit-IMPFV
   she slept   that   terrier   he sat   in front
   She slept and the terrier sat in front.

93 **Ná: nu'uhti'   yahyashattsi'   hússahyá:sa'!**
                                     hús=sah-yás-'a'
                                     MIR=PREVB-be.near-be.present
   that   nearby   elf   he was nearby
   The elf was nearby!

   húshnu'   t'a'   nu'   di'ìn:chí:'ah.
                              yi-'i-nt-kiyu'-ah
                              DEFOC.AGT-PREVB-BENFV-kill-PERF
   other   and   turkey
   And he killed another turkey for them.

94 **Ná: ts'íppihtsashah.**
          tsít=wiht-yash-ah
          PAST.PRIOR=DU-continue-PERF
          they kept going
   They continued on their way.

95 **Na   dahaw'   kahnu'ítsach'ah.**
                  kak=nu-wiht-yisak-ya'ah
                  SUB=3.BEN-DU-day-be
   at   three   being their days
   On the third day.

96 **Ná: háhwiswá:yah.   háhwiswá:yah.**
          hák=wiht-yi-wa-yah   hák=wiht-yi-wa-yah
          IND=DU-PREVB-ANIM.PL-go.along   IND=DU-PREVB-ANIM.PL-go.along
   that   they went along   they went along
   Then they kept going.

128

97 **Kánímbaka'   náná: yahyashattsi'.**
   kán=yi-nu-baka'   yahyashat-tsi'
   HRSAY=DEFOC.AGT-BENFV-said   elf-HYPO
   he said to them   that   elf
   The elf said to them.

98 **"T'awiht'áyátdímmáw'ni'a'."**
   t'a-wiht-'a-yahd-yi-nawáh-'ni-'a'
   1.agt/2.pat-du-prevb-?-prevb-accompany-caus-fut
   I'll accompany you
   "I'll accompany you."

99 **"Tiki: háyshi' nassah'ítníwdih   kiwat."**
                   nas=sah'-wiht-ni-widih
                   GEN.COND=2.AGT.IRR-PREVB-arrive
   far   until   when you arrive   home
   "Until you get home."

100 **Bah'nah bitiht'i' kiwat kahwítniwit   sínátti'.**
                               kak=wiht-ni-wid
                               SUB=DU-PREVB-arrive
    hearsay close to   home   arriving   then
    Arriving close to home then

101 **Ná: sah náttih.**
    that ms. woman
    That woman.

102 **Dìn:nihah   náná:.**
    yi-n-'a-hih-ah
    DEFOC.AGT-3.BEN-PREVB-give-PERF
    he gave her   that one
    He gave her.

103 **Yahyashattsi'.**
    yahyashat-tsi'
    elf-HYPO
    the elf
    The elf.

104 **Ná: chaway, ba' t'ana'.**
that bow arrow also
The bow and the arrow.

105 **Kánímbaka' "Háwwih."**
kan=yi-nu-baka'
HRSAY=DEFOC.AGT-BENFV-said
he said to her   all right
He said to her "All right."

106 **"Dika'hay 'ínniyah nassah'yánkadínnida'ah."**
                          nas=sah'-ya-nikadini-nida-'ak
                          GEN.COND=2.AGT.IRR-wood-charcoal-PREVB-find
something   somewhere   if you find charcoal
"If you find charred wood somewhere."

107 **"Nassah'áwnit'a' da', nu', 'náw'tsi',"**
nas=sah'-'a-winit-'a'
GEN.COND=2.AGT.IRR-prevb-want-be.present
if you want   deer   turkey   bear
"If you want deer, turkey, bear,"

   "dika'hay hikatda'ah'a'."
              hikat=ya'ah-'a'
              WHATEVER.INTERROG=be-FUT
   something whatever it will be
   "whatever it will be."

108 **"Tú' dah'yánkadínchah."**
         yah'-ya-nikadini-chahk
         2.agt-wood-charcoal-shoot
go ahead and   shoot the charcoal wood
"Go ahead and shoot the charred wood!"

109 **"Nassah'yánkadínchahkah**
   nas=sah'-ya-nikadini-chahk-ah
   GEN.COND=2.AGT.IRR-wood-charcoal-shoot-PERF
   when you have shot the charcoal wood
   "When you have shot the charred wood

       dàw'k'anah   **nakakáwnit'a'."**
       yah'-bak-'a-nahw   NAK=haka-winit-'a'
       2.AGT-speech-PREVB-set.down   INST.SUB=INDIV.DIST-want-be.present
       you name   whatever you want
       name whatever you want."

110 **"Hikatda'ah'a'**   **náná:**   **dah't'ih'a'."**
   hikat=ya'ah-'a'   yah'-t-'ih-'a'
   WHATEVER.INTERROG=be-FUT   2.AGT-BENFV-have-FUT
   whatever it will be   that   you will have
   "Whatever it will be, that you will have."

111 **"Ní'ítdischah**
   ní'ít=yisak-ya'ah
   WHICH.ONE.INTERROG=day-be
   someday
   "Whatever the day

       wa:shah   **kúsah'nah'núh'a'."**
                         kú=sah'-nah'-núh-'a'
                         NEG=2.AGT.IRR-PREVB-become.hungry-FUT
       never   you won't get hungry
       you will never get hungry."

112 **Ná: háhwiswá:yah**
   hák=wiht-yi-wa-yah
   IND=DU-PREVB-ANIM.PL-go.along
   that they went along
   Then they kept going.

háhwiswá:yah.
hák=wiht-yi-wa-yah
IND=DU-PREVB-ANIM.PL-go.along
they went along

113 **Bitiht'i' kiwat kahwitniwit,**
    kak=wiht-ni-wid
    SUB=DU-PREVB-arrive
close to home arriving
Arriving close to home,

114 **sínátti' bah'nah.**
then
then.

115 **'Inchahkah.**
'ini-chahk-ah
lying-shoot-PERF
she shot something lying
She shot something lying.

116 **Kahyánkadín:chah.**
kak=ya-nikadini-chahk
SUB=wood-charcoal-shoot
shooting the charcoal wood
Shooting the charred wood.

117 **Bah'nah wayah ka'uht'uh pìnhahyú:nah,**
        ka'uht-'uh   wiht-na-hah-yúhn-ah
        meat-NN.SUFF DU-DIST-PREVB-take.home-PERF
hearsay a lot meat they took home
They took home a lot of meat,

  pitníwdishiyah.
  wiht-ni-widi-shiyah
  DU-PREVB-arrive-TRANSLOC.PERF
  they arrived there
  and they arrived there.

132

118 **Háyyúhnah   síkíhún:t'a'.**
    háy-yúh-nah   síkík=huhn-t-'a'
    story-tell-perf   PAST.SIMUL=happen-NOM-be.present
    she told   what happened
    She told what happened.
119 **Ná: kúsina:.**
                       kú-sina:
                       just-that.much
    that   how much
    That's all.

Text 7. Memories from Dorcas Johnson's Mother

The following three texts are nonfictional historical accounts. The first, passed on from Dorcas Johnson's mother, evidently describes certain aspects of the Caddos' removal in 1859 from the Brazos River reservation in Texas to their new location in Indian Territory. When they left Texas, they must have allowed for the possibility that they would eventually return to their earlier home. **'Iná:shi'** was a child's way of referring to its mother. **'Ina'** is the usual word for mother and **-shi'** was said to be a Natchitoches prefix meaning 'big'.

1 **Kúsikakkúmbaká:yan   'itsi'   nuka',**
  kúsikak=ku-nu-baka-yán
  SIMUL.SUB=1.BEN-BENEFV-speech-catch
  I catch my words   that is   maybe
  Maybe just a few of my words,

      ná: 'íná:shi'   síkíkkutáyyúhshah.
      'ina-shi'   síkík=ku-t-háy-yúh-shah
      mother-big   PAST.SIMUL=1.BEN-BENEFV-activity-tell-HAB
      that   mother   how she used to tell me
      the way mother used to tell me.

2 **Kúykíkkámmá:wah.**
  kúykík=kán-wa-wáhd-ah
  PAST.LOC.SUB=PREVB-ANIM.PL-bring-PERF
  where they brought them
  Where they brought them.

3 **Hákiyahwáw'in'sa'**
  hák=yi-ya-wa-wa'i-'n-sa'
  IND=DEFOC.AGT-PREVB-ANIM.PL-hide-CAUS-IMPFV
  they were hiding them
  They were hiding them

    ha'ímay   kúhámmak'a'.
    ha-'imay   kúk=hánwak-'a'
    ADJ.PREF-big   WHERE=hole-be.present
    big   in a hole
    in a big hole.

4 **Háhushchadán'nah   wá:kas.**
    hák=nusht-kadán-ya'ah
    IND=paper-hide-be
    hide   cow
    They were cow hides.

Nusht- most often means "paper" or "book." Here it combines with **kadán-** "animal skin" to mean "hide," suggesting that hides were used for writing or drawing.

5 **'Wán'ti' ná:wih   háhyáhnihsa'   náná: wá:kas.**
                            hák=yahnih-sa'
                            IND=spread.out-IMPFV
    all   on the ground   it's spread out   those cow
    All those cows were spread out on the ground.

6 **Kahush'náy'ah.**
    kak=nusht-na-ya'ah
    SUB=hide-DIST-be
    hides
    Hides.

7 **Háhna:wiyahdatchah   naki:wayuh.**
    hák=na-'awi-yah-datchah   nak=yi-'i-wayuh
    IND=DIST-GOAL-next.to-be.standing   INST.SUB=DEFOC.AGT-PREVB-climb
    they are leaning   ladder
    Ladders were leaning.

Ladder = what you climb on.

8 **Hákíncháwni'sa'**   náttih,
   hák=yi-na-kah-wa-ni'-sa'
   IND=DEFOC.AGT-INSIDE-ANIM.PL-put-IMPFV
   they were putting them in   woman
   They were putting the women in,

      dí: ná: síná: t'i'.
      this those like little ones
      and like those children.

Pointing to children in the house. In other words, they were hiding the women and children in holes.

9 **Kahyá:bah**   **hákíncháwni'sa'.**
   kak=ya-wa-'ah   hák=yi-na-kah-wa-ni'-sa'
   SUB=be-ANIM.PL-be   IND=DEFOC.AGT-INSIDE-ANIM.PL-put-IMPFV
   being   they are putting them in
   They were putting them in.

10 **Háh'ich'ámbakáyánná:sa'**   da'chah há:yuh.
   hák='i-ch'ah-na-baka-yányá-sa'
   IND=prenn-eye-DIST-voice-talk-IMPFV
   they are sounding   bullet   above
   Bullets were sounding overhead.

Bullets are classified as small round objects.

11 **Háhnachá:wis'a',**   **'ika',**
   hák=na-kah-'awis-'a'
   IND=DIST-INSIDE-be.sitting-be.present
   they're sitting inside   grandmother
   They were sitting inside, grandmother,

    'a'ah, 'a'ahti'ti'.
        'a'ah-ti'ti'
        father-DIM
   father uncle
   father, (and) uncle.

'A'ahti'ti' is father's younger brother, literally *little father*.

12 **Dúhya'   Washitah   táh'ín:'a'.**
                              ták='ini-'a'
                              TRANSLOC=be.lying-be.present
    now   Washita   he's lying there
Now he's lying at Washita.

That is, he's buried there. Probably referring to father.

13 **Dihkámmáwyuhah**   **nuka'**
    yi-haka-na-wa-wayuh-ah
    DEFOC.AGT-INDIV-DIST-ANIM.PL-climb-PERF
    they climbed out   maybe
They climbed out maybe

           nat'ichahwánáwchit'i'nah.
           nat='ichahk-wa-nahw-chit'i'-nah
           GEN.COND=shooting-anim.pl-become-slightly-PERF
           after the shooting had lessened
after the shooting had quieted down.

14 **'Ay'si'   hákihkánníw'asuh.**
           hák=yi-haka-na-ni-wa-'asuh
           ind=defoc.agt-indiv-dist-port-anim.pl-come
    this way   they brought them along
They brought them along this way.

16 **Na   Louisiana   kúy'ít'áwawa'ihsa'.**
                         kúy'ít='a-wa-wa'ih-sa'
                         WHERE?=PREVB-ANIM.PL-live-IMPFV
    in   Louisiana   wherever they were living
From Louisiana or wherever they were living.

17 **Dika'hay   kisi'.**
    things   corn
Things (for example) corn.

18 **Háhámmanna'nihsa'**   **nátti'** **kisi'** **hákikáw'isa'.**
    hák=hánwak-na-'nih-sa'   hák=yi-kah-wa'i-sa'
    IND=hole-DIST-make-IMPFV   IND=DEFOC.AGT-IN-throw-IMPFV
    he's making a hole   there   corn   they're throwing it in
    They were digging holes and throwing the corn in there.

19 **Húshnu'** **kats'ihámmach'ah,**   **hákihámmah'nihsa',**
                  kats'ik=hánwak-ya'ah   hák=yi-hánwak-'nih-sa'
                  PRIOR.SUB=hánwak-ya'ah   IND=DEFOC.AGT-hole-make-IMPFV
    other   it's another hole   they're making a hole
    They were digging another hole,

       'nán'ni'   **hákincháwni'sa'.**
       nas-na-'i'   hák=yi-na-kah-wani'-sa'
       foot-DIST-have   IND=DEFOC.AGT-DIST-IN-put-IMPFV
       iron pots   they put them in
       and putting in iron pots.

Iron pots = they have feet.

20 **Dúhya'** **kúytta'í'sa'**   **ná:**   **'nán'ni'.**
                 kúyt=na-'í'-sa'
                 WHERE?=DIST-be.present-IMPFV
    now   where are they?   those   pots
    I guess those pots are there now.

21 **Sítámmannayakíhnah.**
    sít=hánwak-na-yakih-nah
    HOW=hole-DIST-how.much-PERF
    how deep are the holes?
    I don't know how deep the holes were.

22 **Díncháwni'ah**   **'nán'ni'**   **dika'hay,**
    yi-na-kah-wani'-ah   nas-na-'í'
    DEFOC.AGT-DIST-IN-put-PERF foot-DIST-have
    they put in   iron pots   things
    They put in iron pots and everything,

nah'aka'aw   kahya'ah,   dikáwni'ah.
nak='aka-'aw   kak=ya'ah   yi-kah-wani'-ah
INST.SUB=fire-sit SUB=be   DEFOC.AGT-IN-put-PERF
sitting on fire it is   they put it in
cooking utensils that is, they put in.

The base **'aka-'awis** means literally *sit on fire* but refers to cooking over a fire.

23 **Hákihkánníw'asuh.**
hák-yi-haka-na-ni-wa-'asuh
IND=DEFOC.AGT-INDIV-DIST-PORT-ANIM.PL-come
they brought them on
They brought them on.

24 **Díy   kakúttutáyámmáyáhdu'uh,**
kakút=nu-t-hayáh-na-wa-yákid-u'uh
NEG.SUB=BEN-BENFV-ANIM.PAT-DIST-ANIM.PL-be.able-MID
those   they aren't able
Those that weren't able,

    bít   kakk'ásan
    kak=k'ás-'an
    SUB=leg, wheel-make
two   wheel
in carts

    hákihkánníwá:yah,
    hák=yi-haka-na-ni-wa-ya'ah
    IND=DEFOC.AGT-INDIV-DIST-PORT-ANIM.PL-be
    they took them
    they took them.

    wá:kas   **háh'ayahwadáy'sa'.**
                            hák='a-yah-wa-dá'n-sa'
                            IND=PREVB-ANIM.PL-pull-IMPFV
    cows (oxen)   they pulled them
    pulled by oxen.

Two-wheels = cart.

25 **'íná:shi' hákkidáwsánniyah   ná: dì:tamah.**
   hák=kid-'awis-hana-ni-yah
   ind=raised-sit-cont-port-go.along
   mother   she rode along on it   that horse
   Mother rode along on a horse.

26 **Háhukkachámbí:sa'.**
   hák=nu-t-kachán-bíhn-sa'
   IND=BEN-BENFV-pack-carry.on.back-IMPFV
   she's carrying a pack
   She was carrying a pack.

27 **Háh'áwi:yahdáy'sa'   dì:tamah.**
   hák='awi-'ayah-dá'n-sa'
   IND=ABS.SG-NEXT.TO-pull-IMPFV
   she's leading it   horse
   She was leading a horse.

28 **Washitah   táh'ín:'a'.**
              ták='ini-'a'.
              TRANSLOC=be.lying-be.present
   Washita   he's lying there
   The one who's buried at Washita.

Said to be Uncle Howard, about three years old at the time.

29 **T'ana'tsi'   háhukkachámbí:sa'.**
   t'ána'-tsi'   hák=nu-t-kachán-bíhn-sa'
   again-HYPO   ind=ben-benfv-pack-carry.on.back-impv
   also   he's carrying a pack
   He was carrying a pack also.

30 **'nan'ni' háhna:wí:sa'.**
   nas-na-'í'   hák=na-'i-wí-sa'
   iron pot   IND=DIST=PREVB-carry-IMPFV
   pot   he's carrying it
   He was carrying pots.

31 **Dí: 'íná:shi'   háhwíswá:yah.**
                          hák=wiht-wá-yah
                          ind=du-anim.pl-go.along
   this one   mother   they went along
   He and mother went along.

32 **Háhdáwt'áy:sa'.**
   hák=dawat-'án-sa'
   IND=???-choose-IMPFV
   she's holding him
   She was holding him in her arms.

33 **Háhíwá:yah**
   hák=yi-wá-yah
   IND=DEFOC.AGT-ANIM.PL-go.along
   they went along
   They went along

      wa'nah   **kakiwi'yá'dan'**   **dì:tamah.**
                              kak='awi-aya'-dá'n
                              SUB=ABS.SG-NEXT.TO-
                              pull
      each   leading it   horse
   each leading a horse.

34 **Hákihkánníw'asuh.**
   hák=yi-haka-na-ni-wa-'asuh.
   IND=DEFOC.AGT-DIST-PORT-ANIM.PL-come
   they brought them on
   They brought them on.

35 **Kúyttutáy'ahsa'**
    kúyt=nu-t-ha-ya'ah-sa'
    WHERE?=BEN-BENFV-PLACE-be-IMPFV
    where there was
    Wherever there was

    ha'imay bah'nah saka'nínna'ah,
    ha-'imay   sa-kan-'ini-ya'ah
    adj.pref-big   3.IRR-water-lying-be
    big   hearsay water lying
    a big body of water,

    wá:kas háhyahbak'án'usa'.
             hák=yah-wa-k'ah-n'u-sa'
             IND=PREVB-ANIM.PL-thirsty-MID-IMPFV
    cows   they're thirsty
    the cows (oxen) were thirsty.

36 **Táywatsáynikah   wá:kas.**
    na-hawat-shahy-nik-ah
    DIST-liquid-step.down-be.standing-PERF
    they stepped in the water   cows
    The cows stepped in the water.

37 **Kakúts'ikkanníwáwyuh   háyá:nuh Hasí:nay,**
    kakúts'it=kan-ni-wa-wayuh
    PRIOR.SUB=water-PORT-ANIM.PL-climb
    before they got water out   people   Caddo
    Before the Caddo people got water out,

    hasak'ay   kakkanna'ah'a'
    ha-sak'ay   kak=kan-ya'ah-'a'
    ADJ.PREF-clean   SUB=water-be-be.present
    clean   the water is
    and the water remained clean,

>   **ná: 'ahya'   wá:kas   kannáywa'áh'yah.**
>   kan-na-yi-wa-'áy-'n-ah
>   water-DIST-PREVB-spoil-CAUS-PERF
>   those   already   cows   they spoiled the water
>   *the cattle already spoiled the water.*

In other words the cattle spoiled the water before the Caddos could use it.

> 38 **Háh'í'a'   bah'nah   dikítda'ahsa'.**
>   hák='í'-'a'   dikít=ya'ah-sa'
>   IND=have-be.present   WHATEVER.INDIS=be-IMPFV
>   he's there   hearsay   whatever he is
>   *He was there whatever he was.*

> 39 **Háhbak'ihsa'   Hapanahkiyah.**
>   hák=bak-'ih-sa'   hapanahki-yah
>   IND=speech-happen-IMPFV   Delaware-POP
>   he's speaking   Delaware
>   *He was speaking Delaware.*

> 40 **Nattti'-t'a'   Hapanahkiyah   hísawa'á'sa',**
>   nátti'-t'a'   hapanahki-yah   hí=sa-wa-'á'-sa'
>   Delaware-POP   COND=3.IRR-ANIM.PL-come-IMPFV
>   there-also   Delaware   did they come?
>   *Then again did they come (from there),*

>   **si'íttut'ihsa'.**
>   si'ít=nu-t-'ih-sa'
>   past.wh.interrog=ben-benfv-happen-impfv
>   how was it?
>   *how did it happen?*

That is, I don't understand why a Delaware was there. People were said to be displaced because of the Civil War.

> 41 **Náná: bah'nah,**
>   that one   hearsay
>   *That one,*

 háh'áwnánniyah   **náttih**   **kínna'ah,**
 hák='awi-nányi-yah   kín=ya'ah
 IND=ABS.SG-trott-go.along   PAST.HRSAY=be
 she trotted along   girl   she was
 who was a girl trotted along,

 háh'í'a'   **díh'nah**   **'way'**
 hák='í-'a'
 IND=PREVB-be.present
 she was there   but   in fact
 she was there but in fact

 ná: **kúy'ídímmáhsa'**
     kúy'i=yi-na-yah-sa'
     NEG.PAST=DEFOC.AGT-DIST-go.along-IMPFV
 that one   they weren't along
 she was not one of the group.

42 **Kúy'ídímmáhsa'**   **háhyu'asuh,**
 kúy'i=yi-na-yah-sa'   hák=yu-'asuh
 NEG.PAST=DEFOC.AGT-DIST-go.along-IMPFV   IND=DEFOC.BEN-come
 they weren't along   they came
 But they came along,

 hákihkánniw'asuh
 hák=yi-haka-na-ni-wa-'asuh
 IND=DEFOC.AGT-DIST-PORT-ANIM.PL-come
 they came

 dí: **kakkitánáywá:kah,**
     kak=kid-hana-yi-wa-k-ah
     SUB=raised-CONT-PREVB-ANIM.PL-?-PERF
 those   those that could ride
 those that could ride,

    dì:tamah   kahunnáwá:wa'.
                     kak=nu-na-wáw-a'
                     SUB=3.BEN-DIST-ANIM.PL-have
horse   those that had them
those that had horses.

43 **Kah'áwtsihah   bah'nah dí'tsi' wa'nah**
     kak='a-wit-yi-háh
     SUB=PRENN-mind-PREVB-sad
     it was sad   hearsay   dog   each
     It was pitiful how the dogs

        táhya'kak'á'sa'.
        ták=ya'k-kak-'á'-sa'
        TRANSLOC.IND-wood-PREVB-cry-IMPFV
        it's crying in the woods
        were howling in the woods.

44 **Kíhyá:bah   wa'nah nahkush k'apáhtsi'**
     kík=ya-wa-'ah   k'apáh-tsi'
     PAST.SUB=ANIM.PL-ya'ah   chick-HYPO
     those having   each   pig   chicken
     Those that had pigs and chickens

        táhnaya'k'ayahwá'sa'.
        ták=na-ya'k-'ayah-wá-sa'
        TRANSLOC=dist-wood-leave-IMPFV
        they are leaving them in woods
        left them in the woods.

45 **Kisi' dika'háy da:níwá:din'dah.**
                      ya-ini-wá'-dí'nd-ah
                      DEFOC.PAT-lying-leave-CAUS-PERF
     corn   things   we were caused to leave lying
     We were made to leave corn and everything.

46 **Háhyú'asuh.**
  hák=yu-'asuh
  IND=DEFOC.BEN-come
  they're coming
  They're coming on.

47 **Dítti' dihkámmáwdah   dí: Chahkahay.**
           yi-haka-na-wahd-ah
           DEFOC.AGT-INDIV-DIST-bring-PERF
   here   they were brought   this   Chahkahay
   They brought them here to Chahkahay (a place).

48 **Hah-wa-ní:nah,   Chahkahay   kúykitak'aw'a'ihsa'.**
   hah-wa-nín-ah   kúyk=yi-ta-k'aw-'a'ih-sa'
   PREVB-ANIM.PL-stop-PERF   PAST.LOC.SUB=-name- have-IMPFV
   they stopped   Chahkahay   where one calls it
   They stopped (camped), where it's called Chahkahay.

49 **Nátti'   dihkánhahwáníndah.**
            yi-haka-na-hah-wa-nín-d-ah
            DEFOC.AGT-INDIV-DIST-PREVB-ANIM.PL-stop-CAUS-PERF
   there   one made them stop
   That's where they stopped them.

50 **Dihkánhahwání:nah   wa'nah   nátti'.**
   yi-haka-na-hah-wa-nín-ah
   DEFOC.AGT-INDIV-DIST-PREVB-ANIM.PL-stop-PERF
   they stopped   each one   there
   They all stopped there.

51 **Dí: 'íná:shi'   nu'uhti'   di:ya'íh'nah.**
                                  yi-'a'ih-'n-an
                                  DEFOC.AGT-be.present-CAUS-PERF
   this   mother   nearby   one settled her
   Mother was settled nearby.

52 **Shínihtiti' dúhya' kúh'í'a'.**
　　shínih-titi'　　　　　kúk='í-'a'
　　Shirley-DIM　　　　LOC.SUB=PREVB-be.present
　　Shirley　　now　　where it is
　　Where Shirley (Oklahoma) is now.

53 **Nátti' dihkánhahwání:nah.**
　　　　yi-haka-na-hah-wa-nín-ah
　　　　DEFOC.AGT-INDIV-DIST-PREVB-ANIM.PL-stop-PERF
　　there　they stopped
　　They stopped there.

54 **Nátti' wa'nah táháná'áysa'　　　　　　nuka',**
　　　　　　　　　ták=hana-'án-sa'
　　　　　　　　　TRANSLOC=CONT-choose-IMPFV
　　there　each one　they're choosing it　　　　perhaps
　　There maybe each one picked out a place,

　　kúh'a'ih'a'　　　　háyá:nuh.
　　kúk-'a'ih-'a'
　　LOC.SUB=live-be.present
　　where they live　　person
　　where people would live.

55 **Dí: sidáhunt'a'　　　　'itsi',**
　　　　sidák=nu-nVt-'a'
　　　　SIMUL=BEN-BENFV-be.present
　　this　the way she　　　　that is
　　Just as

　　'ika'　　hana'á:nah　　ná:　dítti'
　　　　　　hana='án-ah
　　　　　　CONT=choose-PERF
　　grandmother　she chose it　　that　here
　　grandmother chose this area.

na dáháyyah.
na dáháy-ya'ah
at area-be
at the area

56 **dihkánhahwání:nah**   **nátti'.**
yi-haka-na-hah-wa-nín-ah
DEFOC.AGT-INDIV-DIST-PREVB-ANIM.PL-stop-PERF
they stopped   there
They stopped there.

57 **Kú'nihkámmahúnkah**   **'ínniyah.**
kú'ni'i=haka-na-wa-húnik-ah   'ini-yi-ya'ah
NEG.CONT=INDIV-DIST-ANIM.PL-move-PERF   lying-PREVB-be
they didn't move anymore   anywhere
They didn't move anywhere anymore.

58 **Káyn'áwá:wa',**
káyn='á-wá-'a'
RESULT=be.present-ANIM.PL-be.present
they live here

     káyn'áwá:wa'.
káyn='á-wá-'a'
RESULT=be.present-ANIM.PL-be.present
they live here
They live here and there.

59 **Tikí: dihkámmáwáhdah.**
yi-haka-na-wa-wáhd-ah
DEFOC.AGT-INDIV-DIST-ANIM.PL-bring-PERF
far   one brought them
They were brought this far.

Text 8. Pauline Washington's Father

The next account involves the death of Pauline Washington's father, how he encouraged her to go to school and learn white man's ways, and how she failed to follow his advice in order to take care of her grandmother.

1 **Dúhya' 'i:.**
   now   (hesitation)
   Now.

2 **Na Shínihtiti' kúyháy'ah.**
                   kúyk=ha-ya'ah
                   PAST.LOC.SUB=place-be
   at Shirley   where it was
   It was at Shirley.

3 **Na Wáshita kúyk'áwkáw'chúh 'i: train.**
                 kúyk='awi-káw'chuh
                 PAST.LOC.SUB=ABS.SG-cross
   at Washita   where it crossed   uh train
   Where the train crossed the Washita (River).

4 **Dítti' sidi: há:yuh nátti' háh'ín:'a' ná: 'a'ah.**
                                 hák='ini-'a'
                                   IND=lying-be.present
   here like this above there he lies   that father
   My father is lying above there.

5 **Kidah 'itsi'.**
   in the valley that is
   In the valley that is.

6 **Camp 'itsi' kah'áwá:wa',**
                   kak='a-wa-wa'
                   SUB=be.present-ANIM.PL-be.present
   camp that is them having
   They had a camp that is,

nídi:wikah'aw'nah
nít=yi-'awi-kah-'a-bi'n-ah
PAST.GEN.PCPL=DEFOC.AGT-ABS.SG-inside-PREVB-hit-PERF
when he suddenly was overcome
when he suddenly

kahutnaway',
kak=nut-náw-wáy'
SUB=BENFV-down-be.ill
to be ill
became ill,

náná: dákawk'a'ihsa'.
dák=a-bak-'a'ih-sa'
LOC.IND=DEFOC.PAT-speech-want-IMPFV
that   where one says
they say.

7 **Dashkat   wá:kas náná: 'áw'ihah.**
                                'a-wa-'a'ih-hah
                                PREVB-ANIM.PL-be.there-HAB
bread (flour) cattle that   they are there
Flour and cattle that's why they were there.

8 **Sinátti'   ná: my father háhwit'wá:wa'   'i:,**
                                 hák=wiht-wa-'a'
                                 IND=DUAL-ANIM.PL-be.present
at that time that my father they (du) were present   uh
At that time my father was living with her,

   ts'idáy'bah,   Sah Burgess.
   ts'i=yah'-yi-bahw
   IMPERATIVE=2.AGT-PREVB-see
   see her!   Ms. Burgess
   You know her, Ms. Burgess.

The proclitic **ts'i**= has no obvious English translation. It asks the listener "to be in a certain state" (Melnar 87), in this case the state of thinking about Ms. Burgess. It does not mean literally *you know her*,

150

but that was suggested as a possible translation. In Caddo it was more natural to use the title **Sah** with a woman than it would be to use Miss or Ms. in English.

9 **Ná:** **híppit'wáw'ihah,**
　　　　　hít=wiht-wa-'a'ih-hah
　　　　　past=du-anim.pl-be.present-hab
　those　they (du) were present
　They lived together,

　　　　híkkuts'ah　　　**'ikúyti'ti'.**
　　　　hít=ku-t-ya'ah　　'ikúy'-ti'ti'
　　　　PAST=1.PAT-BEN-be　stepmother-dim
　　　　she was to me　　stepmother
　　　　she was my stepmother.

10 **Ná:** **nátti'　níttutnáwkáwtakah.**
　　　　　　　nít=nu-t-náw-kah-watak-ah
　　　　　　　PAST.GEN.PTCPL=BEN-BENFV-down-inside-appear-PERF
　that　there　he came down with (sickness)
　That was where he came down with it.

11 **Kut'wáwdishiyah**
　ku-t-'a-wa-widi-shiyah
　1.PAT-BEN-PREVB-ANIM.PL-arrive-TRANSLOC.PERF
　they came for me
　They came to get me

　　　　na　núsht'uh　　kúyhtsí:bah.
　　　　　　núsht-'uh　　　kúyk=tsi-yi-bahw
　　　　　　book-NN.SUFF　PAST.LOC.SUB=1.AGT-PREVB-see
　　　　at　book　　　　 where I saw
　　　　at school.

Looking at a book means going to school.

12　　**Kúná:wih**　　　　**Hasí:nay.**
　　　　on foot　　　　　 Caddo
　　　　A Caddo on foot.

151

13 **Kíkímbaka'**   Kapi: Hatidu'   kinittsi'.
    kík=yi-n-baka'
    PAST.SUB=DEFOC.AGT-BENFV-said
    the one who was called   coffee hot   older brother
    The one they called Hot Coffee, my older brother.

14 **T'a: híssáy'bah.**
                hít=sah'-yi-bahw
                PAST=2.AGT.IRR-PREVB-see
    is it that? you didn't see him
    Didn't you see him (know him)?

15 **Ná: 'áwwishishiyah.**
               'awi-wid-shiyah
               ABS.SG-arrive-TRANSLOC.PERF
    that one   he came
    He came.

16 **Baka'   'i:, híkkúyámmá:wah   baka'.**
                     hít=ku-yán-wa-wáh
                     PAST=1.PAT-caus-ANIM.PL-?
    he said   uh   they sent me   he said
    He said, they sent me he said.

16 **Kassah'yat.**
    kas=sah'-'ad
    OBLIG=2.AGT.IRR-go
    you should go
    You should go.

17 **Batanay'   bákin'chi'   háhutnáw'uhsa',**
                                    hak=nu-t-náw-'uh-sa'
                                    IND=BEN-BENFV-hurt-MID-IMPFV
    very   grandfather   he's sick
    Grandfather is very sick,

    kassah'yat.
    kas=sah'-'ad
    OBLIG=2.AGT.IRR-go
    you should go
    you should go.

18 **Kakáy'bah.**
    kak=yah'-yi-bahw
    SUB=2.AGT-PREVB-see
    for you to see him
    To see him.

19 **Náhtsi:yah.**
    nák=tsi-yah
    TRANS.IND=1.AGT-go.along
    I went there
    I went there.

20 **Náhtsíyún:kah.**
    nák=tsi-yi-yunik-ah
    TRANS.IND=1.AGT-PREVB-err-PERF
    I erred there
    I made a mistake there.

Mrs. Washington realized that her memory had confused two events.

21 **Díh'nah ts'íttsih'a'nihah.**
        tsít=tsi-ha-'a-'nih-ah
        PAST.PRIOR=1.AGT-place-PREVB-make-PERF
    but   I've already made it
    But I've already made it.

22 **Tsibatanay'   kúytt'áyún:kah   hushnu'.**
                kúyt=t-'a-yunik-ah
                WHERE.INTERROG=BENFV-PREVB-err-PERF
    too bad   where it was mistaken   different
    Too bad where it was wrong.

21 **'Way' níhahyuh   tutáy'ah.**
         ník='ayah-yuk   nu-t-ha-ya'ah
         PAST.TEMP.SUB=PREVB-go.in   BEN-BENFV-time-be
   in fact   when he went in   at the time
   In fact it was when he went in (died).

22 **Dih'nah 'ahnah híttsi'yat   kahtsíyáwtah.**
                   hít=tsi-'i-'ad   kak=tsi-ya-watak
                   PAST=1.AGT-PREVB-go   SUB=1.AGT-woods-appear
   but   alone   I went   to visit him
   But I went by myself to visit him.

23 **Ku'áwdishiyah.**
    ku-'a-widi-shiyah
    1.agt-prevb-arrive-transloc.perf
    I arrived there
    I got there.

24 **Ná: 'way' 'ahnah híttsi'yat**
                          hít=tsi-'i-'ad
                          PAST=1.AGT-PREVB-go
    that in fact alone   I went
    In fact I went by myself

         'itsi'   kahtsíyáwtah.
                   kak=tsi-ya-watak
                   SUB=1.AGT-in.clearing-appear
         that is   to visit him
         to visit him.

25 **Saturday nasáysach'ah.**
                nas=a-yisak-ya'ah
                GEN.COND=DEFOC.PAT-day-be
    Saturday   the day it was
    It was Saturday.

26 **Ku'áwdishiyah.**
ku-'awi-widi-shiyah
1.PAT-above-arrive-TRANSLOC.PERF
I arrived there
I got there.

27 **'Itsi' háh'á**wkuhdatchah.
　　　　hák='awi-kut-ah
　　　　IND=above-leaning-be.standing
that is　where the tent was
That is where the tent was.

28 **Kudí:　sidi:　shuhdah.**
beside　this way　tepee
The tepee there.

29 **Ku'ú:dah　　　　　kúkahywk'asay'**
ku-'awi-wid-ah　　　kúkak=ya-bak-'a-say'
1.PAT-above-arrive-PERF　NEG.SUB=DEFOC.PAT.IRR-sound-PREVB-emit
I arrived　　　　　there was no sound
I got there and there was no sound.

30 **Di'tsi'　kúkayawk'asay'.**
　　　　kú=ka-ya-bak-'a-sáy
　　　　NEG=?-DEFOC.AGT.IRR-sound-PREVB-produce
dog　　there was no sound
Not even the sound of a dog.

31 **Díh'nah　háhbahsáy'sa'　　　kahbah'nah**
　　　　　hák=bak-sáy'-sa'　　　kak=bak-'nih
　　　　　IND=sound-produce-IMPFV　SUB=sound-make
but　　he's making a sound　　to make a sound
It was just that he was making a sound of breathing hard.

　　hayh hayh.
　　(breathing hard)

32 **'A'ah**   **'ínna'ah.**
             'ini-ya'ah
             lying-be
   father   he's lying
   Father was lying there.

33 **Kúyya'ya'**   **kú'ahnah.**
   kúy=ya-'i-'a'   ku-'ahnah
   NEG=3.AGT.IRR-PREVB-be.present   JUST-self
   nobody was there   just himself
   Nobody was there, he was all by himself.

34 **Sa'aháy'ah'a'**   **kah'áyánnási'wa'.**
   sa'a-ha-ya'ah-'a'   kak='a-yán-nási'-wa'
   2.PAT.IRR-time-be-be.present   SUB=DEFOC.AGT.IRR-take.care.of.it-FUT
   you won't have it   to take care of it
   "You won't have anybody to take care of you."

35 **Ná: síná: háhbak'ihsa'**   **kahnutnaway'.**
             hák=bak-'ih-sa'   kak=nu-t-na-way'
             ind=speech-happen-impfv   SUB=3.BEN-BENFV-PREVB-hurt
   that like he was saying   to hurt
   He said he was hurting.

36 **Káyntsi:wiyahsan**   **háhtsí:báwsa'.**
   káyn=tsi-'awi-yah-san   hák=tsi-yi-bahw-sa'
   RESULT=1.AGT-ABOVE-AWAY-stay   IND=1.AGT-PREVB-see-IMPFV
   I stood there   I'm seeing him
   So I stood there looking at him.

37 **Sidí:shah**   **táh'a'nihdah**   **hákkúybáwsa'.**
   sidí:-shah   ták='a-'nih-dah   hák=ku-yi-bahw-sa'
   this way-MORE   POSS=PREVB-do-PERF   IND=1.PAT-PREVB-see-IMPFV
   more this way   he might have done it   he's seeing me
   He turned a little and looked at me.

38 **Hákkúmbak'ihsa'**   **"Sa'áy'ah?"**
    hák=ku-nu-bak-'ih-sa'   sa'a-ya'ah
    IND=1.PAT-BENFV-speech-happen-IMPFV   2.PAT.IRR-be
    he's saying to me   is it you?
    He said to me "Is that you?"

39 **"Ahay"**   **tsímbaka'.**
            tsi-nu-baka'
            1.AGT-BENFV-said
    yes   I said to him
    "Yes" I said to him.

40 **"T'anatnaway'?"**
    t'a-nat-na-way'
    1.AGT/2.PAT.IRR-BENFV-PREVB-be.sick
    are you sick?
    "Are you sick?"

41 **"'Ahay"**   **baka'**
    yes   he said
    "Yes" he said.

42 **"Háy**   **batanay'**   **hákkutnáw'uhsa'."**
                     hák=ku-t-náw-'uh-sa'
                     IND=1.PAT-BENFV-hurt-MID-IMPFV
    really   very much   I'm hurting
    "I'm really hurting."

43 **Na: tsiwkánhah.**
         tsi-baka-na-hah
         1.AGT-speech-mean-HAB
    that   I mean it
    That's what I mean.

44 **Háyshi' my father káw'nih dashadah.**
                                             yash-had-ah
                                             PREVB-disappear-PERF
    still   my father   first   he disappeared
    Still, my father died first.

45 **Hayshi' 'ika' háh'ukih'ya'.**
                                háh'uk=yi-h-'a'
                                CONT.IND=DEFOC.AGT-be.alive-be.present
    still   grandmother   she was alive
    Grandmother was still alive.

46 **Híttsiwka:wá:hin'.**
    hít=tsi-baka-'a-wah-i'n
    PAST=1.AGT-speech-PREVB-sent-CAUS
    I sent word
    I sent word.

47 **'Ina' Kíní:tih kudi:.**
    mother   Canadian   over there
    To mother over at Canadian (River).

48 **'Ina' kah'i'a'sa'.**
            kak='i-'a'-sa'
            SUB=PREVB-be.present-IMPFV
    mother   to be present
    For mother to be there.

49 **Sínátti' kúmbaká:nnási'nah.**
                ku-nun-baka-yán-yási'-nah
                1.PAT-BENFV-speech-CAUS-roam-PERF
    at that point   he talked to me
    Then he talked to me.

50 **Kúmbaka'**   **"Dá'huh!"**
    ku-nu-baka'   yah'-'a-huhn
    1.PAT-BENFV-he.said   2.AGT-PREVB-return
    he said to me   go back!
    He said to me "Go back!"

51 **"Háníhk'itsi'!"**
   hanih-haka-'itsi'
   spread-INDIV-that.is
   do your best
   "Do your best!"

52 **"Dàw:nashi'!"**
   yah'-wit-na-shi'
   2.AGT-PREVB-mind-prevb-persist
   stick with it
   "Stick with it!"

53 **"Nusht'uh   dáy'bah!"**
                yah'-yi-bahw
                2.AGT-PREVB-see
   book   look at it
   "Go to school!"

54 **"Kashsha'atáyyá:kih!"**
   kash=sa'a-t-háy-yákih
   PROHIB=2.PAT.IRR-BENFV-activity-quit
   don't quit!
   "Don't quit!"

55 **"Dáy'k'á:win   nusht'uh!"**
   yah'-yik-'awin
   2.AGT-PREVB-learn
   learn it   book
   "Learn the book!"

56 **Tiki: kats'ihnutáy'ah   kukáw'áhkah,**
            kats'ik=nu-t-ha-ya'ah   ku-kah-wa'-watak-ah
            PRIOR=3.BEN-BENFV-time-be 1.PAT-inside-PREVB-appear-PERF
   far   afterward   I found out
   Long afterward I found out,

159

    híssáyk'awihah   **'way' t'a' nusht'uh.**
    hít=sa-yi-k'awi-hah
    PAST=3.AGT.IRR-PREVB-know-HAB
    he knew   in fact   also   book
    he was in fact educated.

57 **Híssakáw'uhah**   **hússaháyyah**
    hít=sa-kah-wa'uh-hah   hús=sa-háy-yah
    PAST=3.AGT.IRR-inside-know-HAB   MIR=3.AGT.IRR-place-be
    he knew   there was a reason
    He knew

    sikahnut'ihah.
    sikak=nu-t-'ih-hah
    SIMUL.SUB=3.BEN-BENFV-happen-HAB
    how it is
    there was a reason for it.

58 **Díh'nah t'a' 'way' ku'it'ahánnah.**
                                kuy-wiht-'a-hani-ya'ah
                                1.PAT-DU-PREVB-ABS.PL-be
    but   also   in fact   I wasn't the one
    But also in fact I wasn't the one.

59 **'Way' 'ika'   ts'itánna'ah.**
                        ts'it=hani-ya'ah
                        PAST.PRIOR=ABS.PL-be
    in fact   grandmother   it was she
    In fact it was grandmother.

60 **Baka   "Háwwih   ya'atáyyá:kih."**
                         ya-'a-t-háy-yakid
                         DEFOC.PAT-prevb-BENFV-activity-go.on
    she said   all right   you go on
    She said "All right you go on."

61 **"Dah'utánna'ah!"**
   yah'-'u-t-hani-ya'ah
   2.AGT-DEFOC.BEN-BENFV-ABS.PL-be
   turn around!
   "Turn around!"

In other words it's your turn to take care of Grandmother.

62 **"Dahkúyánna'ah!"**
   yahku-yán-ya'ah
   2.AGT/1.PAT-MCAUS-be
   take care of me!
   "Take care of me!"

63 **"Sikiht'utta'**
   sikik=t'u-t-na'
   PAST.SIMUL=1.AGT/2.BEN-BENFV-do
   like I did for you
   "Like I did for you

       níkáh'yah   **háyúhtiti'."**
       ník=yah'-ya'ah   ha-yúh-titi'
       PAST.TEMP.SUB=2.AGT-be ADJ.PREF-small-DIM
       when you were   small
       when you were little."

64 **Ná: náná: tsiwchibáwnah.**
                 tsi-bak-yi-bahw-nah
                 1.AGT-speech-PREVB-perceive-PERF
   that that one I listened to her
   I listened to her.

65 And my father **kúyt'áwchibáwnah.**
                         kúy=t'a-bak-yi-bahw-nah
                         NEG=1.AGT.IRR-speech-PREVB-perceive-PERF
                         I didn't listen to him
   And I didn't listen to my father.

66 **Dúhya'   síná: tiki: kahan'sa'**
                                    kak=han-'i-tsa'
                                    sub=time-prevb-be.distant
    now   like that   far   how far
    Now after all this time

    tsiwk'anih'a'.
    tsi-bak-'anih-'a'
    1.agt-speech-make-fut
    I will say it
    I will say it.

67 **Kú:tsá'na'á'nu'nah**   *my father*   **dawti'ti'**   **'Inkinishihih**
    ku-witsa'-na-'á'-nu'-nah
    1.PAT-mind-DIST-come-MID-PERF
    I understood   my father   a little bit   English
    I understood that my father must have known a little bit of English.

    híssatáyk'awihah.
    hís=sa-t-ha-yik-'awih-hah
    PAST.IRR=3.AGT.IRR-BENFV-time-PREVB-know-HAB
    he must have known
    He must have known.

68 **Sikahkúmbakánhah**   **"Dàw:nashi'."**
    sikak=ku-na-baka-na-hah   yah'-wit-na-shi'
    simul.sub=1.pat-dist-speech-mean-hab   2.agt-mind-prevb-persist
    what he meant in telling me   stick with it
    It's what he meant in telling me "Stick with it."

69 **Hanashi'   hússaháy'ahsa'.**
    ha-nashi'   hús=sa-ha-ya'ah-sa'
    ADJ.PREF-difficult   mir=3.pat.irr-time-be-impfv
    difficult   it is!
    "It's hard the way it is!"

70 **Dúhya' háhtsiháybáwsa'.**
        hák=tsi-ha-yi-bahw-sa'
        ind=1.agt-time-prevb-see-impfv
   now   I see it
Now I see it.

71 **Ná: síná: tsiwkánhah híkkún:t'a'.**
                  tsi-baka-na-hah   hít=ku-nut-'a'
                  1.AGT-speech-mean-HAB   PAST=1.PAT-BENFV-be.present
   that like that I mean   it happened to me
That's what I mean happened to me.

72 **'Way' ná: hítánna:ah 'ika'.**
              hít=hán-ya'ah
              PAST=ANIM.PAT-be
   in fact that it was she   grandmother
In fact that was grandmother.

73 **Tsí:báwnah níhahyuh.**
       tsi-yi-bahw-nah   ník=hah-yuhn
       1.AGT-PREVB-see-PERF   WHEN.PAST=time-go.home
   I saw her   when she went home
I saw her when she went home (died).

Text 9. History of the Murrow Dance Ground

Ralph Murrow described here what he remembered of the establishment of the Caddo dance ground which came to be known by his family's name. It was recorded in 1962. Dates were given in English.

1 *In nineteen hundred and fourteen.*

2 **Hídiháy'na'**   **ná:**   **sínátti'.**
    hít=yi-ha-ya-'na'
    PAST=DEFOC.AGT-time-?-arrange
    they arranged   that   at that time
    They arranged it at that time.

3 **Ná:**   **dáhútch'ahkúndatchah**   **dúhya'**
          dák=nu-t-ch'ah-kún-datchah
          LOC.IND=3.BEN-BENFV-round.object-circle-standing
    that   round area, arena   now
    What is now that dance ground,

4 **nít'áwawa'ihah.**
    nít='awa-wa-'ih-hah
    PAST.GEN.PTCPL=PREVB-ANIM.PL-live-HAB
    where they lived
    where they used to live.

5 **'Ibat**   **Whitebread.**
    grandfather   Whitebread
    Grandfather Whitebread.

6 **Níppit'wáw'ihah**   **Mrs. Whitebread.**
    nít=wiht='awa-wa-'ih-hah
    PAST.GEN.PTCPL=DU-PREVB-ANIM.PL-live-HAB
    they two lived.   Mrs. Whitebread
    They used to live together, Mrs. Whitebread.

7 **Dí: t'a' níttsi:t'wáw'ihah,** **Ellen.**
   nít=tsi-wiht-'awa-wa-'ih-hah
   PAST.GEN.PTCPL=DU-PREVB-ANIM.PL-live-HAB
   this and we two lived   Ellen
   And we used to live together, Ellen.

8 **Hídímbah'wá:nah**
   hít=yi-nu-bak-'a-wa-nah
   PAST=DEFOC.AGT-3.BEN-speech-PREVB-ANIM.PL-become
   one was told
   People were told

       tiki: hákà:wádihsa'.
       hák=yah'-wa-dih-sa'
       ind=2.agt-anim.pl-go-impfv
       far you are going
       they were going far.

9 **Nassàw:káywá:bah**
   nas=sah'-baka-yi-wa-bahw
   GEN.COND=2.AGT.IRR-speech-PREVB-ANIM.PL-perceive
   if you hear
   If you hear

       kán'áwshanih'a'
       kán='awi-shanih-'a'
       HRSAY=PREVB-dance-FUT
       there will be a dance
       there will be a dance

       kaydaywá:yah.
       kayt=ya-yi-wa-yah
       FUT.RESULT=DEFOC.PAT-PREVB-ANIM.PL-go
       you always go
       you always go.

10 **Tiki: dah'nímmáwá:'ih,**   **wa'nah**   **dika'hay**
        yah'-'ini-na-wá-'ih
        2.AGT-lying-DIST-ANIM.PL-happen
    far   you leave   each   thing
    You leave far behind everything

      dákatwá:wa'.
      dák=a-t-wáwa'
      LOC.IND=DEFOC.BEN-BENFV-ANIM.PL
      whatever one has
      you have.

11 **Kaydatsahwak'ahnu'.**
    kayt=ya-t-yah-wa-k'ah-nu'
    FUT.RESULT=DEFOC.PAT-BENFV-PREVB-ANIM.PL-thirst-MID
    they will be thirsty
    They will be thirsty.

12 **K'apáhtsi',**   **nahkush,**   **wá:kas**
    chickens   pigs   cows
    Chickens, pigs, cows,

      hi'nuh,   **ka'shah**   **dì:tamah.**
      or   worst of all   horses
      or, worst of all horses.

The point was that dances used to be held at places that were too far away from where people lived, so that they were unable to feed their animals.

13 **Dítti'**   **nu'uhti'**   **t'utáywa'nih'a',**
                    t'u-t-háy-wa-'nih-'a'
                    1.AGT/2.BEN-BENFV-PREVB-ANIM.PL-make-FUT
    here   close   I will make it for you
    Close to here I will make it for you,

hákímbah'wáw'ihsa'.
hák=yi-n-bak-'awáw'ih-sa'
IND=DEFOC.AGT-speech-ANIM.PL-IMPFV
one told them
they were told.

14 **'Ibat**   **kahnuta:hní:'ah.**
              kak=nu-t-hayah-nih-ya'ah
              SUB=3.BEN-BENFV-instance-make-be
grandfather the one who did it
It was grandfather who did it.

15 **Tsa** **Biti'** **híttúmbah'wáw'ihah.**
                  hít=nu-nu-bak-'awaw'ih-hah
                  PAST=3.BEN-BENFV-speech-ANIM.PL-HAB
mister cedar they called him
They called him Old Man Cedar.

16 *Old Man Squirrel.*

These were white people's names for **Tsa Biti'** and **Tsa Shiwah** ('squirrel').

17 **Tsiwkánhah**   **ná:**   **tuta:hní:'ah.**
tsi-baka-na-hah   nu-t-hayah-nih-ya'ah
1.AGT-speech-mean-HAB   3.BEN-BENFV-instance-did-be
I mean   that one the one who did it
I mean he is the one who did it.

18 *In nineteen hundred and fourteen.*

19 **Ná:** **síkíh'aháynihah,**
         síkík='a-hayah-nih-hah
         PAST.SIMUL=PREVB-instance-do-HAB
that ever since he did it
Ever since he did it,

síná **háhut'ihsa'**
　　　　　　hák=nu-t-'ih-sa'
　　　　　　IND=3.BEN-BENFV-happen-IMPFV
that way　it is happening
that way

háh'áwshanihsa'
hák='awi-shanih-sa'
IND=circular.motion-dance-IMPFV
there is dancing
there is dancing

títadáwya'ah.
tít=hadáw-ya'ah
EACH.TIME=year-be
every year
every year.

20　**Pihtáhdah**　　　　　**níppihtsá:bah**　　　**ha'imay,**
　　wiht-hákid-ah　　　　nít=wiht-yábah　　　ha-'imay
　　DU-pass.on-PERF　　　PAST.GEN.PTCPL=DU-be.pl　ADJ.PREF-big
　　they two have passed on　they were　　　　big
　　The old folks have passed on,

　　nídi'ìmbah'nah
　　nít=yi-'ìn-bak-'a-nahy
　　PAST.GEN.PTCPL=DEFOC.AGT-?-speech-prevb-become
　　they were told
　　perhaps they were told

　　nuka'　**t'utáywa'nih'a'.**
　　　　　　t'u-t-háy-wa-'nih-'a'
　　　　　　1.AGT/2.PAT-BENFV-PREVB-ANIM.PL-do-FUT
　　perhaps　I will do it for you
　　"I will do it for you."

21 **Nappihtáhdah   kúsibít**
    nat=wiht-hákid-ah   kúsi-bít
    TEMP.SUB=DU-pass.on-PERF   just-two
    after they passed on   both of them
    After the two of them passed on,

    sínátti'   tutá:nna'ahnah
               nu-t-hayan-ya'ah-nah
               3.BEN-BENFV-be-PERF
    then   she took over
    then she took it over.

    níttsi:t'wáw'ihah.
    nít=tsi-wiht-'awa-wa-'ih-hah
    PAST.GEN.PTCPL=DU-PREVB-ANIM.PL-live-HAB
    we two lived
    the one I used to live with.

22 **Síná   káynnún:t'a'   títadáwya'ah.**
             káyn=nu-nut-'a'   tít=hadáw-ya'ah
             RESULT=3.BEN-BENFV-be.present EACH.TIME=year-be
    like that it's been   every year
    It's been that way every year.

23 **Háh'áwshanihsa'.**
    hák='awi-shanih-sa'
    IND=CIRCULAR.MOTION-dance-IMPFV
    there's a dance
    There's been a dance.

24 **Tiki: kahnutnáwwidih.**
            kak=nu-t-náw-widih
            SUB=3.BEN-BENFV-PREVB-up.to
    far   up to that point
    From that time.

25 **Níhahyuh dúhya'.**
   ník=hah-yuhn
   PAST.TEMP.SUB=PREVB-go.home
   when she went home   now
   When she went home (died) now.

26 **Náhutnínkuhdatchah.**
   nak=nu-t-ni-nikuh-datchah
   INST.SUB=3.BEN-BENFV-?-back-standing
   it was vacant
   It was vacant.

27 *Nineteen fifty-three.*

28 **Tutáy'ah   níhahyuh**
   nu-t-ha-ya'ah   ník=hah-yuhn
   3.BEN-BENFV-time-be   PAST.TEMP.SUB=PREVB-go.home
   at that time   when she went home
   When she went home

   on July the seventh.

29 **Sínátti'.**
   At that time.

30 **Tutánná:bah   ná: hatsihdi'.**
   nu-t-hán-yá:bah
   3.BEN-BENFV-?-be-ANIM.PL
   they used it   those   child
   The children took it over.

31 **Kú'is'nah   náttih   hákáyá:bah.**
                        hák=ha-yábah
                        IND=time-be-ANIM.PL
   only   woman   it's them
   It's just women.

32 *Grace Akin,   Alice Weller,   and Helen Tate.*

170

33 **Tsiwkánhah ná: tutá:hniyá:bah.**
tsi-baka-na-hah   nu-t-hayah-nih-yábah
1.AGT-speech-mean-HAB   3.BEN-BENFV-instance-make-be-ANIM.PL
I mean   those   the ones who do it
I mean they're the ones who did it.

34 **Dúhya' wa'nát'i' sítadáwya'ahsa'**
          wa'nah-t'i'   sít=hadáw-ya'ah-sa'
          each-DIM   WH.INTERROG=year-be-IMPFV
    now   each   how many years is it?
    How many years is it now

   síkíhahdah.
   síkík=ha-hákid-ah
   PAST.SIMUL=time-pass.on-PERF
   since she passed on
   since she passed on?

35 Tiki: **kahutáy'ah   1953, 54   níhadáwya'ah.**
          kak=nu-t-ha-ya'ah   ník=hadáw-ya'ah.
          sub=3.ben-benfv-time-be   past.temp.sub=year-be
      far ever since   in the year
      Ever since the year 1953, 54.

36 **Ná: sínátti' híttutánná:bah.**
                    hít=nu-t-hán-yá:bah
                    3.BEN-BENFV-?-be-ANIM.PL
    that at the time they used it
    At that time they took it over.

37 **Dí: dúhya' háy:shi'**

    this now   still
    Now still

    síná   háhutwáw'ihsa',
            hák-nu-t-wáw-'ih-sa'
            IND=3.BEN-BENFV-ANIM.PL-happen-IMPFV
    like that   they are carrying on
they are carrying on like that.

    dí: kúts'idihkáyá: bah   dúhya'.
          kú-ts'í=yi-hak-ha-yá:bah
          JUST-CONTRASTIVE=DEFOC.AGT-?-time-be-ANIM.PL
    this   they are the same ones   now
these are the same ones now.

38   **Nadah   'áwshanihchahsa'.**
        'awi-shanih-chah-sa'
        CIRCULAR.MOTION-dance-INTENT-IMPFV
  this   going to be dancing
There's going to be this dancing.

39   **Nuka'   háy:shi'   tutáyá:bah.**
                    nu-t-ha-yá:bah
                    3.BEN-BENFV-time-be-ANIM.PL
  I guess   still   it's theirs
I guess it's still theirs.

40   **Díh'nah   nídihkáw'á:nah**
             nít=yi-haka-wa-'án-ah
             PAST.GEN.PTCPL=DEFOC.AGT-INDIV.DIST-ANIM.PL-select-PERF
  but   they were selected
But certain ones were selected.

    háh'áwá:wa'.
    hák='a-wáw-a'
    IND=be-ANIM.PL-be
    they are

41 **Háh'áwá:wa'** **náyppi'wáhnu'wa'**
   hák='a-wáw-a'   náyt=wiht-wa-hinu'-fut
   IND=be-ANIM.PL-be PAST.TRANSLOC=DU-ANIM.PL-decide-FUT
   they are   the ones to decide
   They are the ones to decide

    wa'nah **síkahnut'ih'a'**,
    wa'nah   síkak=nu-t-'ih-'a'
    each   SIMUL.SUB=3.BEN-BENFV-happen-FUT
    each   whatever will happen
    whatever will happen,

    dihkámma'á'nah   **nasáw'wá:hin'**
    yi-haka-na-wa-'án-ah   nas=a-wa'awá-hinu'
    DEFOC.AGT-INDIV-DIST-ANIM.PL-select-PERF   GEN.COND=3.IRR-decide
    they were selected   when they decide
    they were selected when they decide

    kah'áwshanih'a'.
    kak='awi-shanih-'a'
    SUB=circular.motion-dance-FUT
    to have a dance
    to have a dance.

42 **Háhutáwá'í'sa'**   **wa'nah**,
   hák=nu-t-ha-wa-'í'-sa'
   IND=3.BEN-BENFV-space-ANIM.PL-place-IMPFV
   they have a place   each
   They all have a place,

    kahakappáw'u'a'   **wa'nah**,
    kak=haka-da-wáw-'u-'a'
    SUB=INDIV-hanging-ANIM.PL-MID-FUT
    to gather   each
    for all to gather,

sínátti' háháywa'nihsa'
hák=ha-ya-wa-'nih-sa'
IND=TIME-?-ANIM.PL-do-IMPFV
then   they are doing
then they are deciding

síkahnutwáw'ih'a'.
síkak=nu-t-wáw-'ih-'a'
SIMUL.SUB=3.BEN-BENFV-ANIM.PL-happen-FUT
what will happen to them
what will happen.

43 **Tsiwkánhah   ná: síná,**
tsi-baka-na-hah
1.AGT-speech-mean-HAB
I mean   that   like
I mean it's like that

hákkukáw'uhsa'   ná:.
hák=ku-káw-'uh-sa'
IND=1.PAT-know-MID-IMPFV
I know   that
I know.

44 **'wín't'ana'   háhtsi:ya'   tsiháybáwnah,**
               hák=tsi-ya'   tsi-ha-yi-bahw-nah
               IND=1.AGT-together   1.AGT-time-PREVB-see-PERF
also   together with others   I have seen it
I and others have seen it,

síkítán'tsa'   nakahámmú:dih
síkík=t-han-'i-tsa'   nak=a-han-widi
PAST.SIMUL=BENFV-time-length   INST.SUB=DEFOC.PAT-time-up.to
ever since   up until
ever since then until

1953.
1953.

45 **Níhadáwyah** 1954 ná: ha'kun'.
   ník=hadáw-ya'ah
   PAST.TEMP.SUB=year-be
   in the year 1954 then just then
   And then in 1954.

46 **Níkit'áwwá:shan**
   ník=yi-t-'awi-wá-shan
   PAST.TEMP.SUB=DEFOC.AGT-BENFV-CIRCULAR.MOTION.ANIM.PL-dance
   they had a dance
   When they had a dance

   ná: hatsihdi' **kats'ihnutánná:bah.**
   kats'ik=nu-t-hán-yá:bah
   PRIOR.SUB=3.BEN-BENFV-?-be-ANIM.PL
   those children they used it
   the children took it over.

47 **Sínátti' tsíá'ihnah**
   tsi-ha-'ih-nah
   1.AGT-time-happen-PERF
   at that time I was there
   At that time

   híttsiya'ihah ku'ahnah.
   hít=tsi-ha-'ih-hah   kú-'ahnah
   PAST=1.AGT-time-happen-HAB   JUST-alone
   I was there   by myself
   I was there by myself.

48 **Ná: natahnáhdah.**
   nat=hah-nákid-ah
   TEMP.SUB=?-conclude-PERF
   that after it was over
   After that was over.

49 **Kúynit'íyahnah,**
   kúyní=t'i-yah-nah
   NEG.CONT=1.AGT.IRR-go-PERF
   I didn't go anymore
   I didn't go anymore,

50 *Fifty-five, fifty-six, fifty-seven, fifty-eight, fifty-nine, sixty, sixty-one.*

51 **Bissikah   kahdáw'an.**
              kak=hadáw-'a-n
              SUB=year-PREVB-make
   seven   how many years
   Seven years.

52 **Bíssikah   níkkutadáw'anihnah**
               nít=ku-t-hadáw-'anih-nah
               PAST.GEN.PTCPL=BENFV-year-make-PERF
   seven   it was years before
   It was seven years before

   kakúttsiyákit.
   kakút=tsi-yákid
   NEG.SUB=1.AGT-go.by
   without going by
   I went by there.

53 **Nasá'wishan.**
   nas=a-'awi-shan
   GEN.COND=3.IRR-circular.motion-dance
   when there is dancing
   When there was dancing.

54 **Dúhya'   1962   háh'áwshanihchahsa'.**
                    hák='awi-shanih-chah-sa'
                    IND=circular.motion-dance-INTENT-IMPFV
   now   1962   there's going to be dancing
   Now in 1962 there's going to be dancing.

55 *July* **nasáy'ah.**
       nas=a-ya'ah
       GEN.COND=3.IRR-be
July   when it is
When it's July.

56 **Háyuh bit, nasatsach'ah, háyuh dahaw',**
                nas=a-tsak-ya'ah
over   two   GEN.COND=3.IRR-day-be   over   three
second   when it is   third
When it's the second, third,

    háyuh hiwi' t'ana'.
    over   four
    fourth   inclusive
    and fourth.

57 **Síná túkkut'ih'a', túhtsikka'ahni'wa',**
         túk=ku-t-'ih-'a'   túk=tsi-daka'ah-ni'-wa'
like   POT=1.PAT-BENFV-happen-FUT   POT=1.AGT-mingled-be-FUT
that   I guess I will take part   I guess I will mingle
I guess I will take part and mingle

    túkkú:dah'uh'a'.
    túk=ku-widah-'wuh-'a'
    POT=1.PAT-PREVB-observe-FUT
    I guess I will look on
    and look on.

58 **Hi'nuh nakasbatá:y'wa'**
           nakas=ba-t-hayah-áy'-wa'
           INST.SUB.OBLIG=1.BEN.IRR-?-be.able-FUT
or   if I will be able
Or if I will be able

    kahtsi:wikahyun:'a'.
    kak=tsi-'awi-kah-yuhn-'a'
    SUB=1.AGT-goal-inside-help-FUT
    for me to help
    to help.

59 **Síná   túkkut'ih'a'.**
      túk=ku-t-'ih-'a'
      POT=1.PAT-BENFV-happen-FUT
   like that   I guess I will take part
   I guess I will take part.

60 **Tsiwkánhah   nát'a'**
    tsi-baka-na-hah
    1.AGT-speech-mean-HAB
    I mean   and
    And I mean

      kúsíná   kakkúmbaká:yut.
                kak=ku-n-baka-´yut
                SUB=1.PAT-BENFV-speech-extent.of
      all   all I have to say
      that's all I have to say.

61 **Nuka' kú'nín:t'a'   síkíhún:t'a',**
            kú'ní=nt-'a'   síkík=huhn-t-'a'
            NEG.CONT=BENFV-be PAST.SIMUL=return-NOM-be
    maybe   not any more   how it used to be
    Maybe it's not the way it used to be,

      wa'nah níttutáyábah
                nít=tu-t-ha-yábah
                PAST.GEN.PTCPL=3.BEN-*benfv*-time-be-ANIM.PL
      each   it was their way
      the way

      híttutwáw'ihah,
      hít=nu-t-wáw-'ih-hah
      PAST=3.BEN-BENFV-ANIM.PL-happen-HAB
      they had it
      they did it,

wa'nah   dika'hay   wa'nah
each   thing   each

naki'yáhkúhya'ahsa'.
nak=yi-'i-yáh-kúh-ya'ah-sa'
INST.SUB=DEFOC.AGT-PREVB-eat-?-be-IMPFV
use for eating
the food part.

62 **Dúhya'   dáw'uht'uh.**
             dáw'uht-'uh
             bare.amount-NN.SUFF
    now   bare amount
    Now it falls short.

63 **Sitáy'ah   wa'nát'i'   'is'nah**
                 wa'nah-t'i'
                 each-DIM
    enough   each   I hope
    When

        nasawk'awánah,
        nas=a-bak-'a-wa-nah
        GEN.COND=DEFOC.PAT-speech-PREVB-ANIM.PL-become
        when they say
        they say,

            síná   tut'ih'a'   dihash'náwyáh'a',
                        nu-t-'ih-'a'   yi-hash'náw-yáh-'a'
                        3.BEN-BENFV-happen-FUT   DEFOC.AGT-meal-eat-FUT
            like that   they will have   one will eat a meal
            they will eat a meal,

            kayppa'ah   dikattutsabah'a'
            kayt=wa-yáh   dikat=nu-t-yabah-'a'
            FUT.RESULT=ANIM.PL-eat WHAT.INTERROG=3.BEN-BENFV-be-PL-FUT
            eating   whatever it will be
            Whatever they will have to eat.

    wa'nah.
    each

64 **Hanashi' háynahyah dika'hay 'wán'ti',**
    ha-nashi' háy-nahy-ah
    ADJ.PREF-hard time-become-PERF
    expensive has now become things all
    Everything has become expensive,

    túndaht'anahyah t'ana'
    nu-n-yaht-'a-nahy-ah
    3.BEN-BENFV-rest-PREVB-become-PERF
    it came to rest and
    and it came to rest

    naki'yah kahya'ah.
    nak=yi-'i-yáh kak=ya'ah
    INST.SUB=DEFOC.AGT-PREVB-eat SUB=be
    what you eat that is
    food that is.

65 **Kúy'ní:'i' t'ana' dika'hay**
    kúy'ní-yi-'i'
    NEG.CONT=DEFOC.AGT-have
    they don't have and things
    And they don't have things

    'ahnah kíki'í'nah wa'nah,
    kík=yi-'i'-nah
    past.sub=DEFOC.AGT-raise-PERF
    self what you raised each
    they raised themselves,

    kúy'ní:'i' dika'hay wa'nah,
    kúy'ní-yi-'i'
    NEG.CONT=DEFOC.AGT-have
    they don't have things each
    they don't have all the things,

naki'yah   **kahya'ah.**
nak=yi-'i-yáh   kak=ya'ah
INST.SUB=DEFOC.AGT-PREVB-eat   SUB=be
what you eat
food that is.

66 **Ná: kúsíná   kakkúmbakáh:yut.**
                    kak=ku-n-baka-´yut
                    SUB=1.PAT-BENFV-speech-extent.of
   that that's all all I have to say
   That's all I have to say.

Text 10. Speech by T'ámma' at Caddo Dance

Caddo dances were opportunities for people from other places and tribes to come together and participate in the dancing. During intermissions the crowd might be addressed by the t'ámma' (announcer or master of ceremonies). This is an example of such a speech.

1 **Witu' háyá:nuh.**
atttention people
Attention people!

2 **Dàwkáybah!**
yah'-baka-yi-bahw
2.AGT-speech-PREVB-perceive
listen
Listen!

3 **Háhtsiwk'anihchahsa' kúsíná:t'i'.**
hák=tsi-bak-'anih-chah-sa' kú-siná:t'i'
IND=1.AGT-speech-make-INTENT-IMPFV JUST-a.few
I'm going to speak just a few
I'm going to be saying just a few words.

4 **Kakkúmbakáy'ah kúk'áwshanihchahsa'.**
kak=ku-nV-baka-ya'ah kúk='awi-shanih-chah-sa'
SUB=1.BEN-BENFV-speech-be WHERE=ABS.SG-dance-INTENT-IMPFV
my words where there's going to be
A few words where there's going to be dancing.

5 **Hákaháybáwsa' háyá:nuh.**
hákak=ha-yi-bahw-sa'
IND.SUB=SPACE-PREVB-perceive-impfv
you are seeing people
You can see people.

6 **Witu'   du'ìn:tsáwtakah,**
            yu-'ini-t-ya-watak-ah
            3.ben-lying-ben-outside-appear-perf
   attention   visitor
   Attention to visitors!

7 **Wayah   háyá:nuh   kah'ukakíhnáwyahní:'ah.**
                       kah'ukakík=náwyahni-ya;ah
                       cont.sub=other.tribes-be
   every   person   different tribes
   People of all different tribes.

8 **'i'á'dah   kah'áwítkáybah.**
   'i-'á'-dah   kak='a-wiht-kah-yi-bahw
   PREVB-come-PERF   SUB=DEFOC.AGT.IRR-DU-inside-PREVB-see
   he came   that he might see us (you and me)
   They came to see us.

9 **Kúkí:t'nishnihsa'.**
   kúk=wiht-hani-shanih-sa'
   loc.sub=du-abs.pl-dance-impfv
   where we are dancing
   Dancing.

10 **Witu'   háyá:nuh   síná   nassa'at'ih'a'.**
                                       nas=sa'a-t-'ih-'a'
                                       GEN.COND=2.PAT.IRR-BENFV-give-FUT
   attention   people   that way   if you will be
   Attention people if you will be that way.

11 **Kak'áwnashi'   kak'áwshanih**
   kak='awi-nashi'   kak='awi-shanih
   SUB=CIRCULAR.MOTION-persevere   SUB=CIRCULAR.MOTION-dance
   stay with it   dancing
   Stay with dancing

ha'ahat.
ha-'ahat
ADJ.PREF-good
good
well.

12   **Hi'nuh   dika'hay   kakúkatduwitháy'áh'yah**
                           kakúkat=yu-wiht-háy-'áh'yah
                           WITHOUT=DEFOC.BEN-DU-PREVB-spoil
     or   something without spoiling it
Or without spoiling it

   dika'hay   habadah.
               ha-badah
               ADJ.PREF-bad
   something   bad
with something bad.

13   **Kaháy'ah   díh'nah   kúts'ihaishuh**
                            kú-tsi-ha-ishuh
                            JUST-TOO-ADJ.PREF-straight
     that   but   just too straight
But just straight

   kakitnishnih'a'.
   kak=yi-t-hani-shanih-'a'
   sub=defoc.agt-benfv-abs.pl-prevb-be.present
   dancing
dancing.

Part Three. English-Caddo Dictionary

Introduction

The entries in this dictionary are organized in a way that can be illustrated with the entry for *buy*.

buy *verb base* **-ká'ni'-** [ka-''ni'] [PREVB-buy]. *For example* **kakiká'ni'** *for one to buy* [kak=yi—] [SUB=DEFOC.AGT—]. **kà:ni'chah** *he or she is going to buy it* [—chah] [—INTENT]. **káwà:ni'chah** *they're going to buy it* [—wa—chah] [—ANIM.PL—INTENT]. **tsikà:ni'chah** *I'm going to buy it* [tsi—chah] [1.AGT—INTENT]. **kà:ni'ah** *he has bought it* [—ah] [—PERF]. **híkká'ni'** *he bought it* [hít—] [PAST—]. **híttsiká'ni'** *I bought it* [hít=tsi—] [PAST=1.AGT—]. **kiwat híttsiká'ni'** *I bought a home*.

The heading of an entry (such as **buy**) is an English word, word sequence, or phrase that translates a meaning that is common to all of the Caddo words that follow in this entry. The heading is followed in italics by a part of speech such as *noun*, *verb*, *noun base*, or *verb base*. The majority of entries are verb bases.

The verb base in this example is the reconstructed form **-ká'ni'-**, which is followed in square brackets by an analysis of that form into its component parts, in this case [ka-''ni'], where ´ shows that a preceding vowel is accented, and then glosses of those parts, here [PREVB-buy]. Then comes *For example* followed by one or more Caddo words. The first word here is **kakiká'ni'** *for one to buy*. A parse of the example is then given in square brackets, first with the Caddo form (kak=yi—) and then a gloss of that form (SUB=DEFOC.AGT—).

Rather than repeating the base each time, its place is taken by —. In this case — stands for ka-''ni' and for PREVB-buy. When a preverb and a following root are separated by wa-, — stands for the two elements surrounding the wa-. In this case —wa— stands for ka-wa-''ni', and —ANIM.PL— stands for PREVB-ANIM.PL-buy. An entry sometimes ends with its inclusion in a phrase or sentence; for example **kiwat híttsiká'ni'** *I bought a home*.

These Caddo words are only samples of the many words, often in the hundreds, that could be used to translate the English. The particular words included in an entry are those that happen to have been recorded, and the order in which the examples are given follows no consistent plan.

A

a little more *quantifier* **wayahshah** *a little more* [wayah-shah] [many-COMPARATIVE].

able, be *verb base* **-tsayayáy-** [t-ya-ya-yáy] [BENFV-3.IRR-PREVB-be.able]. *For example* **tutsáyáynih** *he's able, fits into it, is eligible* [nu—nih] [3.BEN—AND]. **tutsáyáynih tsitáyyúh'a'** *I'm able to tell him.*

above *see* **over, above.**

accident, have an *verb root* **-yús-.** *For example* **díyúsnah** *he had an accident* [yi— nah] [DEFOC.AGT—PERF].

accident, be an *verb base* **-tháyyús'u-** [t-háy-yús-'u] [BENFV-place-have.an.accident-MID]. *For example* **kah'utáyyús'unah** *to have been an accident* [kak='u—nah] [SUB=DEFOC.BEN— PERF].

ace (playing card) *noun* **wátashi'.**

ache, pain *verb base* **-s'nawi-.** *For example* **kah'us'nawi'** *to feel pain* [kak='u—] [SUB=DEFOC.BEN—].

acorn *noun* **bah. bah kahbán:a'ah** *acorn gravy.*

acquainted with, be *see* **know, be acquainted with.**

acquainted with, get *see* **learn, get acquainted with.**

acre *noun* **'íkah.** English loanword.

across the river *adverb* **wí:sin.**

active, capable, be *adjective* **níyahwa'.**

adult *noun phrase* **ha'imay háyá:nuh** *big person.*

affection *see* **love, affection.**

afraid, be *verb base* **-'ahi'in-** ['a-hi'in] [PREVB-be.afraid]. *For example* **kah'ya:hi'in** *for one to be afraid* [kak='a—] [SUB=DEFOC.PAT—]. **'ahi:nihnah** *he has been afraid* [—nah] [—PERF]. **híkku:hi'in** *I was scared off* [hít=ku—] [PAST=1.PAT—]. **'ah'inihah** *he's afraid* [—hah] [—HAB]. **ku:hi:nihah** *I'm afraid* [ku—hah] [1.PAT—HAB]. **háh'ah'inihsa'** *he's afraid* [hák— sa'] [IND—IMPFV]. **háhwiti:nihsa'** *they (du) are afraid* [hák=wiht—sa'] [IND=DU—IMPFV]. **háh'awah'inihsa'** *they (pl) are afraid* [hák—wa—sa'] [IND—ANIM.PL—IMPFV]. **diti:nihah** *one is*

afraid of him [yi-t—hah] [DEFOC.AGT-BENFV—HAB].
tutwáh'inihah *they (pl) are afraid of him* [nu-t-wá—hah] [3.BEN-BENFV-ANIM.PL—HAB]. **háhuti:nihsa'** *he's afraid of him* [hák=nu-t—sa'] [IND=3.BEN-BENFV—IMPFV]. **háhtsiti:nihsa'** *I'm afraid of him* [hák=tsi-t—sa'] [IND=1.AGT-BENFV—IMPFV].

after a while *adverb* **kúsidí:shah.**

again *adverb* **t'ána'tsi'.**

agriculture *verb base* -**'i'ayuh**-. *For example* **kaki:'ayuh** *agriculture* [kak=yi—] [SUB=DEFOC.AGT—].

airplane *phrase* **há:yuh kah'ínánna'ah** *that which flies above. See* **fly (verb).**

Alabama (Indian) *noun* **A:báma.**

alder, spreading *see* **spread.**

alive *see* **conscious, alive, awake, be.**

all *quantifier* **'wán'ti'.**

alligator *noun* **kuhuh.**

ally *see* **friend, ally, Wichita.**

alone *adjective* **'ahnah. kú'ahnah** *just oneself.*

also, too *adverb* **'win't'a'.**

also, too *adverb* **t'ana'. ná: chaway, bá' t'ana'** *the bow, and also the arrow.*

always *adverb* **híbi:.**

ambiguous *see* **multiple, ambiguous.**

Anadarko, Oklahoma *phrase* **Na Wáshitah** *at the Washita River.*

and *conjunction* **kuh. 'ika' kuh 'ibat** *grandmother and grandfather.*

angry, be *verb base* -**kah'awisáy'áy**- [kah-'awi-sáy-'áy] [inside-up-emerge-spoil]. *For example* **kah'akà:wisáy'ay** *to be angry* [kak='a—] [SUB=DEFOC.AGT.pat—]. **hákkukà:wisáy'áysa** *I'm angry* [hák=ku—sa'] [IND=1.PAT—IMPFV].
hákkah'áwsáywa'áysa' *they are angry* [hák—wa—sa'] [IND—ANIM.PL—IMPFV].

animal, game *or* **wild** *noun* **hachá:suh.**

ankle *noun root* **náhduh-**. *For example* **kah'ánáhdúy'ah** *that which is one's ankle* [kak='a—ya'ah] [SUB=DEFOC.PAT—be]. **náhduhih** *on the ankle* [—yih] [—LOC].
ankle bone *noun* **dún:k'i'**.
announcer, master of ceremonies *noun* **t'ám:ma'**.
ant *noun* **tidat**.
antelope *noun root* **'íawat-**. **'íawattsi'** *antelope* [—tsi'] [—HYPO].
anus *phrase* **'idah kúhtsíyáhassa'** *where I defecate.*
Apache *noun* **'Isikwita'**.
appearance (facial) *noun root* **witayan-**. *For example* **kahwitáyán'nah** *to appear a certain way* [kak—ya'ah] [SUB—be].
appear, cause to *see* **show, cause to appear**.
apple *phrase* **ka'as háin:ku'** *smooth fruit.*
apprehensive, be; worry *verb base* **-káppaháh-** [káppa-háh] [PREVB-go]. *For example* **hákkáppawaháhsa'** *they're apprehensive* [hák—wa—sa'] [IND—ANIM.PL—IMPFV]. **kah'akáppá:hah** *for one to be apprehensive* [kak='a—] [SUB=DEFOC.PAT—]. **káppá:hah** *he worries* [—hah] [—HAB].
approve *verb base* **-withakyihákid-** [wit-hak-yi-hákid-] [mind-PREVB-PREVB-touch]. *For example* **pitacháhdah** *he has approved* [—ah] [—PERF].
April *noun* **hashnihti'ti'** [hashnih-ti'ti'] [spring-DIM].
apron *see* **in the way, be**.
Arapaho *noun* **Shánitihka'**.
arch *noun root* **dáyt-**. *For example* **kahdáytsa'ah** *that which is an arch* [kak—ya'ah] [SUB—be].
Arkansas River *phrase* **A:kínsu: Kúnihdáháhdisa'**.
arm *noun root* **niwis-**. *For example* **mí:suh** *arm* [—'uh] [—nn. suff]. **kahniwish'ah** *that which is an arm* [kak—ya'ah] [SUB—be]. **kahníwín'nah** *those which are arms* [kak— na-ya'ah] [SUB—DIST-be]. **kakkúmmish'ah** *that which is my arm* [kak=ku—ya'ah] [SUB=I.PAT—be]. **kah'ámmín'nah** *those which are one's arms* [kak='a—na-ya'ah] [SUB=DEFOC.PAT—DIST-be].

mí:shih *in the arm* [—yih] [—LOC]. **kah'ámmish'ah** *one's arm* [kak='a—ya'ah] [SUB=DEFOC.PAT—be]. **kakámmish'ah** *your arm* [kak=a—ya'ah] [SUB=2.PAT— be]. **tiwish'ah** *his arm* [—ya'ah] [—be] *also* **háhniwish'ah** [hák—ya'ah] [IND—be]. **kahniwish'ah** *that which is an arm* [kak—ya'ah] [SUB—be]. **díy kúmmish'ah** *this is my arm* [ku—ya'ah] [1.PAT—be]. **ná: da'ámmish'ah** *that is your arm* [da'a—ya'ah] [2.PAT—be]. **há:yuh kah'ámmish'ah** *one's upper arm* [kak='a—ya'ah] [SUB=DEFOC.PAT—be].

armpit *noun root* **biyahkah-**. *For example* **biyahkahih** *in the armpit* [—yih] [—LOC].

army *see* **soldier**.

arm, lower *noun root* **-'isinchu-** ['i-sinchu] [PRENN-lower.arm]. *For example* **kah'a:sinchúy'ah** *lower arm* [kak='a—ya'ah] [SUB=DEFOC.PAT—be].

arrive *verb base* **-'awwid-** ['awi-wid] [ABS.SG-arrive]. *For example* **sa'áw:idah** *has he arrived?* [sa—ah] [3.AGT.IRR—PERF]. **háh'áwwissa'** *he's arriving* [hák—sa'] [IND—IMPFV].

arrow *noun* **bá'**. **bà:ya'k'uh** *arrow wood* [bá'-ya'k-'uh] [arrow-wood-NN.SUFF].

ash plum, fall plum *phrase* **ka'ás ká:dih** *dusty plum*.

ash wood *see* **mortar, ash wood**.

ashes *see* **dust, ashes**.

assemble *see* **gather, assemble**.

asthma *see* **choke, strangle**.

at, in, on *preposition* **na**.

at least *adverb* **'is'nah**.

at the end *see* **beh**ind, **at the end**.

attached, joined, be *verb base* **-daht-** [da-ht] [PREVB-be.attached]. *For example* **háhdaht'a'** *it's attached, joined* [hák—'a'] [IND—be.present]. **háhdawáht'a'** *they're joined, assembled* [hák—'a'] [IND—be.present].

attach, join *verb base* **-dahtyu'-** [da-ht-yu'] [PREVB-be.attached-CAUS]. *For example* **kakidahtsu'** *to attach, join* [kak=yi—]

[SUB=DEFOC.AGT—]. **háhdahtsu'sa'** *he's attaching it* [hák—sa'] [IND—IMPFV].

attention! *exclamation* **witu'**! **Witu' dúhya'**! *All right now!*

aunt *noun root* **háw-**. *For example* **há:win'** *aunt (of someone else)* [—in'] [—kinsman of another person].

aunt, mother's sister *noun* **sákin'tsi'**.

aunt, father's sister *noun* **'ahay'**.

automobile *noun* **kakakichátti'** *what you crank* [kakak-yi-t-kátti'] [SUB-DEFOC.AGT-BENFV- twist, crank].

awake *see* **conscious, alive, awake.**

ax *noun* **kunaw.**

B

baby *noun root* **k'ahyu'-**. **k'ahyu'tsi'** *baby* [—tsi'] [—HYPO].

baby carriage *see* **wagon.**

back (body part) *noun root* **'inikuh-** ['i-nikuh] [PRENN-back]. *For example* **kah'ínkúy'ah** *that which is a back* [kak—ya'ah] [SUB—be]. **kah'a:nikúy'ah** *that which is one's back* [kak='a—ya'ah] [SUB=DEFOC.PAT—be]. **kah'ínkún:nah** *those which are backs* [kak—na-ya'ah] [SUB—DIST-be]. **nikuhih** *on the back* [—yih] [—LOC].

bacon *see* **fat, bacon, suet.**

bad *adjective root* **-badah**. *For example* **habadah** *bad* [ha—] [ADJ.PREF—]. **habadah tsí:'ah** *I am bad, no good.*

bad tempered, be *see* **temperament, mood.**

badger *phrase* **'ut haká:yu'** *white raccoon.*

bag, sack *noun root* **báht-**. *For example* **báht'uh** *bag, sack* [—'uh] [—NN.SUFF]. **kahbáhtsa'ah** *that which is a bag, sack* [kak—ya'ah] [SUB—be]. **kahbáh'náy'ah** *those which are bags, sacks* [kak—na-ya'ah] [SUB—DIST-be]. **kúhbáht'a'** *in the bag, sack* [kúk—'a'] [LOC.SUB— be]. **dahkúmbáht'a'na'** *make me a bag* [dahku-nu—'a'na'] [2AGT/1PAT-BENFV—make].

dahkúmbáht'a'na' sunah nakkahsa' *make me a bag to put money in* [dahku-nu— 'a'na'] [2AGT/1PAT-BENFV—make].

baking powder *see* **mix (intr)**.

bald eagle *noun* **duská:yu'**.

bald head *noun root* **dusht-**. *For example* **kahdushtsa'ah** *that which is a bald head* [kak— ya'ah] [SUB—be]. *See* **rind, bald head**.

ball *noun* **nidun**.

bamboo *noun root* **kiwínt-**. *For example* **kíwín:t'uh** *bamboo* [—'uh] [—NN.SUFF].

bandana *see* **handkershief, bandana**.

bare, clear *adjective root* **-ch'uni:**. *For example* **hach'uni:** *bare, clear* [ha—] [ADJ.PREF—].

bark (verb) *verb base* **-wak'u-** [wa-k-'u(nah)] [PREVB-bark-MID]. *For example* **pak'uhah** *it barks* [—hah] [—HAB]. **pak'unah** *it has barked* [—nah] [—PERF]. **híppak'unah** *it barked* [hít—] [PAST—]. **pak'u'a'** *it will bark* [—'a'] [—FUT]. **háhwak'usa'** *it's barking* [hák— sa'] [IND—IMPFV]. **háhwa:k'usa'** *they (pl) are barking* [hák—wa sa'] [IND—ANIM.PL— IMPFV]. **pih'wak'u'a'** *they (du) will bark* [wiht—'a'] [DU—FUT]. **dah'wak'unah** *bark!* [yah'—] [2.AGT—].

basket *noun* **dawát**.

bat *noun* **wá:kish**.

bath, take a *verb base* **-yahsúy-** [yah-súy] [PREVB-take.a.bath]. *For example* **dahsúynah** *he has taken a bath* [—nah] [—PERF]. **háhyahsúysa'** *he's taking a bath* [hák—sa'] [IND—IMPFV]. **háhwihtyahsúysa'** *they (du) are taking a bath* [hák=wiht—sa'] [IND=DU—IMPFV]. **háhyahwasúysa'** *they (pl) are taking a bath* [hák—wa—sa'] [IND—ANIM.PL—IMPFV]. **dahsúychah** *he's going to take a bath* [—chah] [—INTENT].

bay (horse) *noun* **káywách'ah**.

be *verb* **ya'ah**. *For example* **kahakánnah** *those which are* [kak=haka-na—] [SUB=INDIV-DIST—]. **dah'yah** *you are* [yah'—] [2.AGT—]. **dahkutsa'ah** *you are to me* [yahku—] [2.AGT/1.PAT—].

be the one *noun root* **hán-**. *For example* **hánna'ah** *he's the one* [—ya'ah] [—be]. **hánná:bah** *they're the ones* [—yábah] [—be.pl]. **hánna'ahchah** *he's going to be the one* [—ya'ah-chah] [—be-INTENT]. **hánnabahchah** *they're going to be the ones* [—yabah-chah] [— be.pl-INTENT].

beads *noun* **kássi'**.

bean *noun* **dabas**.

beans *noun* **bá:hay**.

beans, black pencil wax *noun* **'idih**.

bear *noun root* **'náw'-**. **'náw'tsi'** *bear* [—tsi'] [—HYPO].

bear grass *see* **hemp, bear grass, soap weed**.

beat up *see* **kill, beat up**.

beat (in a race or game) *verb base* **-'awinahákidi-** ['awi-na-hákidi-] [ABS.SG-BENFV-pass.by]. *For example* **'áwnaháhdah** *he has beaten him* [—ah] [—PERF]. **dahku:wínáhdah** *you have beaten me* [yahku—ah] [2.AGT/1.PAT—PERF].

beaver *see* **tooth, beaver**.

become *verb base* **-'anahy-/-'anih-** ['a-nahy/'a-nih] [PREVB-become]. *For example* **nasaháynah** *when it becomes* [nas=a-háy—] [GEN.COND-3.IRR-activity—]. **háháynihsa'** *it's becoming* [hák=háy—sa'] [IND=activity—IMPFV]. **háh'anihsa'** *it's becoming* [hák—sa'] [IND—IMPFV]. **háhwit'wanihsa'** *they (du) are becoming* [hák=wiht—wa—sa'] [IND=DU—ANIM.PL—IMPFV]. **háh'awanihsa'** *they (pl) are becoming* [hák—wa—sa'] [IND—ANIM.PL—IMPFV]. **hákku:nihsa'** *I'm becoming* [hák=ku—sa'] [IND=1.PAT—IMPFV]. **'anih'a'** *he will become* [—'a'] [—FUT].

become big *phrase* **ha'imay háh'anihsa'** *he's becoming big*.

become soft *phrase* **hach'ú:nu' háh'anihsa'** *it's becoming soft*.

bedspread *noun* **nahyáhnihtsisha'**.

bed, scaffold *noun* **nikahdáh** [nikah-dáh] [underneath-suspended]. *For example* **kahnikahdáy'ah** *that which is a bed* [kak—ya'ah] [SUB—be]. **háhnikahdáh'a'** *there is a bed suspended* [hák—'a'] [IND—be.present].

bee, wasp *noun* **wá:'ah.**
beeswax *phrase* **ká:dut wá:'ah.**
beggar *noun* **dáná:win'.**
behave abusively *verb base* **-hánchahyus-** [hán-chah-yus] [CONT-PREVB-yus]. *For example* **hánchahyusah** *he has behaved abusively* [—ah] [—PERF]. **hánchahwayusah** *they have behaved abusively* [—wa—ah] [—ANIM.PL—PERF]. **háhhánchahyussa'** *he's behaving abusively* [hák—sa'] [IND—IMPFV]. **tutánchahyusah** *he has behaved abusively toward him* [tu-t—ah] [3.BEN-BENFV—ah].
behind, at the end *adverb* **'ibít** ['i-bit] [PREVB-behind] **ná: 'ibít tiswach'ah** *that's the back door.*
bell *noun root* **sánt-.** *For example* **sán:t'uh** *bell* [—'uh] [—NN.SUFF].
belly *noun* **binn-.** *For example* **bin'nuh** *belly* [—'uh] [—NN.SUFF]. **kahbin'nah** *that which is a belly* [kak—ya'ah] [SUB—be]. **kahbinnahní:'ah** *those that are bellies* [kak—na-hani-ya'ah] [SUB—DIST-abs.pl-be]. **kah'abin'nah** *one's belly* [kak='a—ya'ah] [SUB=DEFOC.PAT—-be]. **bin'nih** *in the belly* [—yih] [—LOC].
belong to *verb base* **-tya'ah** [t-ya'ah] [BENFV-be]. *For example* **kahuts'ah** *that which belongs to him* [kak=nu—] [SUB=3.BEN-be].
belt *noun root* **tsakah-.** *For example* **kah'itsakáy'ah** *that which is a belt* [kak='i—ya'ah] [SUB=PRENN—ya'ah]. **háhuttsakah'a'** *he has a belt* [hák=nut—'a'] [IND=BENFV—be.present].
belt, wear a *verb base* **-nakahyibinih-** [na-kah-yi-binih] [DIST-inside-PREVB-wear.a.belt]. *For example* **háhnacháybinihsa'** *he's wearing a belt* [hák—sa'] [IND—IMPFV]. **háhnacháywabinihsa'** *they're wearing a belt* [hák—wa—sa'] [IND—ANIM.PL—IMPFV]. **nakíncháybin** *belt* [nak=yi—] [INST.SUB=DEFOC.AGT—].
bend (intrans) *verb base* **-danawani-** [dana-wani] [PREVB-bend]. **dánáwnihah** *it bends, is bent* [—hah] [—HAB].

bend (trans) *verb base* **-danawani'-** [dana-wani-'] [PREVB-bend-CAUS]. **dánáwni'ah** *he has bent it* [—ah] [—PERF]. **dánáwáwni'ah** *they have bent it* [dana—wa—ah] [PREVB—ANIM.PL—PERF].

bent, become *verb base* **-danawaníy-** [dana-wani-y] [PREVB-BEND-INCH]. **dánáwní:yah** *it has gotten bent* [—ah] [—PERF].

berry *noun* **bay.**

best *phrase* **háy:shi' ha'ahat** *most good, best.*

best, the *see* **in front, the best.**

better *adjective* **ha'ahatshah** *better.*

bible *phrase* **'a'ah nusht'uh kahuts'ah** *God's book, bible.*

big *adjective root* **-'imáy.** *For example* **ha'imay** *big* [ha—] [adj.pref—].

bile *see* **yellow, orange, bile.**

Binger, Oklahoma *noun* **Bínkah. Na Bín:kah** *at Binger.*

bird *noun* **banit. banit háhnáywa'áwsa'** *the birds are singing.*

bite *verb base* **-kiduk-** [ki-duk] [PREVB-bite]. *For example* **kidukah** *he has bitten it* [—ah] [— PERF]. **kiwadukah** *they (pl) have bitten it* [—wa—ah] [—ANIM.PL—PERF]. **hákihduhsa'** *one is biting it* [hák—sa'] [IND—IMPFV]. **dáhduh** *bite it!* [yah'—] [2.AGT—]. **dah'wíshduh** *bite it (du)!* [yah'-wiht—] [2.AGT-DU—]. **dáhwá:duh** *bite it (pl)!* [yah'—wa—] [2.AGT— ANIM.PL—].

bitter, medicine *adjective root* **-k'ushu'.** *For example* **hak'u:shu'** *bitter, medicine* [ha—] [ADJ.PREF—].

black *adjective root* **-diku'.** *For example* **hadiku'** *black* [ha—] [ADJ.PREF—].

black tar *phrase* **ká:dut hadiku'** *black tar.*

black wax beans *noun* **didih.**

blackbird *noun* **ká:shuh.**

blanket, shawl, robe, cloak, cape *see* **wear a blanket etc.**

blanket, wool, sheep *noun* **háyniwah.**

bleed *see* **drip, leak, bleed.**

bless *see* **pity, kiss, bless.**

blister *phrase* **báht kah'akambáhtsa'ah** *that which is a water bag* [kak='a-kan—ya'ah] [SUB=PREVB-water—be].

blister bug *see* **burn (trans)**.

blood *noun root* **bah-**. *For example* **bah'uh** *blood* [—'uh] [—NN.SUFF].

blow *verb base* **-dana'ú'-** [dana-'ú'] [PREVB-blow]. **hítdán:'u'** *he blew* [hít—] [PAST—]. **háhdán'ú'sa'** *he's blowing* [hák—sa'] [IND—IMPFV]. **dán'ú'chah** *he's going to blow* [—chah] [—INTENT]. **tsidán'ú'chah** *I'm going to blow* [tsi—chah] [1.AGT—INTENT]. **dámma'ú'chah** *they're going to blow* [—wa—chah] [—ANIM.PL—INTENT]. **dátta'nu'** *blow!* [yah'—] [2.AGT—]. **kutta'nú'chah** *I'm going to let it blow on me* [ku-t—chah] [1.PAT-BENFV—intent].

blow one's nose *verb base* **-'isuhí'u-** ['isu-hí-'u(nah)] [nose-blow.one's.nose-MID]. *For example* **'isuhí'uchah** *he's going to blow his nose* [—chah] [—INTENT]. **'isuhí'unah** *he has blown his nose* [—nah] [—PERF]. **háh'isuhi'usa'** *he's blowing his nose* [hák—sa'] [IND   IMPFV]. **hak'isuhi'uchah** *they're going to blow their nose* [haka—chah] [INDIV—INTENT].

blue *see* **green, blue, unripe**.

bluff, cliff *noun* **haysudatchah** [haysu-datchah] [bluff-be.standing]. *For example* **haysudatchah** *bluff, cliff.* **háhaysudatchah** *there is a bluff* [hák—] [IND—].

board *noun root* **yakahsáwt-**. *For example* **yakahsáwt'uh** *board* [—'uh] [—NN.SUFF].

board, box **kahyach'ah** *that which is a board, a box* [kak=ya'k-ya'ah] [SUB=wood-be].

boat *noun* **'ichah**.

boil water *verb base* **-kanbasisíhi'n-** [kan-basisíh'n] [water-boil]. *For example* **kakkambasisí:hin'** *to boil water* [kak—] [SUB—].

boil (intrans) *verb base* **-basis(ih)-** [ba-sisih] [PREVB-boil]. *For example* **kahbasisih** *to boil* [kak—] [SUB—]. **háhbasisihsa'** *it's boiling* [hák—-sa'] [IND—IMPFV]. **basisihnah** *it has boiled*

[—nah] [—PERF]. **hípbasisihah** *it was boiling* [hít—hah] [PAST— HAB]. **kúhbasisihsaʼ** *when it's boiling* [kúk—saʼ] [LOC.SUB—IMPFV]. **kahbasis** *to boil* [kak—] [SUB—]. **basisʼaʼ** *it will boil* [—ʼaʼ] [—FUT]. **nasawsisihnah** *after it has boiled* [nat=sa—nah] [TEMP.SUB=3.IRR—PERF].

boil (on the skin) *noun* **dáːʼas.**

boil (trans) *verb base* **-basisíhiʼni-** [ba-sisíh-iʼn(i)] [PREVB-sisih-CAUS]. *For example* **basisʼnah** *she has boiled it* [—ah] [—PERF]. **dàwːsis** *boil it!* [—ah] [—PERF]. **kahbasisíːhinʼ** *to boil* (TRANS) [kak—] [SUB—]. **hípbasisíːhinʼ** *she boiled it* [hít—] [PAST—]. **híppihbasisíhinʼ** *they (dual) boiled it* [hít=wiht—] [PAST=DU—]. **hípbawasisíːhinʼ** *they (plural) boiled it* [hít—wa—] [PAST—ANIM.PL—]. **basisíhʼnah** *she has boiled it* [—ah] [—PERF]. **bawassisíhʼnah** *they (plural) have boiled it* [—wa—ah] [—ANIM.PL—PERF]. **dàwːsisíːhinʼ** *boil it!* [yahʼ—] [2.AGT—]. **tsiwsisíhʼnichah** *I'm going to boil it* [tsi—chah] [1.AGT—INTENT].

bone, iron *noun root* **náhk-**. *For example* **kahnáːchʼah** *that which is bone, iron* [kak—yaʼah] [SUB—be]. **táːchʼah** *it is bone, iron* [—yaʼah] [—be]. **kahnánːnaʼah** *those that are bones* [kak—na-yaʼah] [SUB—DIST-be]. **kúkkúnáːchʼah** *where my bone is, my penis* [kúk=ku— yaʼah] [LOC.SUB=1.PAT—be]. **náhkʼuh** *bone, emaciated person* [—ʼuh] [—NN.SUFF].

book, paper, hide, sheet metal *noun root* **nusht-**. *For example* **nushtʼuh** *book, paper, hide, sheet metal* [—ʼuh] [—NN.SUFF].

bottle *noun* **kaʼan.**

bow one's head *verb base* **-kawín-** [ka-wín] [PREVB-bow]. *For example* **kawínːʼaʼ** *he will bow* [—ʼaʼ] [—FUT]. **tsikawíːnah** *I bowed* [tsi—ah] [1.AGT—PERF].

bow (weapon) *noun* **chaway.**

bowl, wooden *noun* **kánːday.**

box *see* **board, box.**

box elder *noun* **sáːʼah.**

boy *noun root* **shiyah-**. *For example* **shiyahtsiʼ** *boy* [—tsiʼ] [—HYPO].

braid *noun* **ba'at**. *See also* **weave, braid**.

brain *noun* **ka'ah**.

branch, limb *verb* **kahyammish'ah** *branch* [kak=ya'k-niwis-ya'ah] [SUB=tree-arm-be].

bread *noun* **dáshkat**.

break apart, sever *verb base* **-'awinits'úk-** ['awi-ni-ts'úk] [ABS.SG-DIST-break.apart]. *For example* **'áwnits'ú:kah** *he's broken it apart* [—ah] [—PERF]. **tsi:wínts'ú:kah** *I've broken it apart* [—ah] [—PERF].

break off *verb base* **-dakud-** [da-kud] [hanging-sever]. *For example* **dakudah** *he has broken it off* [—ah] [—PERF]. **tsikkudah** *I have broken it off* [tsi—ah] [1.AGT—PERF]. **hítdakut** *he broke it off* [hít—] [PAST—]. **dawahdah** *they've broken it off* [—wa—ah] [—ANIM.PL— PERF].

break (trans) *verb base* **-kidúki'ni-** [ki-dúk-i'ni] [PREVB-break-CAUS]. *For example* **kakihdú:kin'** *for one to break something* [kak=yi—] [SUB=DEFOC.AGT—]. **kidúh'nah** *he has broken it* [—ah] [—PERF]. **híkkidú:kin'** *he broke it* [hít—] [PAST—]. **hákkidúh'nisa'** *he's breaking it* [hák—sa'] [IND—IMPFV]. **dahdú:kin'** *break it!* [yah'—] [2.AGT—]. **kiwadúh'nah** *they have broken it* [—wa—ah] [—ANIM.PL—PERF].

breast, chest *noun base* **nik'us-** [ni-k'us] [PRENN-breast]. *For example* **kahnik'ush'ah** *that which is a breast* [kak—ya'ah] [SUB—be]. *Also* **tuck-in shirt front**. **kah'ánk'ush'ah** *that which is one's breast* [kak='a—ya'ah] [SUB=DEFOC.PAT—be].

breast, udder *verb base* **-dántya'ah-** [dánt-ya'ah] [breast-be]. *For example* **kahdántsa'ah** *that which is a breast, udder* [kak—ya'ah] [SUB—be].

breathe *verb base* **-yihán'u-** [yi-hán-'u-] [PREVB-breathe-MID]. *For example* **kah'áyhán'unah** *to breathe* [kak='a—] [SUB=DEFOC.PAT—]. **dihán'unah** *he has breathed* [—] [—]. **hítdihán'unah** *he breathed* [hít—] [PAST—]. **háhihán'usa'** *he's breathing* [hák—sa'] [IND—IMPFV]. **hákkúyhán'usa'** *I'm* *breathing* [hák=ku—sa'] [IND=1.PAT—IMPFV]. **háhiwahán'usa'** *they're breathing* [hák—wa—sa'] [IND—ANIM.PL—IMPFV].

breath, be out of *verb base* **-naháwt'awikáthákiki-** [na-háwt-'awi-kát-hákiki] [DIST-wind-ABS.SG-behind-touch]. *For example* **háhnaháwt'áwkátáhdisa'** *he's out of breath* [hák—sa'] [IND—IMPFV].

brick *noun* **kakkandunna'ah** *that which is mud* [kak=kandun-ya'ah] [SUB=brick-be].

bridge *noun* **kahya'naydáy'ah.**

bridle *noun* **nahnáywan'chah.**

bring *verb base* **-niwáhd-** [ni-wáhd] [PORT-bring]. *For example* **tiwáhah** *he brings it* [—hah] [—HAB]. **tiwáhdah** *he has brought it* [—ah] [—PERF]. **tsímmáhdah** *I've brought it* [tsi—ah]. [1.AGT—PERF]. **híttiwah** *he brought it* [hít—] [PAST—]. **tiwáhchah** *he's going to bring it* [—chah] [—INTENT]. **tíwáwáhchah** *they're going to bring it* [—wa—chah] [—ANIM.PL—INTENT]. **dám'mah** *bring it!* [yah'—] [2.AGT—].

bring back *verb base* **-nihuhnid-** [ni-huhn-id] [PORT-return-CISLOC]. *For example* **tihún:dah** *he has brought it back* [—ah] [—PERF]. **pìn:hún:dah** *they (du) have brought it back* [wiht—ah] [DU—PERF]. **tiwahún:dah** *they (pl) have brought it back* [—wa—ah] [—ANIM.PL— PERF]. **híttihuhnit** *he brought it back* [hít—] [PAST—]. **tihúysa'** *he's bringing it back* [—sa'] [—IMPFV].

bring by *verb base* **-nihákidi-** [ni-hákidi] [PORT-pass.by]. *For example* **tiháhdah** *he has brought it by, has extended the day* [—ah] [—PERF].

bring out *verb base* **-niyáwtaki-** [ni-yáw-taki] [PORT-PREVB-emerge]. *For example* **tíyáwtahchah** *he's going to bring it out* [—chah] [—INTENT]. **pin:náwtahchah** *they (du) are going to bring it out* [wiht—chah] [du—INTENT]. **tíyáw'áhkichah** *they (pl) are going to bring it out* [—wá—chah] [—ANIM.PL—INTENT].

broil, roast *verb base* **-daysah-**. *For example* **háhdaysah'a'** *it's broiling, roasting* [hák—'a'] [IND—be.present]. **hákkúndaysah'a'** *mine is broiling, roasting* [hák=ku-nu—'a'] [IND=1.PAT-BEN—be.present]. **kakidaysahwa'** *for one to broil* or *roast something* [kak=yi—wá'] [SUB=DEFOC.AGT—put.together]. **daysahwá:'a'** *she has broiled it, roasted it* [—wá'- ah] [—put.together-PERF]. **hítdaysahwa'** *she broiled it, roasted it* [hít—wá'] [PAST—put.together]. **háhdaysahwá'sa'** *she's broiling it, roasting it* [hák—wá'-sa'] [IND—put.together-IMPFV]. **daysahwá'chah** *she's going to broil it, roast it* [—wá'-chah] [— put.together-intent]. **daysahwáwá'chah** *they're going to broil it, roast it* [—wa—wá'- chah] [—ANIM.PL—put.together-INTENT]. **dáhdaysahwa'** *broil it, roast it!* [yah'—wá'] [2.AGT—put.together]. **nakidaysahwa'** *broiler* [nak=yi—wá'] [INST.SUB= DEFOC.AGT—put.together].

broken, be *verb base* **-kidukt'a'-** [ki-duk-t-'a'] [PREVB-broken-be.present]. *For example* **hákkiduht'a'** *it's broken* [hák—] [IND—].

broom, buckbush *see* **sweep.**

brother of woman *noun root* **kinít-**. *For example* **kínítti'ti'** *younger brother of woman* [—ti'ti'] [—DIM]. **kíníttsi'** *older brother or cousin of woman* [—tsi'] [—HYPO].

brother of woman not speaker *noun root* **ná'd-**. *For example* **ná'din'** *brother of woman other than speaker* [—in'] [—kinsman of someone other than speaker].

brother-in-law, sister-in-law *noun* **dahay'**.

brother, older *noun* **'inay'**.

brother, younger *noun* **tú:wi'**.

brown *phrase* **hatinu' ha'ú:su'** *red gray, brown.*

bruise (intrans) *verb base* **-dak'uyunik-** [dak'u-yunik] [bruise-escape]. *For example* **kah'akk'úynih** *for one to bruise* [kak='a—] [SUB=DEFOC.PAT—]. **kukk'úynikah** *I've bruised* [ku—ah] [1.PAT—PERF]. **kukk'úywáynikah** I've bruised *in*

several places [ku—wa—ah] [1.PAT—ANIM.PL—PERF].
hítdak'úynih *he bruised.* [hít—] [PAST—]. **dak'úynihah** *he bruises* [—hah] [—HAB]. **yahwi:ti' dak'úynihah** *he bruises easily.*

bruise (trans) *verb base* **-dak'uyuníki'n-** [dak'u-yunik-'n] [bruise-escape-CAUS]. *For example* **dikk'úyníh'nah** [yi—ah] [DEFOC.AGT—PERF]. **diwakk'úyníh'nah** *we (pl) have gotten bruised* [yi-wa—ah] [DEFOC.AGT-ANIM.PL—PERF]. **hídíkk'úyní:kin'** *he got bruised* [hít=yi—] [PAST=DEFOC.AGT—]. **díwítk'úyníh'nah** *we (du) have gotten bruised* [yi-wiht—ah] [DEFOC.AGT-DU—PERF].

buckbush, broom *see* **sweep.**
buckeye *noun* **wini'tsi'.**
bucket *see* **water container, bucket.**
buckskin *noun root* **kut- kut'uh** *buckskin* [kut-'uh] [—NN.SUFF].
buckskin, leather *noun* **nikahyút** [nikah-yút] [underneath-buckskin]. *For example* **kahnikahyú:ts'ah** *that which is buckskin, leather* [kak—ya'ah] [SUB—be].
buffalo *noun* **tanaha'.**
Buggy Creek *see* **wagon.**
bug, June; squash bug, stink bug *noun* **súydit.**
bullfrog *noun* **tinana.**
bull, male animal *noun* **du'nuh.**
bumblebee *noun* **dá:kuh. wá:'ah hadiku'** *black bee, bumblebee.*
bump *verb base* **-nahín'-** [na-hín-'] [PREVB-bump-CAUS]. *For example* **tahín:'ah** *he has bumped it.* [—ah] [—PERF]. **kúnhín:'ah** *he has bumped me* [ku—ah] [1.PAT—PERF]. **kuwihchánhín:'ah** *it has bumped us (du)* [ku-wiht-haka—ah] [1.PAT-DU-INDIV—PERF]. **kuhkámmahín:'ah** *it has bumped us (pl)* [ku-haka—wa—ah] [1.PAT-INDIV—ANIM.PL—PERF]. **dàn:hí:nin'** *bump him!* [yah'—] [2.AGT—].

burlap bag *phrase* **siw báht'uh** *hemp bag, burlap bag.*
burn (intrans) *verb base* **-nakáh-** [nak-háh] [fire-cook]. *For example* **háhnakáhsa'** *it's burning* [hák—sa'] [IND—IMPFV]. **takáhchah** *it's going to burn* [—chah] [—INTENT]. **hakámbaháhchah**

they're going to burn [haka—wa—chah] [INDIV—ANIM.PL—INTENT]. **kúnkáhnah** *I was terribly hot* [ku—nah] [1.PAT—PERF]. **pihchánkáhchah** *they (du) are going to burn* [wiht-haka—chah] [DU-INDIV—INTENT].

burn (trans) *verb base* **-nakáhdi'n-** [nak-háh-di'n] [fire-cook-CAUS]. *For example* **takáhdin'chah** *he's going to burn it* [—chah] [—INTENT]. **tabaháhdin'chah** *they're going to burn it* [—wa—chah] [—ANIM.PL—INTENT]. **kah'ánkáhdin'** *that which burns you, blister bug* [kak='a—] [SUB=DEFOC.PAT—].

burp *verb base* **-kah'íw'-** [kah-'íw'] [inside-burp]. *For example* **kah'íw'nah** *he burped* [—nah] [—PERF]. **híkkahwa'íw'hah** *they were burping* [hít—wa—hah] [PAST—ANIM.PL— HAB].

burro *noun* **du'u'tsi'**.

burst *see* **explode, burst (trans)**.

bury *verb base* **-kayi'síd-** [ka-yi-'síd] [PREVB-PREVB-bury]. *For example* **kakikáy'sit** *for one to bury* [kak=yi—] [SUB=DEFOC.AGT—]. **kày:sí:dah** *he has buried it* [—ah] [—PERF]. **híkkáwáy'sit** *they buried it* [hít—wa—] [PAST—ANIM.PL—].

busy, be *verb base* **-witkahway'** [wit-kah-way'] [mind-inside-?]. *For example* **kút'áwchahway'** *I'm busy, don't have time* [kú=t'a—] [NEG=1.AGT.irr—]. **kúyáwchahwá:way'** *they (pl) are busy, don't have time* [kú=ya—wá—] [NEG=3.AGT.IRR—ANIM.PL—]. **kút'àw:chahwá:way'** *we (ex pl) are busy, don't have time* [kú=t'a—wá—] [NEG=1.AGT.irr—ANIM.PL—].

but *conjunction* **díh'nah**.

butcher knife *phrase* **kat ha'imay** *big knife*.

butter *phrase* **tsú:tsu' hasá:yu'** *fat milk, butter. See also* **fatty greasy, tallow**.

butter beans *noun* **kadash**.

butterfly *noun* **ba'nús**.

buttocks *noun root-* **nidut-**. *For example* **dut'uh** *buttocks* [—'uh] [—NN.SUFF]. **kahniduts'ah** *that which is buttocks* [kak—ya'ah] [SUB—be]. **kah'ánduts'ah** *that which is one's buttocks* [kak='a—'uh] [SUB=DEFOC.PAT—be]. **dutsih** *on the buttocks* [—yih] [—LOC]. **kahnidunnahní:'ah** *those which are buttocks* [kak—na-kni-ya'ah] [SUB—DIST-?-be].

button *noun* **bat'nin**. English loanword.

buy *verb base* **-ká'ni'-** [ka-'ni'] [PREVB-buy]. *For example* **kà:ni'chah** *he's going to buy it* [—chah] [—INTENT]. **kakiká'ni'** *for one to buy* [kak=yi—] [SUB=DEFOC agt—]. **káwà:ni'chah** *they're going to buy it* [—wa—chah] [—ANIM PL—INTENT]. **tsikà:ni'chah** *I'm going to buy it* [tsi—chah] [1.AGT—INTENT]. **kà:ni'ah** *he has bought it* [—ah] [—PERF]. **híkká'ni'** *he bought it* [hít—] [PAST—]. **híttsiká'ni'** *I bought it* [hít=tsi—] [PAST=1.AGT—]. **tsinchà:ni'chah** *I'm going to buy things* [tsi-na—chah] [1.AGT-DIST—INTENT]. **tsi'ch'ánchà:ni'chah** *I'm going to buy round objects* [tsi-'chah-na—chah] [1.AGT-round.objects-DIST—INTENT]. **tsikà:ni'chah** *I'm going to buy it* [tsi—chah] [1.AGT—INTENT]. **kiwat híttsiká'ni'** *I bought a home*.

buy beads. **'ich'ánchà:ni'chah kassi'** *he's going to buy beads*.

buy things *verb base* **-naká'ni'-** [na-ka-'ni'] [DIST-PREVB-buy]. *For example* **tsínchà:ni'cha** *I'm going to buy things* [tsi—chah] [1.AGT—INTENT].

buzzard *noun* **sukatih** *or* **suy**.

C

cabbage *see* **head**.

cactus *noun* **tasha'**.

Caddo *adjective root* **–sínay**. *For example* **Hasí:nay** *Caddo* [ha—] [ADJ.PREF—].

calendar *noun* **naki:sannánnah**.

calf. **wá:kasti'ti'** [wá:kas-ti'ti'] [COW-DIM].

calf of the leg *noun* **naw'ch'ay**.

call someone *verb base* **-nutkáh-** [nut-káh] [BENFV-call]. *For example* **háhsíncháhsa'** *he's calling you* [hák=si—sa'] [IND=2.BEN—IMPFV]. **háhsím'akáhsa'** *they (pl) are calling you* [hák=si—

wa—sa'] [IND=2.BEN—ANIM.PL—IMPFV]. **háhsí'ìn:cháhsa'** *they (du) are calling you* [hák=si-wiht—sa'] [IND=2.BEN-du—IMPFV]. **túncháh'a'** *he will call him* [nu—'a'] [3.BEN—FUT]. **híkkúnchah** *he called me* [hít=ku—] [PAST=1.BEN—]. **híkkúm'á:kah** *he called us* [hít=ku—wa—] [PAST=1.BEN—ANIM.PL—].

camp (verb) *see* **stop, camp.**
can you go with me? *interrogative* **sa'atáy'ahkati:tih'a'.**
Canadian *noun* **Kíní:tih.**
candle wax *phrase* **bínánk'uh nàm:biht'uh** *lamp marrow, candle wax.*
candy *noun* **kán:dih.** From English candy.
cane *noun* **nakiyah'wikahwimmih.**
cane, crutches *see* **prop up.**
cannon *phrase* **da'chah ha'imay** *big gun, cannon.*
canyon *see* **ravine, ditch, canyon.**
cap *noun* **wakáttsi'.**
capable, be *see* **active, capable, be.**
card game *phrase* **nakida'náwtsus kahushnáy'ah** *handgame with cards.*
careful, be *verb base* **-tkádadih-** [t-ká-dadih] [BENFV-PREVB-be.cautious]. For example **ná: dah'uchá:dat** *be careful with that one* [yah'-nu—] [2.AGT/3.BEN—]. **ya'aká:dat** *be careful!* [yah'a—] [2.AGT—].
careless *adjective* **wit'íyá'wat** [wit-'i-yá'wát] [mind-PREVB-careless]. For example **wit'íyá'wat da'ah** *he's careless.*
carry on the back *verb base* **-bíhn-.** **kaki'bi'** *to carry on the back* [kak=yi-'i—] [SUB=DEFOC.AGT- PREVB—]. **'ibín:hah** *he carries it on his back* ['i—hah] [PREVB—HAB]. **háh'ibí:sa'** *he's carrying it on his back* [hák='i—sa'] [IND=PREVB—IMPFV]. **'ibín:chah** *he's going to carry it on his back* ['i—chah] [PREVB—INTENT]. **tabín:chah** *he's going to carry them on his back* [na—chah] [DIST—INTENT]. **pabín:chah** *they're going to carry it on their backs* [wa— chah] [ANIM.PL—INTENT].

tawabín:chah *they're going to carry them on their backs* [ta-wa—chah] [DIST-ANIM.PL—INTENT]. **dahbiʼ** *carry it on your back!* [yahʼ—] [2.AGT—]. **tabíhʼnah** *he's put them on its back* [ta—ʼn-ah] [DIST—CAUS-PERF]. **tawabíhʼnah** *they've put them on its back* [ta-wa—ʼn-ah] [DIST-ANIM.PL—CAUS-PERF]. **tabíhʼnuʼnah** *he's put them on his (own) back* [ta—ʼn-uʼ-nah] [DIST-ANIM.PL—CAUS-MID-PERF].

cat *noun* **miyuʼ**.

cat *noun root-* **míst-**. **místʼuh** cat [—ʼuh] [—NN.SUFF].

catch *verb base* **-ʼiyán-** [ʼi-yán] [PREVB-catch]. *For example* **dí:yá:nah** *it's been caught* [yi—ah] [DEFOC.AGT—PERF].

catch up *see* **take back, catch up.**

catfish *noun* **tsʼibatah** *prototypical fish* [tsʼi—] [VER—].

cat's tail *phrase* **miyuʼ kahbattsaʼah** *cat it's tail.*

cattails *noun* **kibaʼ** *or* **kuwaʼ**.

cattle, cow *noun* **wá:kas**. From Spanish *vacas.*

cautious, be *verb base* **-kádadih-** [ká-dadih] [PREVB-be.cautious]. *For example* **kádadihnah** *he's been cautious* [—nah] [—PERF]. **híkkádadihah** *he was being cautious* [hít—hah] [PAST— HAB]. **hákkádadihsaʼ** *he's being cautious* [hák—saʼ] [IND—IMPFV]. **hákkáwádadihsaʼ** *they're being cautious* [hák—wa—saʼ] [IND—ANIM.PL—IMPFV]. **hákkukádadihsaʼ** *I'm being cautious* [hák=ku—saʼ] [IND=1.PAT—IMPFV]. **kahʼaká:dat** *for one to be cautious* [kak=ʼa—] [SUB=DEFOC.PAT—].

cave in (intrans) *verb base* **-káwʼwik-** [káwʼ-wik] [PREVB-cave.in]. *For example* **káwʼwik kakkáwʼwih** *to cave in* [kak—] [SUB—]. **kàw:wikah** *it has caved in* [—ah] [—PERF]. **kàw:wihchah** *it's going to cave in* [—chah] [—INTENT].

cave in (trans) *verb base* **-káwʼwikdiʼn-** [káwʼ-wik-diʼn] [PREVB-cave.in-CAUS]. *For example* **híkkàw:wihdinʼ** *he caved it in* [hít—] [PAST—]. **híkkàw:wawihdinʼ** *they caved it in* [hít—wa—] [PAST—ANIM.PL—].

cedar *noun* **bitiʼ**.

cedar board *phrase* **bitiʼ yakahsáwtʼuh** *cedar board.*

ceiling *verb* **kúhnisahkah'a'** *inside the house* [kúk=nisah-kah-'a'] [LOC.SUB=house-inside-be.present].

cement *see* **dough, cement**.

chair *verb base* **-'i-t'aw'-** ['i-t'aw'] [PREVB-sit]. *For example* **naki't'aw'** *chair* [nak=yi—] [INST.SUB=DEFOC.AGT—].

change (noun) *see* **money, change**.

chase *verb base* **-yánniyah-** [yán-ni-yah] [away-PREVB-run]. *For example* **hákiyánniyah** *he chased her* [hák=yi—] [IND=DEFOC.AGT—]. **háhyánníwá:yah** *they (pl) chased it* [hák—wa—] [IND—ANIM.PL—].

Chatham berry *noun* **yakkah**.

checkered *see* **striped, checkered**.

cheek *noun root* **'idaskut-**. **kah'a:daskuts'ah** *that which is one's cheek* [kak='a—ya'ah] [SUB=DEFOC.PAT—be]. **kúh'a:daskut'a'** *on one's cheek* [kúk='a—'a'] [LOC.SUB=DEFOC.PAT— be.present]. **kah'a:daskuts'ah** *that which is one's cheek* [kak='i-daskut-ya'ah] [SUB=PREVB-cheek-be].

cheese *phrase* **dáshkat tsú:tsu'** *milk bread, cheese*.

Cherokee *noun* **Shánakih**.

chest *see* **breast, chest**.

chest pain, have *verb base* **-tkú'thanwi'-** [t-ku't-han-wi'] [BENFV-chest-PREVB-feel.pain]. *For example* **kuchù:tammi'nah** *I've had chest pain* [ku—nah] [1.PAT—PERF]. **híkkuchù:tammi'hah** *I had chest pain* [hít=ku—hah] [PAST=1.PAT—HAB]. **hákkuchù:tammi'sa'** *I'm having chest pain* [hák=ku—sa'] [IND=1.PAT—IMPFV].

chew (trans) *verb base* **-kits'áki'ni-** [ki-ts'ák-i'ni] [PREVB-chew-CAUS]. *For example* **kakihts'á:kin** *for one to chew something* [kak=yi—] [SUB=DEFOC.AGT—]. **kits'áh'yah** *he has chewed it* [—ah] [—PERF]. **híkkits'á:kin** *he chewed it* [hít—] [PAST—]. **hákkits'áh'isa'** *he's chewing it* [hák—sa'] [IND—IMPFV]. **hákkibats'áh'isa'** *they're chewing it* [hák—ba—sa'] [IND—ANIM.PL—IMPFV].

Cheyenne *noun* **Shíyánabu'**.

Chickasaw *noun* **Tsíkashah**.

chicken *noun root* **k'apáh-**. *For example* **k'apáhtsi'** *chicken* [—tsi'] [—HYPO]. **k'apáhti'ti'** *chick* [—ti'ti'] [—DIM].

chickenpox *noun* **ní:bán'uhti'ti'** [ní:bán'uh-ti'ti'] [smallpox-DIM]

chief *noun* **kahdí:**.

chigger *noun* **nám:bis**.

child *adjective root* **-tsihdi'**. *For example* **hatsihdi'** *child* [ha—] [ADJ.PREF—].

chin *noun root* **náhtsakuh-**. *For example* **kah'ánáhtsakúy'ah** *that which is one's chin* [kak='a—ya'ah] [SUB=DEFOC.PAT—be]. **náhtsakuhih** *on the chin* [—yih] [—LOC].

Choctaw *noun* **Shahtah**.

chinaberry *noun* **'ittsa'**.

choke, strangle *verb base* **-nunakikud-** [nu-na-ki-kud] [3.BEN-DIST-PREVB-sever]. *For example* **dimbach'inkún'nah** *one has choked him, strangled him* [yi—ah] [DEFOC.AGT—PERF]. **tumbach'immakún'nah** *they have choked him* [nu—ah] [3.BEN—PERF]. **kúnnashkudah** *it has choked me* [ku—ah] [1.pat—PERF]. **kahánnashkut** *that which cuts off the breath, asthma* [kak='a—] [SUB=DEFOC.PAT—].

choose *verb base* **-'án-**. *For example* **dihkáw'á:nah** *they've chosen it* [yi-haka-wa—ah] [DEFOC.AGT-INDIV-ANIM.PL—PERF].

chop *see* **cut up, slice, chop**.

Christian *see* **hill, church, Sunday, Christian**.

Christmas *phrase* **-dahháki'n-** [dah-hák-i'n] [PREVB+stand.up-CAUS]. **nas'atá:kin' biti'** *when one stands up a cedar*.

church *see* **hill, church, Sunday, Christian**.

circumcised *adjective* **nushchush**.

circus *phrase* **hawasi: kúki:báwsa'** *fun where one is watching, circus*.

clay *noun root* **kandut-**. *For example* **kakkandutsa'ah** *that which is clay* [kak—ya'ah] [SUB— be]. **wá:dat haká:yu'** *white clay*. **wá:dat hatinu'** *red clay*. *See* **earth, dirt, clay**.

clean *adjective root* **-sak'ay**. *For example* **hasak'ay** *clean* [ha—] [ADJ.PREF—].

clean *verb base* **-kayiwataki'ni-** [ka-yi-watak-i'ni] [PREVB-PREVB-be.clean-CAUS]. *For example* **hákkáywatáh'nisa'** *she's cleaning it* [hák—sa'] [IND—IMPFV]. **híkkáywatá:kin'** *she cleaned it* [hít—] [PAST—]. **hákkáywawatáh'nisa'** *they're cleaning it* [hák—wa—sa'] [IND—ANIM.PL—IMPFV].

clean, be *verb base* **-kayiwatak-** [ka-yi-watak] [PREVB-PREVB-be.clean]. *For example* **káywakkah** *it's clean* [—ah] [—PERF].

clear *see* **bare, clear**.

cliff *see* **bluff, cliff**.

climb *verb base* **-wayuh-**. *For example* **nasáwáwyuhih** *when they go and climb* [nas=sa-wa—ih] [GEN.COND=3.IRR-ANIM.PL—AND].

climb over something *verb base* **-kidinánwataki-** [kidi-nán-wataki] [elevated.surface-by.foot-appear]. *For example* **kidínámmakkah** *he has climbed over it* [—ah] [—PERF]. **pìn:chidínámmakkah** *they (du) have climbed over it* [wiht—ah] [DU—PERF]. **kidínámma'wáhkah** *they (pl) have climbed over it* [—wa—ah] [—ANIM.PL—PERF].

climb up on something *verb base* **-kidinánwayuh-** [kidi-nán-wayuh] [elevated.surface-by.foot- climb]. *For example* **kidinámmáyhah** *he has climbed up on it* [—ah] [—PERF]. **tsihdínámmayuh'a'** *I'll climb up on it* [tsi—'a'] [1.AGT—FUT].

close, cover *verb base* **-yibid-** [yi-bid] [PREVB-close]. *For example* **káybidah** *he has closed it, covered it* [—ah] [—PERF]. **káybitah** *he closes it* [—hah] [—HAB]. **hákkáybissa'** *he's closing it* [hák—sa'] [IND—IMPFV]. **dahkáybit** *close it!* [yah'—] [2.AGT—]. **nakkáybidit** *one uses it to close something, lid* [nak—id] [INST.SUB—CISLOC]. **diwdah** *he has covered it* [—ah] [—PERF]. **diwabidah** *they (pl) have covered it* [—wa—ah] [—ANIM.PL—PERF]. **hítdibit** *he covered it* [hít—] [PAST—]. **hítdíwá:bit** *they (pl) covered it* [hít—wá—] [PAST— ANIM.PL]. **háhyiwdisa'** *he's covering it* [hák—sa'] [IND—IMPFV].

dibitchah *he's going to cover it* [—chah] [—INTENT]. **dáy'bit** *cover it!* [yah'—] [2.AGT—].

close the door! *verb* **dànchashkiyu'**.

clothes *noun root* **hakachán-**. **nahakachánchahsa'** *used to put clothes in, dresser* [nak—kah-sa'] [INST.SUB—inside-IMPFV].

clothes sprinkler *phrase* **hakachánkibádi'n nakihkachánchibá:din'** *used for sprinkling clothes* [nak=yi—] [INST.SUB=DEFOC.AGT—].

cloth, material, flag *noun* **wí:k'uh** [wík-'uh] [cloth-NN.SUFF].

cloud, sky *noun root* **kahchah-**. *For example* **kakkahcháy'ah** [kak—ya'ah] [SUB—be] **hákkahchà:nihsa'** *it's clouding up* [hák—'a-nih-sa'] [IND—PREVB-make-IMPFV]. **hákkahcháy'asuh** *the cloud is coming* [hák—yi-'asuh] [IND—PREVB-come]. **kúkkahchah'a'** *where the cloud is* [kúk—'a'] [LOC.SUB—be.present].

club (card suit) *phrase* **dí'tsi' kah'anash'ah** *dog foot, club*.

coals *verb* **kahnikánún'nah** *those which are coals* [kak=nikanut-na-ya'ah] [SUB=coals-DIST-be].

coat *noun* **kaput**. From Spanish *capote*.

cob *noun root* **hánchuh-**. *For example* **kahánchúy'ah** *cob* [kak—ya'ah] [SUB—be]. **kahánchúnna'ah** *those which are cobs* [kak—na-ya'ah] [SUB—DIST-be].

cocoon *phrase* **ba'nús kahúmbáhtsa'ah** *butterfly's pocket, cocoon*.

coffee *noun* **kapí:**. From English *coffee*.

cold (disease) *noun* **wishnu'**.

cold, become; freeze *verb base* **-'anáhd-** ['a-náhd] [PREVB-become.cold]. *For example* **'ánáhdah** *it has gotten cold, has frozen* [—ah] [—PERF]. **hít'anat** *it got cold, froze* [hít—] [PAST—]. **híkku'nat** *I got cold* [hít=ku—] [PAST=1.PAT—].

cold, feel *verb base* **-'anát-** ['a-nát] [PREVB-feel.cold]. *For example* **háh'ánássa'** *he's cold* [hák—sa'] [IND—IMPFV]. **háhwit'wánássa'** *they (du) are cold* [hák-wiht-wa—sa'] [IND-DU-ANIM.PL—IMPFV]. **háh'áwánássa'** *they (pl) are cold* [hák—wa—sa'] [IND—ANIM.PL— IMPFV]. **háh'ánkis'nássa'** *he's cold* *(standing)* [hák—sa'] [IND—IMPFV]. **hákku:nássa'** *I'm cold* [hák=ku—sa'] [IND=1.PAT—IMPFV]. **háhwítwánássa'** *they (du) are cold* [hák=wiht-wa—sa'] [IND=DU-ANIM.PL—IMPFV]. **sa'a:ni'nat** *are you cold (lying down)?* [sa'a-'ini—] [2.PAT.IRR-lying—]. **hákku:ni:nássa'** *I'm cold (lying down)* [hák=ku—sa'] [IND-1.PAT— IMPFV]. **sa'a:wis'nat** *are you cold (sitting)?* [sa'a-'awis—] [2.PAT.IRR—]. **háh'awis'nassa'** *he's cold (sitting)* [hák='awis—] [IND=sitting—]. **háhánáw'awisnássa'** *they (pl) are cold (sitting)* [hák=hani-'awis—] [IND=abs.pl-sitting—]. **hákku:nikis'nássa'** *I'm cold (standing)* [hák=ku-'anikiis—sa'] [IND=1.PAT-standing—IMPFV]. **sa'a:wiyas'nat** *are you cold (running)?* [sa'a-'awi-yas—] [2.PAT.IRR-ABS.SG-running—]. **háh'ini:nássa'** *he's cold (lying)* [hák='ini—sa'] [IND=lying—IMPFV]. **hákku:wiyas'nássa'** *I'm cold (running)* [hák=ku-'awi-yas—sa'] [IND=1.PAT-ABS.SG-running—IMPFV]. **háhánánniyaswanássa'** *they (pl) are cold (running)* [hák=hana-na-'awi-yas-wa—sa'] [IND=ABS.PL-DIST-circular.motion-running-ANIM.PL—IMPFV].

cold, winter *adjective root* **-kuhdu'**. *For example* **hakuhdu'** *cold, winter* [ha—] [ADJ.PREF—].

colon, esophagus *noun root* **ba'nist-**. **ba'nist'uh** *colon, esophagus* [—'uh] [—NN.SUFF].

colt *noun root* **dút-**. **dútti'ti'** [—ti'ti'] [—dim].

Comanche *noun* **Sáw't'uh**.

comb *noun* **kahdas**.

comb *verb base* **-niyahchahsáw'-** [niyah-chahsáw'] [PREVB-comb]. *For example* **háhniyahchahsáw'sa'** *she's combing* [hák—sa'] [IND—IMPFV]. **háhniyahwachahsáw'sa'** *they are combing* [hák—wa—sa'] [IND—ANIM.PL—IMPFV].

come *verb base* **-'asuh**. *For example* **háhtsi:'asuh** *here I come* [hák=tsi-yi—] [IND=1.AGT-PREVB—].

come, arrive *verb base* **-'awiwid-** ['awi-wid] [ABS.SG-come]. *For example* **nit'áwwidah** *when he came* [níd—ah] [PAST.GEN.PTCPL—PERF].

211

come back *see* **return, come back.**
come to the end *verb base* **-hahnákid-** [hah-nákid] [PREVB-come.to.the.end]. *For example* **hahnáhdah** *it has come to the end* [—ah] [—PERF].
Commissioner of Indian Affairs *noun* **Kámísh'nah.**
conscious, alive, awake, be; know *verb base* **-kahwa'uh-** [kah-wa'uh] [inside-be.conscious]. *For example* **hákkáw'uhsa'** *he's conscious, awake, alive* [hák—sa'] [IND—IMPFV]. **káw'uhah** *he's conscious, he knows* [—hah] [—HAB]. **kahwáw'uhah** *they (pl) are conscious* [—wa—hah] [—ANIM.PL—HAB]. **pihcháw'uhah** *they (du) are conscious* [wiht—hah] [DU—HAB]. **kúbakáw'uh'a'** *I won't be conscious* [kú=ba—'a'] [NEG=1.PAT.IRR—FUT].
continually *see* **often, continually.**
cook *verb base* **-hanháh-** [han-háh] [PREVB-cook]. *For example* **hanháhah** *she cooks* [—hah] [—HAB]. **háhanháhsa'** *she's cooking* [hák—sa'] [IND—IMPFV]. **háhámmaháhsa'** *they're cooking* [hák—wa—sa'] [IND—ANIM.PL—IMPFV]. **tsihanháhchah** *I'm going to cook* [tsi— chah] [1.AGT—INTENT]. **nakihanhah** *used for cooking* [nak=yi—] [INST.SUB=DEFOC.AGT—].
cooked, done, be *verb base* **-nahasi-** [na-hasi] [by.heat-be.cooked]. *For example* **tahsah** *it's cooked, done* [—ah] [—PERF]. **tahsi'a'** *it will be cooked, done* [—'a'] [—FUT].
cookstove *phrase* **nakihanhah kahbin'nah** *stove that one cooks with.*
cool (intrans) *verb base* **-kahbá-** [kah-bá] [inside-cool]. *For example* **nasakanchahbá:nah** *when the liquid has cooled* [nas=a-kan—nah] [GEN.COND=DEFOC.PAT-liquid—PERF]. **nasáysakkahbá:nah** *when the day has cooled* [nas=a-yisak—ah] [GEN.COND=3.DEFOC.PAT- day—PERF]. **kahbá:nah** *it has cooled* [—ah] [—PERF].
cool (trans) *verb base* **-kahbá'ni-** [kah-bá-'ni] [inside-cool-CAUS]. *For example* **tsikahbá:nichah** *I'm going to cool it* [tsi—chah]

[1.AGT—INTENT]. **dah'uchahbá:'an'** *cool it!* [yah'-nu-t—'a'n] [2.AGT-3.BEN-BENFV—].

copper, copper bucket, sleighbell *noun* **didu'**.

coral *see* **purplish red, pink, coral**.

corn *noun* **kisi'**.

corn be cooked *phrase* **kisi' tahsah** *the corn is done*.

cornbread *phrase* **dáshkat kisi'** *corn bread*.

corn, dried *noun* **dak'ay**.

corn, field *phrase* **kisi' 'ínkinishih** *white man's corn, field corn*.

corn, flint *phrase* **kisi' háin:ku'** *smooth corn, flint corn*.

corn, parched *noun* **kishwah**.

corn, parched *noun root* **kishwánt-** [kish-wan-t] [kernel-cook.with.dry.heat-nom]. *For example* **kishwán:t'uh** *parched corn* [—'uh] [—NN.SUFF].

corn, squaw *phrase* **kisi' hach'ú:nu'** *soft corn, squaw corn*.

corpse *noun* **bachúh**.

cost *verb base* **-nudahtyah-** [nu-daht-yah] [BENFV-cost-go.along]. **síttúndahtsah** *how much does it cost?* [sít=nu—] [WH.INTERROG-3.BEN—]. **bíssunah túndahtsah** *it costs two dollars* [nu—] [3.BEN—].

cotton *noun* **kah'uh**.

count *verb base* **-náydaha'wi-** [náyda-ha'wi] [PREVB-count]. *For example* **hakánáydah'wah** *he has counted it* [haka—ah] [INDIV—PERF]. **hítakánáydahaw'** *he counted it* [hít=haka—] [PAST=INDIV—]. **hakánáydah'wichah** *he's going to count it* [haka—chah] [INDIV—INTENT]. **pítkánáydah'wichah** *they (du) are going to count it* [wiht-haka—chah] [DU-INDIV— INTENT]. **hakánáydah'wáw'ichah** *they (pl) are going to count it* [haka—wa—chah] [INDIV-ANIM.PL—INTENT]. **tsihkánáydah'wichah** *I'm going to count it* [tsi-haka—chah] [1.AGT-INDIV—INTENT]. **dáhkánáydahaw'** *count it!* [yah'-haka—] [2.AGT-INDIV—].

cousin, mother's sister's child *noun* **'iyay'**.

cousin, father's sister's child's child *noun root* **shahatti'ti'** *cousin, father's sister's child's child* [shahat-ti'ti'] [father's sister's child-DIM].

cousin, first *noun* **shahát.**

cousin, second *noun* **shahátti'ti'.**

cousin, third *phrase* **t'à:hay' hanin'.**

cover *see* **close, cover.**

cover with a lid *verb base* **-kayibid-** [ka-yi-bid] [prevb-prevb-cover.with.a.lid]. *For example* **hákkáybissa'** *he's covering it with a lid* [hák—sa'] [IND—IMPFV]. **nakkáybidit** *lid* [nak—id] [INST.SUB—?].

cow *see* **cattle, cow.**

cow's stomach, tripe *noun root* **daht-.** *For example* **daht'uh** *cow's stomach, tripe* [—'uh] [— NN.SUFF].

coyote *see* **wolf, coyote.**

crack (trans) *verb base* **-kiski-** [ki-ski] [PREVB-crack]. *For example* **hákkiskisa'** *he's cracking it* [hák—sa'] [IND—IMPFV]. **hákkiwáskisa'** *they're cracking it* [hák—wá—sa'] [IND—ANIM.PL—IMPFV]. **kiskichah** *he's going to crack it* [—chah] [—INTENT].

cramp, get a *verb base* **-dak'awatak-** [dak'a-watak] [cramp-appear]. *For example* **dak'áwtakah** *he's gotten a cramp* [—ah] [—PERF]. **dak'áw'áhkah** *they've gotten cramps* [—wa—ah] [—ANIM.PL—PERF].

crazy *adjective* **kauskuday.**

crazy, mischievous *adjective* **k'itsi'. K'itsi' da'ah** *he's crazy, mischievous.*

creak, squeak *verb base* **-kik'í'-** [ki-k'í'] [PREVB-creak]. *For example* **hákkik'í'sa'** *it's creaking* [hák—sa] [IND—IMPFV].

creaking boards *verb base* **-yanakik'í'-** [ya-na-ki-k'í'] [wood-DIST-PREVB-creak]. *For example* **háhyánchik'í'sa'** *the boards are creaking* [hák—sa'] [IND—IMPFV].

cricket *noun* **yahdúsduh.**

crockery *see* **pottery, crockery.**

crooked object, swan, pelican *noun* **dik'út. dik'út da'ah** *it's crooked.*

cross (intrans) *verb base* **-káw'kyúk-** [káw'-yúk] [PREVB-use.up]. *For example* **kàw:chú:kah** *he has crossed* [—ah] [—PERF]. **kàw:chúhah** *it crosses* [—hah] [—HAB]. **kápbáyúhchah** *they're going to cross* [—wa—chah] [—ANIM.PL—INTENT].

crow *noun* **ká:k'ay'.**

crowder peas *noun* **dúm'mu'.**

crowd, in the. *see* **wedged in, in the crowd**

crutches, cane *see* **prop up.**

cry *verb base* **-kak'á'-** [kak-'á'] [PREVB-cry]. *For example* **kak'á'nah** *he has cried* [—ah] [—PERF]. **kak'á'hah** *he cries* [—hah] [—HAB]. **hákkak'á'sa'** *he's crying* [hák—sa'] [IND—IMPFV]. **hákkaba'á'sa'** *they're crying* [hák—ba—sa'] [IND—ANIM.PL—IMPFV]. **híbi: kak'á'hah** *he cries a lot.*

cup *noun* **tsúydah'ni'.**

cure (make well) *verb base* **-hús-.** *For example* **kakihus** *to cure somebody* [kak=yi—] [SUB=DEFOC.AGT—]. **dihkawahú:sah** *he's been cured by them* [yi-haka-wa—ah] [DEFOC.AGT- INDIV-ANIM.PL—PERF]. **tsihú:sah** *I've cured him* [tsi—ah] [1.AGT—PERF]. **tsiwahú:sah** *we've cured him* [tsi-wa—ah] [1.AGT-ANIM.PL—PERF]. **kúh'ahússa'** *where one is being cured, hospital* [kúk='a—sa'] [LOC.SUB=DEFOC.PAT—IMPFV].

cushion *see* **pillow, cushion.**

cut *verb base* **-kináh'y-** [ki-náh'y] [PREVB-cut]. *For example* **kakihnay'** *for one to cut* [kak=yi—] [SUB=DEFOC.AGT—]. **kináh'yah** *he has cut it* [—ah] [—PERF]. **dihnáh'yah** *he's been cut, has had surgery* [yi—ah] [DEFOC.AGT—PERF]. **hídihnay'** *he was cut, had surgery* [hít=yi—] [PAST=DEFOC.AGT—].

cut corn from the cob *verb base* **-nabahsaw'-** [na-bah-sáw'] [DIST-corn.kernel-scrape]. *For example* **kakimbahsaw'** *to cut corn from the cob* [kak=yi—] [SUB=DEFOC.AGT—]. **tumbahwwasáw'chah** *they're going to cut corn from the cob* [nu—chah] [3.BEN—intent]. **nídímbahsaw'** *that which has been cut from the cob* [nít=yi—] [PAST.GEN.PTCPL=DEFOC.AGT].

cut hair *verb base* **-bihch'ud-** [bih-ch'ud] [PREVB-cut.hair]. *For example* **kakímbihch'ut** *for one to cut someone's hair* [kak=yi-nu—] [SUB=3.DEFOC-BENFV—]. **tsímbihch'udah** *I've cut his hair* [tsi-nu—ah] [1.AGT-BENFV—PERF]. **híttsímbihch'ut** *I cut his hair* [hít=tsi-nu—] [PAST=1.AGT-BENFV—]. **híttsímbihwá:ch'ut** *we cut his hair* [hít=tsi-nu—wá—] [PAST=1.AGT-BENFV—ANIM.PL—].

cut off *verb base* **-'ikúsh-**. *For example* **'ikú:shah** *he has cut it off* [—ah] [—PERF]. **kaki'kush** *to cut something off* [kak—] [SUB—]. **dahkush** *cut it off!* [yah'—] [2.AGT].

cut off a piece *verb base* **-'awikudi'ni-** ['awi-kud-i'ni] [ABS.SG-sever-CAUS]. *For example* **kaki:wikú:din'** *to cut off a piece* [kak=yi—] [SUB=DEFOC.AGT—]. **dà:wikú:din'** *cut off a piece!* [yah'—] [2.AGT—]. **háh'áwkùnnisa'** *she's cutting off a piece* [hák—sa'] [IND— IMPFV]. **tsi:wikùnnichah** *I'm going to cut off a piece* [tsi—chah] [1.AGT—INTENT].

cut oneself *phrase* **wit tsihnáh'yah** *I've cut myself.*

cut up, slice, chop *verb base* **-'awikisi-** ['awi-kisi] [ABS.SG-cut.up]. *For example* **kaki:wikis** *to cut up* [kak=yi—] [SUB=DEFOC.AGT—]. **háh'áwkissa'** *she's cutting it up* [hák—sa'] [IND—IMPFV]. **pit'ihsichah** *they (du) are going to cut it up* [wiht—chah] [DU—INTENT]. **'áwwáhsichah** *they (pl) are going to cut it up* [—wá—chah] [—ANIM.PL—INTENT]. **dà:wikis** *cut it up!* [yah'—] [2.AGT—]. **híttsi:wikis** *I cut it up* [hít=tsi—] [PAST=1.AGT—]. **hít'áwwá:kis** *they (pl) cut it up* [hít—wá—] [PAST—ANIM.PL—]. **háh'áwwáhsisa'** *they (pl) are cutting it up* [hák—wá—sa'] [IND—ANIM.PL—IMPFV].

D

damp *adjective root* **-bah'uh**. *For example* **habah'uh** *damp* [ha—] [ADJ.PREF—].

dance *verb base* **-'awishanih-** ['awi-shanih] [circular.motion-dance]. *For example* **kah'áw:shan** *to dance* [kak—] [SUB—].

dark *noun root* **dashkuh-**. *For example* **dashkuhih** *in the dark* [—yih] [—LOC].

dark, become *phrase* **dashkuhih nasaháynah** *when it got dark.* **dashkuhih háháynihsa'** *it's getting dark.*

daughter *noun root* **háy'-**. *For example* **háy'in'** *daughter (of another person)* [—in'] [— kinsman of another person]. *See* **son, daughter, nephew, niece.**

daylight *see* **plain, visible, daylight.**

deaf person, disobedient child *noun* **sikán:dush.**

deceased, the late *clitic* **kih'a'**. *For example* **'A'ah Chuh Háy:nay kih'a'** *the late uncle Joe Haynay.*

deep *adjective root* **-ka'aw'**. *For example* **haka'aw'** *deep* [ha—] [ADJ.PREF—].

deer *noun* **dá'.**

defecate *phrase* **'idah háhyáhassa'** *he's defecating.*

Delaware (Indian) *noun* **Hapanahkih.**

Delaware (tribe) *noun* **Hapanahkiyah** *Delaware tribe* [—yah] [—POP].

delay *verb base* **-ha'naahdáh'n-** [ha'naah-dáh'n] [PREVB-delay]. *For example* **ha'na:hdáh'nah** *she has delayed* [—ah] [—PERF]. **háha'na:hdáy'sa'** *she's delaying* [hák—sa'] [IND—IMPFV]. **háha'na:hwadáy'sa'** *they're delaying* [hák—wa—sa'] [IND—ANIM.PL—IMPFV].

delicate, frail *adjective root* **-'ihah. ha'ihah** *delicate, frail* [ha—] [ADJ.PREF—].

Democratic Party *see* **eagle, Democratic Party.**

devil, the *name* **Tsah Kiyuh** *Mister Horn, the devil.*

dew *noun root* **kabah-**. *For example* **kabah'uh** *dew* [—'uh] [—NN.SUFF].

day *noun* **kahischah.**

diarrhea, have *verb base* **-katáh-** [ka-táh] [PREVB-have.diarrhea]. *For example* **kukatáhnah** *I've had diarrhea* [ku—nah] [1.PAT—PERF]. **híkkukatáhah** *I had diarrhea* [hít=ku—hah]

[PAST=1.PAT—HAB]. **hákkatáhsa'** *he's having diarrhea* [hák—sa'] [IND—IMPFV]. **hákkukatáhsa'** *I'm having diarrhea* [hák=ku—sa'] [IND=1.PAT—IMPFV]. **hákkawatáhsa'** *they (pl) are having diarrhea* [hák—wa—sa'] [IND—ANIM.PL—IMPFV]. **nah'akatáhdin'** *one uses it for having diarrhea, laxative* [nak='a—din'] [INST.SUB=DEFOC.PAT—CAUS].

die *verb base* **-yahad-** [ya-had] [PREVB-die]. *For example* **dahdah** *he has died* [—ah] [—PERF]. **hítdahat** *he died* [hít—] [PAST—]. **hítánáywá:hat** *they died* [hít-hana—wá—] [PAST-CONT—ANIM.PL—]. **hánáywáhdah** *they have died* [hana—wá—ah] [CONT—ANIM.PL—PERF].

difficulty *noun base* **dáw'uht-**. *For example* **dáw'uht'uh** *difficulty* [—'uh] [—NN.SUFF].

difficult, expensive *adjective root* **-nashi'**. *For example* **hanashi'** *difficult, expensive* [ha—] [ADJ.PREF—].

dig *verb base* **-hánnibaki-** [hán-ni-baki] [entity-DIST-dig]. *For example* **hánniwkah** *he has dug* [—ah] [—PERF]. **hítánnibah** *he dug* [hít—] [PAST—]. **háhánniwkisa'** *he's digging* [hák—sa'] [IND—IMPFV]. **háhánníwáwkisa'** *they're digging* [hák—wa—sa'] [IND—ANIM.PL—IMPFV]. **háhtsihánniwkisa'** *I'm digging* [hák=tsi—sa'] [IND=1.AGT—IMPFV]. **dáhánnibah** *dig!* [yah'—] [2.AGT—].

dig out *verb base* **-yidán'-** [yi-dán'] [PREVB-dig.out]. *For example* **háhidáy'sa'** *he's digging it out* [hák—sa'] [IND—IMPFV]. **didán'wa'** *he'll dig it out* [—wa'] [—FUT]. **dáy'dan'** *dig it out!* [yah'—] [2.AGT—]. **dáy:wá:dan'** *dig it out (pl)!* [yah'—wá—] [2.AGT—ANIM.PL—].

dig potatoes *phrase* **háhánniwkisa' 'i:'** *he's digging potatoes*.

dig up roots *verb base* **-bahnáinnidán'-** [bahnáis-na-yi-dán'] [root-DIST-PREVB-dig.up]. *For example* **háhbahnáinnidáy'sa'** *he's digging up roots* [hák—sa'] [IND—IMPFV].

dime *noun root* **hakasáh-**. **hakasáhtsi'** *dime* [ha-kasah-tsi'] [ADJ.PREF-thin-HYPO].

diphtheria *noun* **kah'umbach'inkú:din'** *that which chokes you. See* **choke, strangle. kah'umbaw'di: kah'ánnashkut** *that which swells the throat and cuts off the breath.*

dipper, soot *noun* **kápbah.**

dirt *see* **earth, dirt, clay.**

dirty *adjective* **k'adah. dí: k'adah da'ah** *this is dirty.* **k'adah kanna'ah** *it's dirty water.*

disease *noun* **hawa'in.**

disease, catch a *phrase* **hawa'in dihkáw'á:nah** *they've caught (chosen) a disease.*

dish rag *see* **wash dishes.**

dish, glass *noun* **kahwis. kahwis hákkidánkisa'** *the glass is standing on the table*

disobedient child *see* **deaf person, disobedient child.**

ditch *see* **ravine, ditch, canyon.**

dive *verb base* **-hawatnukahyuk-** [hawat-nukah-yuk] [liquid-under-enter]. *For example* **hawatnukahyukah** *he has dived* [—ah] [—PERF]. **kakihwatnukahyuh** *for one to dive* [kak=yi—] [SUB=DEFOC.AGT—]. **híttsihwatnukahyuh** *I dived* [hít=tsi—] [PAST=1.AGT—]. **hawatnukahyuhah** *he dives* [—hah] [—HAB]. **háhawatnukahyuhsa'** *he's diving* [hák—sa'] [IND—IMPFV]. **hawatnukahyuhchah** *he's going to dive* [—chah] [—INTENT].

divide *see* **fork, split, divide.**

divorce *see* **separate (intrans).**

dizzy, become *verb base* **-skúmmaínku'-** [s-kúmma-ínk-u'(nah)] [BEN-PREVB-be.dizzy-MID]. *For example* **kah'uskúmmaínku'uh** *for one to be dizzy* [kak=nu—] [SUB=3.BEN—]. **hákkuskúmmaínku'sa'** *I'm getting dizzy* [hák=ku—sa'] [IND=1.PAT—IMPFV].

dizzy, make someone *verb base* **-skúmmaínku'di'n-** [s-kúmma-ínk-u'-di'n] [BEN-PREVB-be.dizzy-MID-CAUS]. *For example* **diskúmmaínku:di'nah** *he has been made dizzy* [yi—ah] [DEFOC.AGT—PERF]. **kuskúmmáwáinku:di'nah** *it has made us dizzy* [ku—ah] [1.PAT— PERF].

do one's best. *verb base* **-witkah'a'-** [wit-kah-'a'] [-mind-inside-be.present. *For example* **kahwichah'a'** *to do one's best* [kak—'a'] [SUB—be.present].

doctor *noun* **kunah.**

dog *noun root* **dí'-. dí'tsi'** *dog* [dí'-tsi'] [dog-HYPO]. **dì:ti'ti'** *puppy* [dí'-ti'ti'] [dog-DIM].

dollar *see* **money. bíssunah** *two dollars* [bít sunah] [two dollars].

donkey *noun root* **du'u'-.** *For example* **du'u'tsi'** *donkey* [—tsi'] [—HYPO].

don't! *exclamation* **cha'ah!**

door, gate *noun root* **niswak-.** *For example* **tiswach'ah** *it's a door* [—ya'ah] [—be]. **kahniswach'ah** *that which is a door* [kak—ya'ah] [SUB—be]. **na swachih** *at the door, gate.*

door, close the *verb base* **–nakashkiyu'u-** [na-kashki-yu'u] [PREVB-door-close]. *For example* **dàn:chashkiyu'** *close the door!* [yah'—] [2.AGT—]. **tsínchashkí:'uhah** *I close the door* [tsi—hah] [1.AGT—HAB]. **kút'ánchashkíyúhah** *I don't close the door* [kú=t'a— hah] [NEG=1.AGT.IRR—HAB]. **háhnachashkí:'usa'** *he's closing the door* [hák—sa'] [IND—IMPFV].

door, open the *verb base* **-nakashkiyúk-** [na-kashki-yúk] [PREVB-door-open]. *For example* **dàn:chashkiyuh** *open the door!* [yah'—] [2.AGT—]. **híttachashkiyuh** *he opened the door* [hít—] [PAST—]. **'ánchashkíyú:kah** *was the door opened?* ['a—ah] [DEFOC.AGT.IRR—ah]. **tachashkiyúhah** *he opens the door* [—hah] [—HAB]. **háhnachashkíyúhsa'** *he's opening the door* [hák—sa'] [IND—IMPFV]. **tachashkíyúhnah** *he has opened the door* [—nah] [—PERF]. **nakínchashkiyuh** *one uses it to open the door, key* [nak=yi—] [INST.SUB=DEFOC.AGT—].

dough, cement *noun root* **káhnít-.** *For example* **káhní:t'uh** *dough, cement* [—'uh] [—NN.SUFF]. **kakkáhní:ts'ah** *that which is dough, cement* [kak—ya'ah] [SUB—be].

dough, make *verb base* **-káhnít'a'nih-** [káhnít-'a-'nih] [dough-PREVB-make]. *For example* **hákkáhnít'a'nihsa'** *she's making dough* [hák—sa'] [IND—IMPFV].

dough, standing *verb base* **-káhnít'aniki-** [káhnít-'a-niki] [dough-PREVB-be.standing]. *For example* **hákkáhnít'ánkisa'** *the dough is standing* [hák—sa'] [IND—IMPFV].

doughty *adjective* **bá:kis.**

dove *noun* **dá:hus.**

drag *verb base* **-'ini'ayahdá'n-** ['ini-'ayah-dá'n] [lying-out.of.sight-pull]. *For example* **kaki:ni:yahdan'** *to drag* [kak—] [SUB—]. **'ini:yahdá'nah** *he has dragged* [—ah] [—PERF]. **'ini:yahwadá'nah** *they have dragged* [—wa—ah] [—ANIM.PL—PERF]. **hít'ini:yahdan'** *he dragged* [hít—] [PAST—].

dress *see* **wear.**

drink *verb base* **-yahk'ah-** [yah-k'ah] [PREVB-drink]. *For example* **dahk'ahnah** *he has drunk* [—nah] [—PERF]. **pihtsahk'ahnah** *they (du) have drunk* [wiht—nah] [DU—PERF]. **dahbak'ahnah** *they (pl) have drunk* [—ba—nah] [—ANIM.PL—PERF]. **dahk'ahah** *he drinks* [—hah] [—HAB]. **háhyahk'ahsa'** *he's drinking* [hák—sa'] [IND—IMPFV]. **dahk'ahchah** *he's going to drink* [—chah] [—INTENT]. **háhyahbak'ahsa'** *they (pl) are drinking* [hák—ba—sa'] [IND—ANIM.PL—IMPFV]. **háhtsiyahk'ahsa'** *I'm drinking* [hák= tsi—sa'] [IND=1.AGT—IMPFV]. **dah'yahk'ah** *drink!* [yah'—] [2.AGT—]. **tsiyahk'ahah** *I drink* [tsi—hah] [1.AGT—HAB]. **há:yah tsú:tsu' tsiyahk'ah** *I always drink milk.*

drip, leak, bleed *verb base* **-kaskyúk-** [kask-yúk] [PREVB-use.up]. *For example* **kaschúh'a'** *it will leak* [—'a'] [—FUT]. **hákkaschúhsa'** *it's dripping, leaking, bleeding* [hák—sa'] [IND—IMPFV]. **hákkukaschúhsa'** *I'm bleeding* [hák=ku—sa'] [IND=1.PAT—IMPFV]. **kasbáyúh'a'** *they will leak* [—bá—'a'] [—ANIM.PL—FUT].

drive by (trans) *verb base* **-yánhákid-** [yán-hákid] [CAUS-pass.by]. *For example* **dánáhdah** *he has driven it by* [—ah] [—PERF].

dámmaháhdah *they have driven it by* [—wa—ah] [—ANIM.PL—PERF]. **háyámmaháhdah** *he has driven them by* [ha—wa—ah] [pl.pat—ANIM.PL—PERF].

drown (intrans) *verb base* **-kinúk-** [ki-núk] [PREVB-drown]. *For example* **hakashwánú:kah** *they (anim) have drowned* [haka—wa—ah] [INDIV—pl—PERF]. **kíwánú:kah** *they have drowned* [—wa—ah] [—ANIM.PL—PERF]. **kínú:kah** *he has drowned* [—ah] [—PERF].

drown (trans) *verb base* **-kinúkdiʼni-** [ki-núk-diʼni] [PREVB-drown-CAUS]. *For example* **kakihnúhdinʼ** *for one to drown someone* [kak=yi—] [SUB=DEFOC.AGT—].

drum *noun root* **káyʼk-**. *For example* **káykʼuh** *drum* [—ʼuh] [—NN.SUFF].

dry *adjective root* **-daki:**. **hadaki:** *dry* [ha—] [ADJ.PREF—].

dry *adjective root* **-nákih**. **háná:kih** *dry* [ha—] [ADJ.PREF—].

dry and thirsty, be *verb base* **-yánʼkad-** [yá-nʼkad] [NEXT.TO-be.dry.and.thirsty]. *For example* **kahʼáwyánʼkat** *to be dry and thirsty* [kak=ʼawi—] [SUB=ABS.SG—]. **ʼáwyàn:kadah** *he's dry and thirsty* [ʼawi—ah] [ABS.SG—PERF]. **pitniyàn:kadah** *they (du) are dry and thirsty* [wiht-ni—ah] [DU-DIST—PERF]. **háníyáwàn:kadah** *they (pl) are dry and thirsty* [hani—wá—ah] [ABS.PL—ANIM.PL—PERF]. **ku:wíyàn:kadah** *I'm dry and thirsty* [ku-ʼawi—ah] [1.PAT-ABS.SG—PERF].

dry (intrans) *verb base* **-nákihi-**. *For example* **háhnákihisaʼ** *it's drying* [hák—saʼ] [IND— IMPFV]. **híttá:kih** *it dried* [hít—] [PAST—]. **táhyah** *it has dried* [—ah] [—PERF].

dry (trans) *verb base* **-naháki'ni-** [na-hak-iʼni] [by.heat-be.dry-CAUS]. *For example* **kakínhá:kiʼn** *for one to dry something* [kak=yi—] [SUB=DEFOC.AGT—].

duck *noun* **kʼánʼ**. **kʼàn:tiʼtiʼ** *duckling* [—tiʼtiʼ] [—dim]. **kʼánʼtsiʼ** *Plains Apache* [—tsiʼ] [—HYPO].

duck dance *phrase* **kʼánʼ kahʼáw:shan** *duck dance*.

dust, ashes *noun* **ká:dih**. **kúká:dih** *dusty* [kú—] [JUST—]. **kúká:dih kutáy:ʼah** *my place is dusty*.

dye *verb base* **-nakasú'-** [na-ka-sú'] [PREVB-PREVB-dye]. *For example* **kakínchá:su'** *for one to dye something* [kak-yi—] [SUB-DEFOC.AGT—]. **tachasú'chah** *she's going to dye it* [— chah] [—intent]. **pìn:chasú'chah** *they (du) are going to dye it* [wiht—chah] [du—INTENT]. **tachawasú'chah** *they (pl) are going to dye it* [—wa—chah] [—ANIM.PL—INTENT]. **tsínchasú'chah** *I'm going to dye it* [tsi—chah] [1.AGT—intent]. **dàn:chá:su'** *dye it!* [yah'—] [2.AGT-b].

E

each one *noun* **wa'nah.**

eagle, Democratic Party *noun* **'iwi'.**

ear *noun root* **'isikah-** ['i-sikah] [PRENN-ear]. *For example* **kah'isikáy'ah** *that which is an ear* [kak—ya'ah] [SUB—be]. **kakku:sikáy'ah** *my ear* [kak=ku—] [SUB=1.PAT—].

ear, hat *noun root* **bísht-.** *For example* **bísht'uh** *ear, hat* [—'uh] [—NN.SUFF]. **kahbíshtsa'ah** *that which is an ear, hat* [kak—ya'ah] [SUB—be]. **kahbísh'náy'ah** *those which are ears, hats* [kak—na-ya'ah] [SUB—DIST-be]. **kah'abíshtsa'ah** *one's ear, one's hat* [kak='a—ya'ah] [SUB=DEFOC.PAT—be]. **kah'abísh'náy'ah** *one's ears, hats* [kak='a—na-ya'ah] [SUB=DEFOC.PAT—DIST-be]. **díy bíshtsa''ah** *this is an ear, hat* [díy —ya'ah] [this —be]. **bíshtsih** *in the ear* [—yih] [—LOC].

earache, have an *verb base* **-tsikahha'nawi'u-** [t-sikah-ha'na-wi'-'u] [BENFV-ear-PREVB-feel.pain- MID]. *For example* **híkkussikah'náw'uhah** *I had an earache* [hít=ku—hah] [PAST=1.PAT— HAB].

earth, dirt, land, clay *noun* **wá:dat.**

earthworm, stomach worm *noun* **ch'úy:dan'.**

easily *adverb* **yahwí:ti'.**

east *phrase* **kuna disk'a'** *in the direction of where the sun is.*

Easter *phrase* **yawa'i'ni nas'asbínnáw'in'** *when you hide eggs* [nas='a-sbik-na—] [GEN.COND=3.IRR-egg-DIST—].

eat *verb base* **-yiyáh-** [yi-yáh] [PREVB-eat]. *For example* **kúyyáhah** *I eat it* [ku—] [1.PAT—]. **naki'yah** *food, what you eat* [nak='i—] [INST.SUB-PREVB—]

eat a meal *verb base* **-hash'náwyáh-** [hash'náw-yáh] [meal-eat]. *For example* **hash'náwyáh'a'** *he'll eat a meal* [—'a'] [—FUT]. **pihtash'náwyáh'a'** *they (du) will eat a meal* [wiht—'a'] [DU—FUT]. **hash'náwwáyáh'a'** *they (pl) will eat a meal* [—wa—'a'] [—ANIM.PL—FUT]. **tsihash'náwyáh'a'** *I'll eat a meal* [tsi—'a'] [1.AGT—FUT]. **háhash'náwwáyáhsa'** *they're eating a meal* [hák—sa'] [IND—IMPFV]. **nakihash'náwyah** *one uses it to eat a meal, table* [nak=yi—] [INST.SUB=DEFOC.AGT].

eel *phrase* **kikah batah** *snake fish*.

egg *noun* **nibih**.

egg *noun root* **nusbik-**. *For example* **nusbik'uh** *egg* [—'uh] [—NN.SUFF]. **tusbich'ah** *is an egg* [—ya'ah] [—be].

eight *numeral* **dá:w:sikah** *three and five*.

elbow *noun* **simbiya:'ún:t'u'**.

eleven *numeral* **bínáy'ah há:yuh 'wísts'i'** *ten plus one*.

elf *noun root* **yáhyashat-**. *For example* **yáhyashattsi'** *elf* [—tsi'] [—HYPO].

emaciated person *see* **bone, iron**.

embarrassed, be *vb* **-withánwá'-** [wit-hán-wá'] [mind-anim.pat-leave]. *For example* **kahwitámma'** *to be embarrassed* [kak—] [SUB—]. **háhwitámmá'sa'** *he's embarrassed* [hák—sa'] [IND—IMPFV]. **háhwù:támmá'sa'** *they (du) are embarrassed* [hák=wiht— sa'] [IND-DU—IMPFV]. **háhwitámmáwá'sa'** *they (pl) are embarrassed* [hák—sa'] [IND— IMPFV]. **hákkú:támmá'sa'** *I'm embarrassed* [hák=ku—sa'] [IND=1.PAT—IMPFV].

ember, hot coal *noun root* **nikanút-**. *For example* **kahnikánú:ts'ah** *that which is an ember* [kak—ya'ah] [SUB—be]. **kahnikánún'nah** *those which are embers* [kak—na-ya'ah] [SUB—DIST-be].

empty (verb) *verb base* **-'awi'ahaw'-** ['awi-'a-haw'] [goal-PREVB-empty]. *For example* **kaki:wi'haw'** *to empty something* [kak=yi—] [SUB=DEFOC.AGT—]. **tsi:wi:haw'ah** *I've emptied it* [tsi—ah] [1.AGT—PERF]. **híttsi:wi'haw'** *I emptied it* [hít=tsi—] [PAST=1.AGT—]. **'áw'yah'wah** *he has emptied it* [—ah] [—PERF].

enemy *noun* **'á:kis.**

English language, white man *noun* **'ínkinishih.** From English.

enjoyable, pleasant, fun *adjective root* **–wasi:.** **hawasi:** *enjoyable, pleasant, fun* [ha—] [ADJ.PREF—].

enthused, be *verb base* **-wit'ich'ahkú'-** [wit-'i-chah-kú'] [mind-PRENN-eye-be.enthused]. *For example* **kú:t'ich'ahkú'hah** *I'm enthused* [ku—hah] [1.PAT—HAB]. **pit'ich'ahkú'hah** *he's enthused* [—hah] [—HAB]. **hak'ich'ahkú'hah** *they (pl) are enthused* [haka— hah] [INDIV—HAB]. **pì:tch'ahkú'hah** *they (du) are enthused* [wiht—hah] [DU—HAB].

evaporate *verb base* **-bashúk-.** *For example* **bashú:kah** *it has evaporated* [—ah] [—PERF]. **bashúhah** *it evaporates* [—hah] [—HAB]. **hákkambashúhsa'** *the water is evaporating* [hák=kan—sa'] [IND=kan—IMPFV].

evening *noun root* **yikún-.** *For example* **nasáykún'nah** *when it is evening* [nas=sa—ya'ah] [GEN.COND=3.AGT.IRR—be].

eye *noun root* **ch'ah-.** *For example* **ch'ah'uh** *eye* [—'uh] [—NN.SUFF]. **kah'a'ch'áy'ah** *that which is one's eye* [kak='a-'i—ya'ah] [SUB=DEFOC.PAT-PRENN—be].

eyebrow *verb base* **-ch'ahbíhda-.** [ch'ah-bíhda] [eye-?]. *For example* **kah'a'ch'ahbíhdáy'ah** *that which is an eyebrow* [kak='a-'i—ya'ah] [SUB=DEFOC.PAT-PRENN—be].

eyelash *verb base* **-ch'ahkasít-** [ch'ah-kasit] [eye-?]. *For example* **kah'a'ch'ahkasíts'ah** *that which is an eyelash* [kak='a-'i—ya'ah] [SUB=DEFOC.PAT-PRENN—be].

expensive *see* **difficult, expensive.**

explode, burst (intrans) *verb base* **-ka:dít-** [ka-:dít] [PREVB-explode]. *For example* **ka:dídah** *it has exploded* [—ah] [—PERF].

explode, burst (trans) ka:ditdi'n [ka-dit-di'n] [PREVB-explode-CAUS]. *For example* **ka:ditdi'nah** *he has exploded it* [—ah] [—PERF]. **kawa:ditdi'nah** *they have exploded it* [—wa—ah] [—PERF]. **nakika:ditdin'** *what one explodes, fireworks* [nak=yi—] [INST.SUB=DEFOC.AGT—].

Eyeish (a Caddo band), Jose Maria (a Caddo leader) *noun* **Háish.**
eyelash *noun base* **'ich'ahkasit-** ['ich'ah-kasit-] [eye-eyelash]. *For example* **kah'a'ch'ahkasits'ah** *that which is one's eyelash* [kak='a—ya'ah] [SUB=DEFOC.PAT—be].
kah'a'ch'ahkasín'nah *those which are one's eyelashes* [kak='a—na-ya'ah] [SUB= DEFOC.PAT—DIST-be].

F

face *noun root* **chánkah-.** *For example* **chánkah'uh** face [—'uh] [—NN.SUFF]. **kah'achánkáy'ah** *that which is a face* [kak='a—ya'ah] [SUB=DEFOC.PAT—be].

face paint *noun* **sisit. háwá:nu'** (Nachitoches dialect).

face (verb) *verb base* **-'awi'ich'ah'a'wad-** ['awi-'ich'ah-'a-wad] [up-eye-PREVB-face]. *For example* **kah'áw'ich'á'wat** *to face* [kak—] [SUB—].

fail *verb base* **-hánnisád-** [hán-ni-sád] [entity-DIST-fail]. *For example* **hánnisá:dah** *he has failed* [—ah] [—PERF]. **hánniwasá:dah** *they have failed* [—wa—ah] [—ANIM.PL—PERF].

fail to reach, fall short of *verb base* **-káthakidi-** [kát-hakid] [behIND-touch]. *For example* **'áwkátáhdah** *he has failed to reach it* ['awi—ah] [ABS.SG—PERF]. **háh'áwkátáhdisa'** *he's falling short of it* [hák='awi—sa'] [IND=ABS.SG—IMPFV].

fall *verb base* **-náwyánhi'-** [náwyán-hi'] [PREVB-have]. *For example* **táwyánhi'ah** *he has fallen* [—ah] [—PERF]. **pih'náwyánhi'ah** *they (du) have fallen* [wiht—ah] [DU—PERF]. **kúnáwyánhi'ah** *I have fallen* [ku—ah] [1.PAT—PERF]. **táwyánhi'wa'** *he will fall* [—wa'] [—FUT].

fall short of *see* **fail to reach, fall short of.**

famine *noun* **danhuh. danhuh kínháy:'ah** *famine time*.

fan (verb) *verb base* **-na'ún'i-** [na-'ún'i] [DIST-fan]. *For example* **din'ún:'ah** *one has fanned him* [yi—ah] [DEFOC.AGT—PERF]. **háhnawa'ún'isa'** *they're fanning* [hák—wa—sa'] [IND—ANIM.PL—IMPFV].

far (in space or time) *adverb* **tiki:.**

fart *verb base* **-'adid-** ['a-did] [PREVB-fart]. *For example* **'adi:dah** *he has farted* [—ah] [—PERF]. **sa'adit 'wín't'a'** *do you want to fart?* [sa—winit-'a'] [2.pat.irr—mind-be.present].

fast, quick *adjective root* **-káhti'**. *For example* **hakáhti'** *fast, quick* [ha—] [ADJ.PREF—].

father *noun* **'a'ah.**

father *noun root* **'ás-. 'á:sin'** *father (not of speaker)* [—in'] [—kinsman not of speaker].

father-in-law, son-in-law *noun root* **a'ipbák-.** *For example* **'ipbá:kin'** *father-in-law, son-in-law* [—in'] [—kinsman not of speaker].

father's older brother *phrase* **'a'ah ha'imay** *big father, father's older brother.*

father's older sister *phrase* **'ahay' ha'imay** *father's older sister.*

father's sister *see* **aunt, father's sister.**

father's younger brother *noun* **'a'ahti'ti'** *little father, father's younger brother.*

father's younger sister *noun* **'ahày:ti'ti'** *father's younger sister.*

fatty, greasy, tallow *adjective root* **-sáyu'**. *For example* **hasá:yu'** *fatty, greasy* [ha—] [ADJ.PREF—]. **tsú:tsu' hasá:yu'** *fatty milk, butter.* **dáshkat na hasá:yu'** *bread with fat, frybread.*

fat, bacon, suet *noun root* **kahúst-.** *For example* **kahyúst'uh** *fat, bacon, suet* [—'uh] [— NN.SUFF].

fawn dà:ti'ti' [dá'-ti'ti'] [deer-DIM].

feather *noun root* **nít-.** *For example* **ní:t'uh** *feather* [—'uh] [—NN.SUFF]. **kahní:ts'ah** *that which is a feather* [kak—ya'ah] [SUB—be]. **kahní:'náy'ah** *those which are feathers* [kak—na-ya'ah] [SUB—DIST-be].

feces *noun* **'idah.**

feel (emotionally) *verb stem* **-sín'na'a'** [-sín'-na-'a'] [-feel-DIST-be.present]. **ha'ahat** *good* **hákkusín'na'** *I am happy* [hák=ku—] [IND=1.PAT—].

feel good *see* **temperament, mood.**

feel on edge *see* **temperament, mood.**

feel pain *verb base* **-han'awikayibahw-** [han-'awi-ka-yi-bahw]
[PREVB-ABS.SG-PREVB-PREVB- perceive]. *For example*
kakihammikáybah *for one to feel pain* [kak=yi—]
[SUB=DEFOC.AGT—]. **háhammikáybáwsa'** *he's feeling pain*
[hák—sa'] [IND—IMPFV]. **háhammikáywabáwsa'** *they're
feeling pain* [hák—wa—sa'] [IND—ANIM.PL—IMPFV].
háhtsih'náwkáybáwsa' *I'm feeling pain* [hák=tsi—sa']
[IND=1.AGT—IMPFV].

female animal *noun* **ná:hay'.**

fence rail *noun root* **dáybínt-.** *For example* **dáybín:t'uh** *fence rail*
[—'uh] [—NN.SUFF].

ferment, cause to *verb base* **-kahúkdi'n-** [ka-húk-di'n] [PREVB-
ferment-CAUS]. *For example* **kakikahúhdin'** *for one to let
bread rise* [kak=yi—] [SUB=DEFOC.AGT—]. **híkkawahúhdin'**
they let it ferment [hít—wa—] [PAST—ANIM.PL—].
nídikahúhdin' *what one has let ferment* [nít=yi—]
[PAST.GEN.PTCPL=DEFOC.AGT—]. **dashkat nídikahúhdin'** *bread
that has risen.*

ferment, rise, be tanned *verb base* **-kahúk-** [ka-húk] [PREVB-
ferment]. *For example* **kahú:kah** *it has fermented, risen, been
tanned* [—ah] [—PERF]. **hákkahúhsa'** *it's fermenting* [hák—
sa'] [IND—IMPFV].

few, seldom *noun root* **kasáh-.** *For example* **kasáht'i'** *a few, seldom*
[kasáh-t'i'] [a.few-DIM]. **kúkasáht'i'** *just a few, just once in a
while* [kú-kasáh-t'i'] [just-a.few-DIM]. **kasáht'i' hánniwihah**
a few know how. **kúkasáht'i' 'áwwitah** *he just comes once in
a while.* **ná: díy kasáht'i' háyá:nuh tsí:báw:nah** *I've seen a
few of these people.* **híbakáybah kúkasáht'i' 'ínkinishih** *let
him hear English once in a while.*

field *see* **garden, field.**

fight *verb base* **-bitahsa'-** (*also* **–binahsa'-**) [bitah-sa'] [fight-?]. *For
example* **hípbitahsa'** *he fought* [hít—sa'] [PAST—].
bitahsa'chah *there's going to be a fight* [—chah] [—INTENT].
tsiwtahsa'chah *I'm going to fight* [tsi—chah] [1.AGT—INTENT].

kashshah'ì:tahsa' *don't fight (du)!* [kash-sah'-wiht—] [PROHIB-2.AGT.IRR-DU—]. **kashshàw:tahwá:sa'** *don't fight (pl)!* [kash-sah'—] [PROHIB-2.AGT.IRR—ANIM.PL—]. **bitahsa'nah** *there has been a fight* [—nah] [—PERF]. **háhbità:ni'a'** *he's fighting* [hák— 'ini-'a'] [IND—lying-be.present]. **tsiwtahsa'chah** *I'm going to fight* [tsi— chah] [1.AGT—INTENT]. **kashshàw:tahsa'** *don't fight* [kash-sah'—] [—PERF]. **binahsa'chah** *there's going to be a fight* [—chah] [—INTENT]. **binahsanah** *there has been a fight* [—nah] [—PERF].

find *verb base* **-nida'aki-** [nida-'ak] [PREVB-find]. *For example* **sahdánnida'kah** *did you find it?* [sah'-dán—PERF] [2.AGT.IRR-powder—PERF]. **tsínda:ki'a'** *I'll find it* [tsi—'a'] [1.AGT—FUT]. **tida'kah** *he has found it* [—ah] [—PERF]. **tidah'a'** *he'll find it* [—'a'] [—FUT]. **tida:ki'a'** *he'll find it* [—'a'] [—FUT]. **pìn:da:ki'a'** *they (du) will find it* [wiht—'a'] [du—FUT]. **tidáw'ah'a'** *they (pl) will find it* [—wa— 'a'] [—ANIM.PL—FUT]. **sahdánnida'kah widish** *did you find the salt?*

finger *noun root* **'isimbit-** ['i-simbit-] [PRENN-finger]. *For example* **kah'isimbits'ah** *that which is a finger* [kak—ya'ah] [SUB—be]. **kah'a:simbits'ah** *that which is one's finger* [kak='a—ya'ah] [SUB=DEFOC.PAT—be]

fingernail *noun root* **kasiw't-**. *For example* **kakkasiw'tsah** *that which is a fingernail* [kak—ya'ah] [SUB—be]. **kakkasiwnáy'ah** *those which are fingernails* [kak—na-ya'ah] [SUB—DIST-be].

finger, index *see* **pointer, index finger.**

fire *noun root* **nik-**. *For example* **nik'uh** *fire* [—'uh] [—NN.SUFF].

firefly *noun* **bankaduy'**.

firewood *noun* **nahnak'i'** *used for making fire* [nak-nak-'i'] [INST.SUB-fire-make].

fireworks *see* **explode, burst (trans).**

fire, catch *verb base* **-nabahn-** [na-bahn] [fire-catch.fire]. *For example* **híttabah** *it caught fire* [hít—] [PAST—]. **tabahnah** *it has caught fire* [—ah] [—PERF].

fire, light a; turn on a light *verb base* **-nabahn'-** [na-bahn-'] [fire-catch-CAUS]. *For example* **tabán'chah** *he's going to light the fire, turn on the* light [—chah] [—INTENT]. **háhnabáy'sa'** *he's lighting the fire, turning on the light* [hák—sa'] [IND—IMPFV]. **dám'ban'** *light the fire! turn on the light!* [yah'—] [2.AGT—].

first *adverb* **káw'nih**. **káw'nih basisihah** *first it boils*.

fish *noun* **batáh**.

fish (verb) *verb base* **-nán'kádi'ni-** [nán'-kádi'ni] [PREVB-fish]. *For example* **kakínàn:kán'nih** *for one to go and fish* [kak=yi—ih] [SUB=DEFOC.AGT—AND]. **kakínàn:ká:din'** *for one to fish* [kak=yi—] [SUB=DEFOC.AGT—]. **híttàn:ká:din'** *he fished* [hít] [PAST—]. **háhnàn:kàn:nisa'** *he's fishing* [hák—sa'] [IND—IMPFV]. **háhnàm:makàn:nisa'** *they're fishing* [hák—wa—sa'] [IND—ANIM.PL—IMPFV].

five *numeral* **di:sik'an** *it makes a hand, five*.

flag *see* **cloth, material, flag**.

flame *noun root* **bínánk-**. *For example* **bínánk'uh** *flame* [—'uh] [—NN.SUFF].

flame *see* **oil**.

flat *adjective* **kadash** *flat*..

flat object *noun root* **kadásht-**. *For example* **kakkadáshtsah** *that which is flat* [kak—ya'ah] [SUB—be].

flat against something, apply (for example a sole to a shoe) *verb base* **-kátdu'-** [katd-'yu'] [be.flat.against.something-CAUS]. *For example* **híkkátdu'** *he applied it flat against it* [hít—'a'] [IND-DIST—be.present] **hákkátdu'sa'** *he's applying it flat against it* [hák—sa'] [IND—IMPFV].

flat against something, be (for example a picture against a wall) *verb base* **-kátd-**. **hákká:da'** *it's flat against it* [hák—'a'] [IND—be.present]. **háhnachá:da'** *they're flat against it* [hák=nat—'a'] [IND=DIST—be.present].

flea *noun* **sisih**.

float *verb base* **-'icháhdaháh-** ['icháhda-háh] [floating-go]. *For example* **kaki'ch'áhdahah** *to float* [kak=yi—]

[SUB=DEFOC.AGT—]. **tsi'ch'áhdaháhnah** *I have floated* [tsi—nah] [1.AGT— PERF]. **hít'ich'áhdahah** *he floated* [hít—] [PAST—].

flour *phrase* **dashkat kahdán'nah** *bread powder, flour.*

flow (water or blood) *verb base* **-kanyakidi-** [kan-yákidi] [liquid-go.on]. *For example* **hákkannáhdisa'** *it's flowing* [hák—sa'] [IND—IMPFV]. **kannáhdi'a'** *water will flow* [— 'a'] [—FUT].

flute *noun* **nún.**

fly (insect) *noun* **k'uni'.**

fly (verb) *verb base* **-'inanayá'ah-** ['ina-na-yá'ah] [fly-DIST-roam]. *For example* **kah'ínánná'ah** *what flies around* [kak—] [SUB—].

fold *verb base* **-'awi'abidi'ni-** ['awi-'a-bid-i'ni] [circular.motion-PREVB-close-CAUS]. *For example* **kaki:wi:bí:din'** *to fold* [kak] [SUB—]. **'áw'awabín'nah** *they have folded it* [—wa—ah] [—ANIM.PL—PERF]. **háh'áw'abín:nisa'** *he's folding it* [hák—sa'] [IND—PFV]. **tsi:wi:bín:ni'a'** *I'll fold it* [tsi—'a'] [1.AGT—FUT]. **dà:wi:bí:din'** *fold it!* [yah'—] [2.AGT—]. **'áw'abín:nich'ah** *it's folded* [—t-ya'ah] [—NOM-be].

foliage *noun root* **ka'k-.** *For example* **ka'k'uh** *foliage* [—'uh] [—NN.SUFF]. **kakka'k'i'** *that which is foliage* [kak—'i'] [SUB—be.present].

follow *verb base* **-háynaháh-** [háy-na-háh] [activity-DIST-go]. *For example* **háynaháhchah** *he's going to follow* [—chah] [—INTENT]. **kakiháynahah** *for one to follow* [kak=yi] [SUB=DEFOC.AGT—]. **háynawaháhchah** *they're going to follow* [—wa—chah] [—ANIM.PL—INTENT].

follow behind *verb base* **-háynáhyún-** [háy-náh-yún] [activity-go-go.home]. *For example* **kakiháynáhyun** *for one to follow behind* [kak=yi—] [SUB=DEFOC.AGT—]. **háynáhyú:nah** *he has followed behind* [—ah] [—PERF]. **háynáhyúnchah** *he's going to follow behind* [—chah] [—INTENT]. **háynáhwáyúnchah** *they're going to follow behind* [—wa—chah] [— ANIM.PL—INTENT]. **háynáhwáyúnchah** *they're going to follow behind*

[—wa—chah] [— ANIM.PL—INTENT]. **pihtáynáhyú:nah** *they (du) have followed behind* [wiht—ah] [DU—PERF].

follow (trans) *verb base* **-tháynáhyún-** [t-háy-náh-yún] [BEN-activity-go-go.home]. *For example* **tsitáynáhyúnhah** *I follow him* [tsi—hah] [1.AGT—HAB]. **dah'utáynáhyuh** *follow him!* [yah'-nu—] [2.AGT-3.BEN—].

foot *noun root* **nás-**. *For example* **ná:suh** *foot* [—'uh] [—NN.SUFF]. **ná:shih** *in the foot* [—yih] [—LOC]. **kah'anash'ah** *foot, shoe* [kak='a—ya'ah] [SUB=PRENN—be]. **kah'ánán'nah** *feet* [kak='a—na-ya'ah] [SUB=PRENN—DIST-be]. **kah'a:nash'ah** *one's foot* [kak='a-'a—ya'ah] [SUB=DEFOC.PAT-PRENN—be].

foot get frostbitten *verb base* **-'anasnáhd-** ['a-nas-náhd] [PREVB-foor-get.cold]. *For example* **'anas'náhdah** *his foot got frostbitten* [—ah] [—PERF]. **'anas'náw'áwánáhdah** *their feet got frostbitten* [—na-wa—wa—ah] [—DIST-ANIM.PL—ANIM.PL—PERF].

foot (measure) **'wístsi' kah'a:nash'ah** *one foot*.

foot, on *adverb* **ná:wih** *on foot*.

forehead *noun root* **tsahdáh-**. *For example* **tsahdáhih** *on the forehead* [—yih] [—LOC]. **kah'a:tsahdáy'ah** *that which is one's forehead* [kak='a-'i—ya'ah] [SUB=DEFOC.PAT-PRENN—be].

foreign tribe *see* **stranger, foreigner, foreign tribe**.

forget *verb base* **-kayiwáhdi-** [ka-yi-wáhdi] [PREVB-PREVB-forget]. *For example* **káywáhdah** *he's forgotten* [—ah] [—PERF]. **kukáywáhdah** *I've forgotten* [ku—ah] [1.PAT—PERF]. **pihcháywáhdah** *they (du) have forgotten* [wiht—ah] [DU—PERF]. **káywáwáhdah** *they (pl) have forgotten* [—wa—ah] [—ANIM.PL—PERF]. **hákkáywáhdisa'** *he's forgetting* [hák—sa'] [IND—IMPFV]. **kukáywáhdi'a'** *I'll forget* [ku—'a'] [1.PAT—FUT].

fork, scissor-tailed flycatcher (Tyrannus forficatus) *noun* **kach'uh**.

fork, split, divide *verb base* **-kach'uh-** [ka-ch'uh] [PREVB-fork]. *For example* **kach'uhah** *it forks* [—hah] [—HAB]. **dakkach'uhah**

the tree forks [yak—hah] [tree—HAB]. **tihdakkach'uhah** *the river forks* [nikidak—hah] [river—HAB]. **tiyakkach'uhah** *the road forks* [niyat—hah] [road—HAB]. **hákkach'uhsa'** *it's forking* [hák—sa'] [IND—IMPFV]. **kúhniyakkach'uhsa'** *where the road forks* [kúk=niyat—sa'] [LOC.SUB=road—IMPFV].

fort *see* **soldier.**

four *numeral* **híwí'.**

fox *noun root* **súdachit-.** *For example* **súdachittsi'** *fox* [súdachit-tsi'] [fox-HYPO].

frail *see* **delicate, frail.**

fraud, charlatan *noun root* **'ibán-. 'ibán:tsi'** *fraud, charlatan.* [—tsi'] [—HYPO].

freeze *see* **cold, get; freeze.**

freeze (intrans) *verb base* **-kittús-** [ki-ttús] [PREVB-freeze]. *For example* **kittú:sah** *it has frozen* [—ah] [—PERF]. **kittús'a'** *it will freeze* [—'a'] [—FUT].

freeze (trans) *verb base* **-kittúsdi'n-** [ki-ttús-di'n] [PREVB-freeze-CAUS]. *For example* **hít'ánátdin'** *he froze it* [hít—] [PAST—]. **dà:nátdin'** *freeze it!* [yah'—] [2.AGT—]. **kiwattúsdin'chah** *they're going to freeze it* [—wa—chah] [—ANIM.PL—INTENT].

Frenchman *noun* **Ká:nush.** From the last two syllables of Mexicanos.

Friday *phrase* **di:sik'an haishuh** *five straight, Friday.*

fried corn mush *phrase* **káttabíniki nídikáttabí:nih** *they're stirring the water* [nít=yi—] [PAST.GEN.PTCPL=DEFOC.AGT—]. Literally *what you stir with liquid. See* **stir.**

friend, ally, Wichita *noun* **táy:sha'.** Source of the name Texas.

frog *noun* **kidu'.**

frown *verb base* **-'ich'ahdak'unih-** ['i-ch'ah-dak'unih] [PRENN-eye-frown]. *For example* **'ich'ahdak'unihnah** *he has frowned* [—nah] [—PERF]. **'ich'ahwadak'unihnah** *they have frowned* [—wa—nah] [—ANIM.PL—PERF]. **hít'ich'ahdak'un** *he frowned* [hít—] [PAST—]. **háh'ich'ahdak'unihsa'** *he's frowning* [hák—sa'] [IND—IMPFV]. **'ich'ahdak'únnu'nah** *he has* *frowned* [—nu'-nah] [—MID-PERF]. **'ich'ahwadak'únnu'nah** *they have frowned* [—wa—nu'-nah] [—ANIM.PL—MID-PERF].

fruit, plum *noun* **ka'ás.**

fruit pit *phrase* **ka'as kahnachíyú:ts'ah.**

fry *verb base* **-nahási'ni-** [na-has-i'ni] [by.heat-fry-CAUS]. *For example* **kakínhá:sin'** *for one to fry* [kak=yi—] [SUB=DEFOC.AGT—]. **tahás'nah** *she has fried it* [—ah] [—PERF]. **háhnahás'nisa'** *she's frying it* [hák—sa'] [IND—IMPFV]. **háhnawahás'nisa'** *they're frying it* [hák—wa—sa'] [IND—ANIM.PL—IMPFV]. **dàn:há:sin'** *fry it!* [yah'—] [2.AGT—].

frybread *see* **fatty, greasy.**

Ft. Cobb, Oklahoma, *also* **Ft. Sill. Na Sún:dah** *soldier place.*

Ft. Sill Apache *noun* **'Ishikwite.**

full, be *verb base* **-'awi'ddan-** ['awi-'ddan] [ABS.SG-be.full]. *For example* **'áwíddan** *it's full.* **kat'íddan** *it's full of water* [kan—] [liquid—]. **dat'íddan** *it's full of flour* [dan—] [flour—]. **'áwííddanahyah** *it's gotten full* [—nahy-ah] [—become-PERF]. **'áwídda'ná'yah** *he has filled it* [—'ná'y-ah] [—CAUS-PERF]. **'áwíddawa'ná'yah** *they have filled it* [—wa—'ná'y-ah] [—ANIM.PL-CAUS-PERF].

full from eating *adjective root* **binda-.** *For example* **bindáynahyah** *he's gotten full* [—yi-nahy- ah] [—PREVB-become-PERF]. **kubindáynahyah** *I've gotten full* [ku—yi-nahy-ah] [1.PAT—PREVB-become-PERF]. **bindáwáynahyah** *they've gotten full* [—wa-yi-nahy-ah] [—ANIM.PL-PREVB-become-PERF]. **kubindáynih'a'** *I'll get full* [ku—yi-nih-'a'] [1.PAT—PREVB-become-FUT].

fun *see* **enjoyable, pleasant, fun.**

furrow *verb base* **-tkahyat-** [t-kahyat] [BENFV-ravine]. *For example* **kahuchahyats'ah** *furrow* [kak=nu—ya'ah] [SUB=3.BEN—be]. **kahuchahyan'nah** *those which are furrows* [kak=nu—na-ya'ah] [SUB-3.BEN—DIST-be].

G

gambler, be *see* **lay on top of something.**

gar *noun* **sawa'.**

garden, field *noun root* **naht-.** *For example* **naht'uh** *garden, field* [—'uh] [—NN.SUFF]. **ha'imay naht'uh** *big field.* Communal garden when Caddos first settled in Anadarko.

gate *see* **door, gate.**

gather, assemble *verb base* **-danu'u-** [da-nu'u] [hanging-MID]. *For example* **háhdáwán'usa'** *they're gathering, assembling* [hák=da-wa—nu'u-sa'] [IND=hanging—ANIM.PL—MID- IMPFV].

German *noun* **Dáchiman.** From Dutchman.

get something over with *verb base* **-t'anákid-** [t-'a-nákid] [BENFV-PREVB-come.to.the.end]. *For example* **tut'ánáhdah** *he has gotten it over with* [nu—ah] [3.BEN—PERF]. **tut'áwánáhdah** *they have gotten it over with* [nu—wa—ah] [3.BENFV—ANIM.PL—PERF].

get up from a lying position *verb base* **-'iniháy-** ['ini-háy] [lying-rise]. *For example* **kaki:nihay** *to get up from a lying position* [kak] [SUB]. **'ínhá:yah** *he got up* [—ah] [—PERF]. **'ínháychah** *he's going to get up* [—chah] [—INTENT]. **'ímmahá:yah** *they have gotten up* [—wa—ah] [—ANIM.PL—PERF]. **dà:nihay** *get up!* [yah'—] [2.AGT—].

ghost *noun* **kahyuh.**

ghost dance *noun* **nanissá:nah.**

girl *noun* **náttihtsi'** [náttih-tsi'] [woman-HYPO].

give something to someone *verb base* **-'ahih-** ['a-hih] [PREVB-give]. *For example* **'ahihah** *he has given it to him* [—ah] [—PERF]. **pahihah** *he has given it to them* [wa—ah] [ANIM.PL—PERF]. **tsi'ihah** *I have given it to him* [tsi—ah] [1.AGT—PERF]. **háh'ahihsa'** *he's giving it to him* [hák—sa'] [IND—IMPFV]. **háhwahihsa'** *he's giving it to them* [hák=wa—sa'] [IND=ANIM.PL—IMPFV]. **'ahihchah** *he's going to give it to him* [—chah] [—INTENT]. **pahihchah** *he's going to give it to them*

[—chah] [—INTENT]. **dahkuhih** *give it to me!* [dahku—]
[2.AGT/1.PAT—]. dah'ih give it to her! [yah'—] [2.AGT—].

gizzard *noun* **mikis.**

glass *see* **dish, glass.**

gnat *noun* **hi'ut.**

go *verb base* **-'adih-** ['a-dih] [PREVB-go]. *For example* **tsi:dih'a'** *I'll go* [tsi—'a'] [1.AGT—FUT]. **'adih'a'** *he'll go* [—'a'] [—FUT]. **hít'i:'at** *he went* [hít='i—] [PAST=PREVB—]. **hít'awat** *they went* [hít—wa—] [PAST—ANIM.PL—]. **híttsi'yat** *I went* [hít=tsi-'i—] [PAST=1.AGT- PREVB—]. **'adih'a'** *he'll go* [—'a'] [—FUT]. **'awadih'a'** *they'll go* [—wa—'a'] [—ANIM.PL—FUT]. **dah'yat** *go!* [yah'-'i—] [2.AGT-PREVB—]. **t'a:dihah** *am I going?* [t'a—hah] [1.AGT.IRR—HAB]. **kúydà:dihah** *where are you going?* [kúy=yah'—hah] [WHERE?=2.AGT—hab]. **sa:dihchahah** *is he going?* [sa—chah-hah] [3.AGT.IRR—INTENT-HAB]. **dah'ya'** *come here!* [yah'—] [2.AGT—]. **kúhnámmiht'a' tsi:dihah** *I'm going to town.* **kúhaishuh dah'yat** *go straight ahead!*

go ahead! let's go! *exclamation* **'ana'.**

go by *verb base* **-'ihákid-** ['i-hákid] [PREVB-go.by]. *For example* **kaki:yá:kit** *to go by* [kak=yi—] [SUB=DEFOC.AGT—]. **hít'ihá:kit** *he went by* [hít—] [PAST—]. **paháhdah** *they went by* [wa—ah] [ANIM.PL—PERF].

go home *verb base* **-hahyún-** [hah-yún] [PREVB-go.home]. *For example* **hahyú:nah** *he has gone home* [—ah] [—PERF]. **hítahyuh** *he went home* [hít—] [PAST—]. **hahyún:chah** *he's going to go home* [—chah] [—INTENT]. **dáhahyuh** *go home!* [yah'—] [2.AGT—].

go out (fire or light) *verb base* **-nakyúk-** [nak-yúk] [fire-use.up]. *For example* **tachú:kah** *it has gone out* [—ah] [—PERF].

go through, graduate *verb base* **-natkayiwataki-** [nat-ka-yi-watak] [BEN-PREVB-PREVB-appear]. *For example* **kakincháywatah** *for one to go through, graduate* [kak=yi—] [SUB=DEFOC.AGT—]. **túncháywakkah** *he has gone through, graduated* [nu—ah] [3.BEN—PERF]. **híttúncháywatah** *he went through through,* *graduated* [hít=nu—] [PAST=3.BEN—]. **híttsíncháywatah** *I went through through, graduated* [hít=tsi—] [PAST=1.AGT—]. **túncháywakki'a'** *he'll go through, graduate* [nu—'a'] [3.BEN—FUT]. **tisáncháywakkah** *he has gone through the house* [nisah—ah] [house—PERF].

goat *noun* **'wán'ki'**.

God *phrase* **'a'ah há:yuh** *father above*.

good *adjective root* **-'ahat. ha'ahat** *good* [ha—] [ADJ.PREF—]. **ha'ahatshah** *better* [ha—shah] [ADJ.PREF—MORE]. **háyshi' ha'ahat** *best*. **Kúha'ahat?** *just good*, said as a greeting, with the response **'Ahay** *Yes*.

Good luck! *phrase* **Hanih 'itsi'!** *Good luck, do your best!* Said to someone entering a race, or leaving for a meeting to represent the tribe.

good-natured, be *see* **temperament, mood.**

goose *noun* **kay'**.

gourd *noun* **kúy:náy**.

gourd, stinking *noun* **k'ashuhbát. k'ashuhbátti'ti'** *summer squash* [—ti'ti'] [—DIM].

grab, catch *verb base* **-'awida'kuh-** ['awi-da'-kuh] [ABS.SG-PREVB-grab]. *For example* **kaki:wida'kuh** *to grab, catch* [kak=yi—] [SUB=DEFOC.AGT—]. **'awda:kuhchah** *he's going to grab it* [—chah] [—INTENT]. **'awda:wakuhchah** *they're going to grab it* [—wa—chah] [—wa—INTENT]. **tsi:da:kuhchah** *I'm going to grab it* [tsi—chah] [1.AGT—INTENT]. **pit'ida:kuhchah** *they (du) are going to grab it* [wiht—chah] [DU—INTENT].

Gracemont, Oklahoma *phrase* **kahdí:ti' kúhnámmiht'a'** *middle town*.

grandfather (not of speaker) *noun root* **bák-. bá:kin'** *grandfather* [—in'] [—kinsman not of speaker].

grandfather *noun* **'ibat**. *Also* **'i'wan**.

grandfather sun *phrase* **'ibat sak'uh**.

grandmother *noun* **'ika'**.

grandmother (not of speaker) *noun* **ká:'an'. ká'an'chi'** *grandchild* *of a woman* [—chi'] [—dim].

grandmother's brother *phrase* **'ibáh ha'imay** *big mother's brother.*

grape *noun* **na'ah.**

grasshopper *noun* **tanat.**

grass, hay *noun* **k'uhut. k'uhut suhih** *prairie grass.*

grate *verb base* **-nada'yuh-** [nu-da'-yuh] [BEN-PREVB-rub]. *For example* **kakínda'yuh** *for one to grate* [kak=yi—] [SUB=DEFOC.AGT—]. **híttúnda'yuh** *she grated it* [hít=nu—] [PAST=3.BEN—]. **híttúnda:wá:yuh** *they grated it* [hít=nu—wá—] [PAST=3.BEN—ANIM.PL—]. **háhúnda:yuhsa'** *she's grating it* [hák=nu—sa'] [IND=3.BEN—IMPFV]. **nídínda'yuh** *what's been grated, grated corn* [nít=yi—] [PAST.GEN.PTCPL-DEFOC.AGT].

gravy *noun root* **bán-**. *For example* **kahbán:a'ah** *that which is gravy* [kak—ya'ah] [SUB—be]. **háhbán:'a'** *there is gravy* [hák—'a'] [IND—be.present].

gray *adjective root* **-'úsu'**. *For example* **ha'ú:su'** *gray* [ha—] [ADJ.PREF—].

gray-haired person *noun* **bikay'**.

greasy *see* **fatty, greasy.**

green *adjective* **bahnushá:hah.**

green, blue, tender, unripe *adjective root. For example* **hasahk'uh** *green, blue, tender, unripe* [ha—] [ADJ.PREF—].

groan *see* **roar, groan.**

groin *noun root* **kaskís-**. *For example* **kaskí:shih** *in the groin* [—yih] [—LOC].

groove, notch *phrase* **dákká'wisk nídidákká'wis** *what one has cut a chunk out of* [nít=yi—] [PAST.GEN.PTCPL=DEFOC.AGT—].

gum *see* **tar, gum.**

gun *noun* **da'chah. da'chahti'ti'** *pistol* [—ti'ti'] [—DIM]. **da'chah ha'imay** *cannon.* **da'chah kah'ich'ánnah** *gun shells* (small round objects).

H

habit, be in the *verb base* **-nakahya'ah-** [na-kah-ya'ah] [DIST-inside-be]. *For example* **'áwnacháy'ah** he's in the habit (of) ['awi] [ABS.SG—]. **ku:wíncháy'ah** I'm in the habit (of) [ku-'awi—] [1.PAT-ABS.SG—]. **háninchahyá:bah** they're in the habit (of) [hani—wa—] [ABS.PL—ANIM.PL—].

hackberry *noun* **basnat**. Used for corn baskets and sieves.

hail *noun* **kas**.

hair *noun* **ba'at**.

hair *noun root* **biyút-**. *For example* **kahbíyú:ts'ah** that which is a hair [kak—ya'ah] [SUB—be]. **háhbíyùn:ni'sa'** he has hairs [hák—na-'í'-sa'] [IND—DIST-have-IMPFV]. **hadiba' bíyùn:na'ah** she has long hair.

half, middle *adjective* **kahdí:ti'**.

half hour *phrase* **kahdí:ti' kah'há:kit**.

half moon *phrase* **kahdí:ti' nish**.

hammer (verb) *verb base* **-kisá'-** [ki-sá'] [PREVB-pound]. *For example* **kakihsa'** for one to hammer [kak=yi—] [SUB=DEFOC.AGT—]. **nakihsa'** one uses it to hammer, hammer (noun) [nak=yi—] [INST.SUB=DEFOC.AGT—].

hand *noun root* **sik-**. *For example* **kah'a:sich'ah** hand [kak='a—ya'ah] [SUB=PRENN—be]

handgame *verb base* **da'náwtsus** [da'náw-tsus] [?-?]. *For example* **háhda'náwtsussa'** he's playing handgame [hák—sa'] [IND—IMPFV].

handgame counters *phrase* **nakida'náwtsus kahakánnah** sticks used for playing handgame.

handicapped (physically) *adjective root* **-dawánuh**. *For example* **hadáwá:nuh** handicapped [ha—] [ADJ.PREF—].

handkerchief, bandana *noun* **háyníwántsi'**

handle (of ax or hoe) *noun root* **húmbidúk- kahúmbidú:ch'ah** that which is a handle [kak—ya'ah] [SUB—be].

handle (of a cup) *noun root* **'itsuyt-** *For example* **kah'itsúytsah** that which is a handle [kak—ya'ah] [SUB—be].

hands, enjoy using one's *verb base* **-'isidátwa'-** ['i-si-dát-wa'] [PRENN-hand-PREVB-know]. *For example* **háh'isdáppa'sa'** *he's enjoying using his hands* [hák—sa'] [IND—IMPFV]. **'isdáppa'hah** *he enjoys using his hands* [—hah] [—HAB]. **ku:sidáppa'hah** *I enjoy using my hands* [ku—hah] [1.PAT—HAB]. **ku:sidáppa'hah náná nat'a'na'** *I enjoy using my hands when I do that.*

hang (intrans) *verb root* **da-**. *For example* **háhda'a'** *it's hanging* [hák—'a'] [IND—be.present]. **dáy:'ah** *it's hanging* [—ya'ah] [—be].

hang (trans) *verb base* **-dayu'-** [da-yu'] [hanging-CAUS]. *For example* **kakitdu'** *for one to hang something* [kak=yi—] [SUB=DEFOC.AGT—]. **dáy'ah** *he has hung it* [—ah] [—PERF]. **dáwáy'ah** *they have hung it* [—wa—ah] [—ANIM.PL—PERF]. **dáy'ah** *he has hung it* [— ah] [—PERF]. **tsitdu'ah** *I have hung it* [tsi—ah] [1.AGT—PERF]. **hítdayu'** *he hung it* [hít—] [PAST—]. **háhdáy'usa'** *he's hanging it* [hák—sa'] [IND—IMPFV]. **dáy'u'a'** *he'll hang it* [—'a'] [—FUT]. **dátdu'** *hang it!* [yah'—] [2.AGT—].

happen again, recur *verb base* **-hánhún-** [hán-hún] [entity-return]. *For example* **hánhún:dah** *it has happened again* [—ah] [—PERF]. **hánhúysa'** *it is happening again* [—sa'] [— IMPFV]. **hánnahún:dah** *things have happened again* [—na—ah] [—DIST—PERF].

hard *see* **tough, hard.**

hat *see* **ear.**

have *verb base* **-thaháy'-** [t-ha-háy'] [BEN-space-exist]. *For example* **kakkún:t'a'** *that which I have* [kak=ku—] [SUB=1.PAT—]. **kut-'ihah** *I have* [ku—hah] [1.PAT—HAB]. **kutaháy'nah** *I have had* [ku—nah] [1.PAT—PERF]. **kutaháy'chah** *I'm going to have* [ku—chah] [1.PAT— INTENT].

have inside *verb base* **-nkah'ni'-** [nu-kah-'ni'] [BENFV-inside-have]. *For example* **kahunchah'ni'** *what it has inside* [kak=nu—] [SUB=3.BEN—].

hawk *noun* **kahakáw'ah**.

hay *see* **grass, hay**.

head *noun root* **k'ánt-**. *For example* **k'án:t'uh** head [—'uh] [—NN.SUFF]. **kakk'ántsa'ah** *that which is a head, postage stamp* [kak—ya'ah] [SUB—be]. **kakk'án'áy'ah** *those which are heads, cabbages* [kak—na-ya'ah] [SUB—DIST-be]. **kakk'án:t'an** *number of heads* [kak— 'an] [SUB—make]. **kah'ak'ántsa'ah** *that which is one's head* [kak='a—ya'ah] [SUB=DEFOC.PAT—be]. **kakkuk'ántsa'ah** *that which is my head* [kak=ku—ya'ah] [SUB-1.PAT— be]. **k'án:tsih** *in the head* [—yih] [—LOC].

head, top of the *noun root* **dahsu't-**. *For example* **kahdahsu'tsah** *top of the head* [kak—ya'ah] [SUB—be]. **kúhdahsu't'a'** *on the top of the head* [kúk—'a'] [LOC.SUB—be.present].

headache, have a *verb base* **-tkánthanwi'-** [t-kánt-han-wi'] [BENFV-head-PREVB-feel.pain]. *For example* **kuch'ántammi'nah** *I've had a headache* [ku—ah] [1.PAT—PERF]. **híkkuch'ántammi'hah** *I had a headache* [hít=ku—hah] [PAST=1 PAT—HAB].

hear *verb base* **-bakayibahw-** [baka-yi-bahw] [speech-PREVB-perceive]. *For example* **sàw:káybah** *do you hear?* [sah'—] [2.AGT.IRR—]. **yu:káybah** *asking for* [yu—] [DEFOC.BEN.IRR—]. **hísiwchibah** *let him hear you* [hí=si—] [hort=2.pat—]. **hákiwchibáw:sa'** *one hears him* [hák=yi—sa'] [IND=DEFOC.AGT—IMPFV]. **nattsiwchibáwnah** *after I heard it* [nat=tsi—nah] [TEMP.SUB=1.AGT—PERF]. **nappì:chibáwnah** *after they (du) heard it* [nat=wiht—nah] [TEMP.SUB=DU—PERF]. **hípbakáybah** *he heard it* [hít—] [PAST—].

heart *noun* **mán**.

hearts (suit in cards) *phrase* **mán hatinu'** *red heart*.

heaven *phrase* **kiwat ha'imay** *big home*.

heavy, slow *adjective root* **-dínhu'**. *For example* **hadín:hu'** *heavy, slow* [ha—] [ADJ.PREF—].

hell *phrase* **na tsah kiyuh** *at the devil*.

help *verb base* **-'awikahyuhn-** ['awi-kah-yuhn] [goal-inside-help].
For example **kut'ikahyún:nah** *he has helped me* [ku-t—nah]
[1.PAT-BENFV—PERF]. **háyá:nuh haká:yu' hachah
kut'ikahyún:nah** *the white man at least helped me.*

hemp, bear grass, soap weed *noun* **siw.**

here *adverb* **dítti'.**

here you are! *exclamation* **dihíy.**

hiccup *verb base* **-nik'uhts'i'-** [ni-k'uhts'i'] [PREVB-hiccup]. *For
example* **híttik'uhts'i'** *he hiccupped* [hít—] [PAST—].
háhnik'uhts'i'sa' *he's hiccupping* [hák—sa'] [IND—IMPFV].
háhniwak'uhts'i'sa' *they're hiccupping* [hák—wa—sa']
[IND—ANIM.PL—IMPFV].

hickory *noun* **nah.**

hide (noun) *see* **book, paper, hide, sheet metal.**

hide (trans) *verb base* **-yawa'i'ni-** [ya-wa'i-'ni] [PREVB-hide-CAUS].
For example **dáw'intsah** *it's hidden* [—t-ya'ah] [—NOM-be].
dáwáw'in'chah *they (pl) are going to hide it* [—wa— chah]
[—ANIM.PL—INTENT].

hide, skin *noun root* **kadán-** *For example* **kadán'nuh** *hide, skin* [—
'uh] [—NN.SUFF]. **kakkadán'nah** *that which is hide, skin*
[kak—ya'ah] [SUB—be]. **kah'akadán'nah** *that which is one's
skin* [kak='a—ya'ah] [SUB=DEFOC.PAT—be].
kakkadánnahní:'ah *those which are hides* [kak—na-hani-
ya'ah] [SUB—DIST-ABS.PL-be].

hill *noun root* **hámmú's-.** *For example* **kúhámmú'sa'** *where the hill
is* [kúk—'a'] [LOC.SUB—be.present].

hill, church, Sunday, Christian *noun* **'íniku'.**

hillside forest *noun root* **dahdín-.** *For example* **dahdínnih** *in the
hillside forest* [—yih] [—LOC].

hip, hip bone *verb* **kah'anáhsikahbíshtsah** *that which is a hip bone.*

hiss *verb base* **-hisih-** [hi-sih] [PREVB-hiss]. *For example* **kakihsih** *to
hiss* [kak—] [SUB—]. **hisihnah** *it has hissed* [—nah] [—PERF].
hawasihnah *they have hissed* [—wa—nah] [— ANIM.PL—
PERF]. **háhisihsa'** *it's hissing* [hák—sa'] [IND—IMPFV].

hit *verb base* **-bi'ni-** ['i-bi'ni] [PREVB-hit]. *For example* **hít'i:bin'** *he hit it* [hít-'i—] [PAST-PREVB—]. **'íw'nah** *he has hit it* ['i—ah] [PREVB—PERF]. **háh'íw'nisa'** *he's hitting it* [hák-'i— sa'] [IND-PREVB—IMPFV]. **'íw'ni'a'** *he'll hit it* ['i—'a'] [PREVB—FUT]. **páwáw'ni'a'** *they'll hit it* [wa—wa—'a'] [ANIM.PL-ANIM.PL—FUT].

hoe *noun* **hawa'in.**

hoe *verb base* **-nuda'chahk-** [nu-da'-chahk] [BENFV-PREVB-hoe]. *For example* **kakínda'chah** *for one to hoe* [kak=yi—] [SUB=DEFOC.AGT—]. **túnda:chahkah** *he has hoed* [nu—ah] [3.BEN— PERF]. **háhúnda:chahsa'** *he's hoeing* [hák=nu—sa'] [IND=3.BEN—IMPFV]. **háhúnda:bachahsa'** *they're hoeing* [hák=nu—wa—sa'] [IND=3.BEN—ANIM.PL—IMPFV]. **túnda:chahchah** *he's going to hoe* [nu—chah] [3.BEN—INTENT].

hold in one's arms *verb base* **-dawat'án-** [da-wat'án] [hanging-hold.in.one's arms]. *For example* **dáwt'á:nah** *she has held it in her arms* [—ah] [—PERF]. **kakippat'á:nih** *for one to go and hold somethingt in one's arms* [kak=yi—ih] [SUB=DEFOC.AGT—AND]. **hítdáwt'ánhah** *she held it in her arms* [hít—hah] [PAST—HAB]. **háhdáwáwt'áysa'** *they're holding it in their arms* [hák—wa—sa'] [IND—ANIM.PL—IMPFV].

hole *noun root* **hámmak-** *For example* **hámmak'uh** *hole* [—'uh] [—NN.SUFF]. **kahámmachah** *that which is a hole* [kak—ya'ah] [SUB—be]. **kahámman'nah** *those which are holes* [kak—na-ya'ah] [SUB—DIST-be].

home, homestead *noun* **kiwat.**

hominy *noun* **kinih.**

hominy, blackbird *phrase* **kinih ká:shuh** *blackbird hominy.*

hominy, coarse-grained *phrase* **kinih kishwán:t'uh** *coarse-grained hominy.*

hominy, lye *noun* **kihch'ut.**

honey, honeybee *noun* **wá:'ah.**

hoof *noun root* **náw'k'ut-**. *For example* **náw'k'ut'uh** *hoof* [—'uh] [—NN.SUFF].

horn, spoon *noun* **kiyuh**.

horse *noun* **dì:tamah**.

horse *noun* **káwá:yuh**. From Spanish caballo.

horse nettle *noun* **dan'kas**.

hospital *see* **cure (make well)**.

hot *adjective root* **-tidu'**. *For example* **hatidu'** *hot* [ha—] [ADJ.PREF].

hour *see* **pass by, touch**.

house *noun root* **nisah-**. *For example* **kahnisáy'ah** *that which is a house* [kak—ya'ah] [SUB— be]. **kúhnisah'a'** *at the house* [kúk—'a'] [LOC.SUB—be,present]. **kúhnuysah'a'** *at his house* [kúk=nu—'a'] [LOC.SUB=3.BEN—be,present]. **kúhnu'i'sah'a'** *at their (du) house* [kúk=nu-wiht—'a'] [LOC.SUB=3.BEN-DU—be,present]. **kúkaysah'a'** *at your house* [kúk=a— 'a'] [LOC.SUB=2.PAT—be.present]. **kúkkuysah'a'** *at my house* [kúk=ku—'a'] [LOC.SUB=1.PAT—be,present]. **kúh'u'í:sah'a'** *at our (in pl) house* [kúk='u—'awáw-'a'] [LOC.SUB=DEFOC.PAT—ANIM.PL-be.present]. **kúhnuysá:wá:wa'** *at their (pl) house* [kúk=nu—'awáw- 'a'] [LOC.SUB=3.BEN—ANIM.PL-be.present]. **kúkaysá:wá:wa'** *at your (pl) house* [kúk=a— 'awáw-'a'] [LOC.SUB=2.PAT—ANIM.PL-be.present].

hungry, become *verb base* **-nah'núh-** [nah'-núh] [PREVB-become.hungry]. *For example* **kah'anah'nuh** *for one to become hungry* [kak='a—] [SUB=DEFOC.PAT—]. **tah'núhnah** *he has become hungry* [—nah] [—PERF]. **híttah'nuh** *he became hungry* [hít—] [PAST—]. **híttah'núhah** *he gets hungry* [hít—hah] [PAST—HAB]. **tahbánúhah** *they get hungry* [— wa—hah] [—ANIM.PL—HAB]. **háhnah'núhsa'** *he's being hungry* [hák—sa'] [IND— IMPFV]. **háhnahbánúhsa'** *they're being hungry* [hák—wa—sa'] [IND—ANIM.PL—IMPFV]. **hákkunah'núhsa'** *I'm being hungry* [hák=ku—sa'] [IND=1.PAT—IMPFV]. **hákkunahbánúhsa'** *we're being hungry* [hák=ku—wa—sa'] [IND=1.PAT—ANIM.PL— IMPFV].

hunt *verb base* **-háywaʼdih-** [háy-waʼdih] [event-hunt]. *For example* **híttsiháywaʼdih** *I hunted* [hít=tsi—] [PAST=1.AGT—]. **háháywa:dihsaʼ** *he's hunting* [hák—saʼ] [IND—IMPFV].

hurry up! *exclamation* **hashuwah!**

hurt oneself *verb base* **-yúsʼu-** [yús-ʼu] [have.an.accident-MID]. *For example* **diyúsʼunah** *he hurt himself* [yi—nah] [DEFOC.AGT—PERF].

husk *noun root* **bakʼusht-**. *For example* **bakʼushtʼuh** *'husk'* [—ʼuh] [—NN.SUFF]. **kahbakʼushʼnáyʼah** *husks* [kak—na-yaʼah] [SUB—DIST-be]. **kisiʼ kahbakʼushʼnáyʼah** *corn husks*.

Háynay (a Caddo band) *noun* **Háy:nay**.

I

I don't know *exclamation* **núkkaʼ**.

I understand, go ahead with what you were saying *exclamation* **híːʼih** *I understand* **híːʼih tsímbakaʼ** *I understand I told him*.

icebox hinah nahʼitúnchahsaʼ *it's used to put ice in*.

ice, snow *noun* **hinah**.

in *see* **at, in, on**.

in front, the best *adverb* **-káʼkah kúkáʼkah** *right in front, the best* [kú—] [JUST—]. **díy kúkáʼkah** *this is the best*. **kúkáʼkah haʼahat** *it's especially good*. **díː kúkáʼkah tiswachʼah** *this is the front door*.

in the direction of *preposition* **kuna**.

in the way, be *verb base* **-háybíhn-** [háy-bíhn] [activity-carry.on.the.back]. *For example* **háháybíːsaʼ** *he's in the way* [hák—saʼ] [IND—IMPFV]. **háybín:hahʼ** *he's always in the way* [—hah] [—HAB]. **naháybih** *what is used for being in the way, apron* [nak—] [INST.SUB—].

Indian. háyáːnuh hatinuʼ *red person, Indian*.

indian perfume *phrase* **habitsaw kakkasánnaʼah** *sweet weed, indian perfume*.

individual *noun root* **hán-**. *For example* **hánna'ahchah** *he's going to be the one* [—ya'ah-chah] [—be-INTENT]. **hánna'ah** *it is it* [—ya'ah] [—be].

indoors, inside *adverb* **sa'kah**.

insect *see* **thing, insect**.

inside, be *verb base* **-kah'ini'a'** [kah-'ini-'a'] [inside-lying-be.present]. *For example* **hákkà:ni'a'** *he's inside* [hák—] [IND—]. **háhtsikà:ni'a'** *I'm inside* [hák=tsi—] [IND=1.AGT—]. **háhnachà:ni'a'** *they (pl) are inside* [hák=na-t—] [IND=ABS.PL-BENFV]. **háhwìn:chà:ni'a'** *they (du) are inside* [hák=wiht-na-t—] [IND=DU-ABS.PL-BENFV—].

intact, whole, pure *noun root* **dúnk-**. *For example* **dún:k'uh** *something intact, whole, pure* [—'uh] [—NN.SUFF].

intestines *noun root* **nahch-**. *For example* **nahch'uh** *intestines* [—'uh] [—NN.SUFF].

invite somebody *see* **pull toward oneself, invite somebody**.

in, be *verb base* **-kahsa'-**. *For example* **kakkahsa'** *to be in* [kak—] [SUB—]. **híkkahsa'** *he was in* [hít—] [PAST—].

in, put *verb base* **-wani'-**. *For example* **káwni'ah** *he's put it in* [—ah] [—PERF]. **híkkáwni'** *he put it in* [hít—] [PAST—]. **híttacháwni'** *he put them in* [hít=na-t—] [PAST=DIST-BENFV—]. **híttsíacháwni'** *I put them in* [hít=tsi-na-t—] [PAST=1.AGT-DIST-BENFV—]. **hákkáwni'sa'** *he's putting it in* [hák=kah—sa'] [IND=inside—]. **kakichappan'** *for one to put liquid in* [kak=yi-t-kan—] [SUB=DEFOC.AGT-BENFV-liquid—].

Iowa (Indian) *noun* **'Ayuway**.

iron *see* **bone, iron**.

itch, mange *noun* **ká:hay**.

J

Jack (playing card) *noun* **sú:tah**.

jaw *noun root* **chámmis-**. *For example* **chámmishih** *on the jaw* [—yih] [—LOC]. **kah'a:chámmish'ah** *that which is one's jaw* [kak='a-'i—ya'ah] [SUB=DEFOC.PAT-PRENN—be].

join *see* **attach, join.**

join a group *verb base* **-dahtsuh-**. *For example* **kaki:widahtsuh** *to join a group* [kak=yi-'awi—] [SUB=DEFOC.AGT-ABS.SG—]. **haniwadahtsuhnah** *they have joined the group* [hani-wa—nah] [ABS.PL-ANIM.PL—PERF]. **'áwdahtsuhchah** *he's going to join the group* ['awi— nah] [ABS.SG—PERF]. **dà:widahtsuh** *join the group!* [yah'-'awi—] [2.AGT-ABS.SG—].

join together *verb base* **-niwán-** [ni-wán] [PREVB-join]. *For example* **tíwán:hah** *it's joined together* [—hah] [—HAB]. **háhníwáy:sa'** *it's being joined together* [hák—sa'] [IND—IMPFV]. **ku'ím:mán:hah** *our (du) places adjoin* [ku-wiht—hah] [1.PAT-DU—HAB]. **kúmmáwán:hah** *our (pl) places adjoin, our allotments are adjacent* [ku—wa—hah] [1.PAT— ANIM.PL—HAB]. **tíwán:chah** *he's going to join it* [—chah] [—INTENT].

joined *see* **attached, joined, be.**

join, splice *verb base* **-'awini0tsu'-** ['awi-ni-tsu'] [ABS.SG-DIST-join]. *For example* **'áwnitsu'ah** *he has joined it* [—ah] [—PERF]. **kaki:wín:tsu'** *to join, splice* [kak—] [SUB—].

Jose Maria (a Caddo leader) *see* **Eyelsh, Jose Maria.**

jump *verb base* **-'awiya'achahk-** ['awi-ya-'a-chahk] [up-out-PREVB-jump]. *For example* **kaki:widahshah** *to jump* [kak—] [SUB]. **'áwdahshahyah** *he has jumped* [—ah] [— PERF]. **tsi:widahshahyah** *I have jumped* [tsi—ah] [1.AGT—PERF]. **'áwdahsháychah** *he's going to jump* [—chah] [1.AGT—INTENT]. **hanidahwasháychah** *they're going to jump* [hani—wa—chah] [ABS.PL—ANIM.PL—INTENT]. **dà:widahshah** *jump!* [yah'—] [2.AGT—]. **áwdahsháy'uhah** *he jumps* [—'u-hah [—MID-HAB]. **'áwya:chahkih** *he went and jumped, came to a conclusion* [—ih] [—AND].

June (the month) *noun* **hashnihtsi'** [hashnih-tsi'] [spring-HYPO].

June bug, squash bug, stink bug *noun* **súydit.**

just now *adverb* **ha'kun'**. **ha'kun' daswiyáhdah** *he just walked by.* **ha'kun' hákíndi'sa'** *it's just now being pounded.* **ná: dúhya' ha'kun' ha'ahat háh'anihsa'** *it's just now*

becoming good. **chahti' ha'kun'** *wait just a minute!*
ha'kun' ts'ist'áy:bah *I haven't seen him yet.* **Sa'áw:dah?**
Ha'kun'. *Has he arrived? Not yet.*

K

kabobs *noun* **daswi:.**

Kadohadacho (a Caddo band) *noun* **Kaduhdá:chu'.**

Kanusky (a name) *noun root* **kánush-. Kánushtsi'** *little Frenchman* [kánush-tsi'] [Frenchman-HYPO].

kernel (of corn or beans) *noun base* **-'akis-** ['a-kis] [PRENN-kernel]. *For example* **kah'akish'ah** *kernel* [kak—ya'ah] [SUB—be]. **kah'akin'nah** *kernels* [kak—na-ya'ah] [SUB—DIST-be].

key *see* **door, open the.**

Kiamichi (subgroup of Haynay) *noun* **Káyámmáy:shih.**

kick *verb base* **-bich'aki-** [bi-ch'aki] [PREVB-kick]. *For example* **bich'akah** *he has kicked it* [— ah] [—PERF]. **hípbich'ah** *he kicked it* [hít—] [PAST—]. **bich'ahchah** *he's going to kick it* [—chah] [—INTENT]. **bíwáskichah** *they're going to kick it* [—wa—chah] [PREVB- ANIM.PL—-INTENT]. **tsiw'ch'ahchah** *I'm going to kick it* [tsi—chah] [1.AGT—-INTENT]. **dáw'ch'ah** *kick it!* [yah'—] [2.AGT—].

Kickapoo *noun* **Shíkapuh.**

kidney *noun* **nasih.**

kill, beat up *verb base* **-(i)kiyu'-.** *For example* **'ihyu'ah** *he has killed, beaten him* [—ah] [— PERF]. **tsi:kí:'ah** *I've killed it* [tsi—ah] [1.AGT—PERF]. **háhwáhyu'sa'** *they're killing it* [hák=wa—sa'] [IND=ANIM.PL—IMPFV]. **dahki:'** *kill it!* [yah'—] [2.AGT—]. **kúntsí:'ah** *he has killed it for me* [ku-nut—] [1.BEN-BENFV—]. **híkkún:tsi:'** *he killed it for me* [hít=ku- nut—] [PAST=1.BEN-BENFV—].

kind, sort *noun* **nanah. ná: nanah** *that kind.* **dí: nanah** *this kind.*

king (playing card) *noun* **tánnishis.**

Kiowa *noun* **Káhiwa'.**

kiss *see* **pity, kiss, bless.**

kitchen *phrase* **nakihanhah kaháy'ah** *place used for cooking.*
kitchen sink *see* **wash dishes.**
Kitsai *noun* **Kí:tsahish.**
Kitsai Creek *phrase* **na Kí:tsahish** *at the Kitsai.*
knee *noun root* **bíw'k-.** *For example* **kahbíw'ch'ah** *that which is a knee* [kak—ya'ah] [SUB— be]. **bíw'k'uh** *knee* [—'uh] [—NN.SUFF]. **kah'abíw'ch'ah** *that which is one's knee* [kak='a—ya'ah] [SUB=DEFOC.PAT—be]. **kah'abíw:náy'ah** *those which are one's knees* [kak='a—na-ya'ah] [SUB=DEFOC.PAT—DIST-be]. **bíw'chih** *in the knee* [—yih] [—LOC].
knife *noun* **kat. katti'ti'** *pocket knife* [—ti'ti'] [—DIM].
knife, butcher *phrase* **kat ha'imay** *big knife.*
knife, table *noun* **sukadáshday.**
knock *verb base* **-nakanabbi'ni-** [na-ka-na-bi'ni] [PREVB-PREVB-DIST-hit]. *For example* **kakíncham'bin'** *for one to knock* [kak=yi—] [SUB=DEFOC.AGT—]. **tachambi'nah** *he has knocked* [—ah] [—PERF]. **tachammaw'nah** *they have knocked* [—wa—ah] [—ANIM.PL.— PERF].
knock down *verb base* **-náwya'ibi'n-** [náw-ya-bi'n] [down-out.of.an.enclosure-PREVB-hit]. *For example* **táwyaw'nah** *he has knocked it down* [—ah] [—PERF]. **híttáwya'bin'** *he knocked it down* [hít—] [PAST—]. **híttáwyáwá:bin'** *they (pl) knocked it down* [hít— wa—] [PAST—ANIM.PL—]. **háhnáwyaw'nisa'** *he's knocking it down* [hák—sa'] [IND—IMPFV]. **dah'náwya'bin'** *knock it down!* [yah'—] [2.AGT—].
know how *verb base* **-hánniwih-** [hán-ni-wih] [entity-DIST-know how]. *For example* **hánniwihah** *he knows how* [—hah] [—HAB]. **hánníwáwhah** *they know how* [—wa—hah] [—ANIM.PL—HAB]. **háhánniwihsa'** *he is knowing how* [hák—sa'] [IND—IMPFV].
know, be acquainted with *verb base* **-yik'awih-** [yi-k'awih] [PREVB-know]. *For example* **dik'awihnah** *he has known him* [—nah] [—PERF]. **táyk'awihnah** *he has known them* [na—nah] [ABS.PL—PERF]. **hítdik'awihah** *he knew him* [hít—hah] [PAST—

HAB]. **híttáyk'awihah** *he knew them* [hít=na—hah] [PAST=ABS.PL—HAB]. **dik'awihah** *he knows him* [—hah] [—HAB]. **háhnáyk'awihsa'** *he knows them* [hák=na—sa'] [IND=ABS.PL— IMPFV]. **dik'awih'a'** *he will know him* [—'a'] [—FUT].

L

lake *noun* **hikút.**

language *see* **word, language voice.**

lap up *verb base* **-kankidúy'-** [kan-ki-dúy'] [liquid-PREVB-lick]. *For example* **hákkanchidúy'sa'** *he's lapping it up* [hák—sa'] [IND—IMPFV]

larynx *noun root* **ba'nist- kah'umba'nistsa'ah** *that which is one's larynx* [kak='u-n—ya'ah] [SUB=DEFOC.BEN-BENFV—be].

laugh *verb base* **-hána'ayu'u-** [hána-'a-yu'u] [CONT-PREVB-laugh]. *For example* **kah'ahán'ayu'** *for one to laugh* [kak='a—] [SUB=DEFOC.PAT.IRR—]. **kuhán'áy'unah** *I have laughed* [ku—nah] [1.PAT—PERF]. **hítán'ayu'** *he laughed* [hít—] [PAST—]. **kah'ahán'ayu'** *for one to laugh* [kak='a—] [SUB=DEFOC.PAT—]. **kuhán'áy'unah** *I have laughed* [ku—nah] [1.PAT—PERF]. **háhán'áy'usa'** *he's laughing* [hák—sa'][IND—IMPFV]. **háhámmayu'sa'** *they're laughing* [hák—wa—sa'] [IND—ANIM.PL—IMPFV]. **ya'ahán'ayu'** *laugh!* [ya'a—] [2.AGT—].

laxative *see* **diarrhea, have.**

lay down *verb base* **-'awi'adihi'ni-** ['awi-'a-dih-i'ni] [goal-PREVB-go-CAUS]. *For example* **'áw'adíh'nah** *he has laid it down* [—ah] [—PERF]. **hít'áw'adí:hin'** *he laid it down* [—ah] [—PERF]. **'áw'adíh'nichah** *he's going to lay it down* [—chah] [—INTENT]. **'áw'awadíh'nichah** *they're going to lay it down* [—wa—chah] [—ANIM.PL—INTENT].

lay in the water *verb base* **-hawat'awi'adíhi'ni-** [hawat-'awi-'a-díh-i'ni] [liquid-goal-PREVB-go-CAUS]. *For example* **kakihwat'i:dí:hin'** *to lay something in the water* [kak=yi—] [SUB- DEFOC.AGT—]. **hítawat'i:dí:hin'** *he laid it in the water* [hít—] [PAST—]. **dáhwat'i:dí:hin'** *lay it in the water!* [yah'] [2.AGT—].

lay on top of something *verb base* **-tkid'a'wá'-** [t-kid-'a-wá'] [BENFV-elevated.surface-leave]. *For example* **tsishdáwá'hah** *I lay it on top of it, I'm a gambler* [tsi—hah] [1.AGT—HAB].

laziness *noun* **dáy:wa'**.

leach *verb base* **-kinikiwá'-** [kini-ki-wá'] [hominy-PREVB-leave]. *For example* **kakkínkiwa'** *for one to leach something* [kak—] [SUB—]. **hákkínkiwá'sa'** *she's leaching it* [hák—sa'] [IND—IMPFV]. **hákkínkiwáwá'sa'** *they're leaching it* [hák—wa—sa'] [IND—ANIM.PL— IMPFV].

leaf *noun root* **kahbast-**. *For example* **kahbast'uh** *leaf* [—'uh] [—NN.SUFF]. **kakkahbasts'a'ah** *that which is a leaf* [kak—ya'ah] [SUB—be]. **kakkahbas'náy'ah** *those which are leaves* [kak—na-ya'ah] [SUB—DIST-be].

leak *see* **drip, leak, bleed**.

lean (intrans) *verb base* **-'awiyahdatchah-** ['awi-yah-datchah] [oblique-away-be.standing]. *For example* **háh'áwyahdatchah** *it's leaning* [hák—] [IND—]. **háhna:wiyahdatchah** *they're leaning* [hák=na—] [IND=DIST—].

lean (trans) *verb base* **-'awiyátaki'ni-** ['awi-yá-tak-i'ni] [oblique-NEXT.TO-stand-CAUS]. *For example* **híttsi:wíyátá:kin'** *I leaned it* [hít=tsi—] [PAST=1.AGT—]. **'áwyátáh'nah** *he has leaned it* [—ah] [—PERF]. **'áwyátáh'nichah** *he's going to lean it* [—chah] [—INTENT]. **'áwywatáh'nah** *they have leaned it* [—wa—ah] [—ANIM.PL—PERF].

learn *verb base* **-hánniwísnu'uh-** [hán-ni-wís-nu'uh] [entity-DIST-learn-MID]. *For example* **háhánníwísnu'sa'** *he's learning* [hák—sa'] [IND—IMPFV]. **hákkuhánníwísnu'sa'** *I'm learning* [hák=ku—sa'] [IND=1.PAT—IMPFV]. **hítánníwísnu'uh** *he learned* [hít—] [PAST—]. **hánníwísnu'nah** *he has learned* [—nah] [—PERF]. **hánníwáísnu'nah** *they have learned* [—wa—nah] [—ANIM.PL—PERF].

learn, get acquainted with *verb base* **-yikʼawʼn-** [yi-kʼaw-ʼn] [PREVB-know-CAUS]. *For example* **dikʼáw:nah** *he has learned, gotten acquainted with* [—ah] [—PERF]. **diwakʼáw:nah** *they have learned* [—wa—ah] [—ANIM.PL—PERF]. **dikʼáw:nichah** *he's going to learn* [—chah] [—INTENT]. **píkkʼáw:nichah** *they (du) are going to learn* [wiht—chah] [DU—INTENT]. **dikʼahwáw:nichah** [—wa—chah] [—ANIM.PL—INTENT].

leather *see* **buckskin, leather.**

leech *noun* **tanakisih.**

left side *phrase* **kuna yáhsuʼ** *in the direction of left hand, left side.*

lefthanded *adjective* **yáhsuʼ. yáhsuʼ daʼah** *he's lefthanded.*

leg *noun root* **kʼás-**. *For example* **kʼá:suh** *leg* [—ʼuh] [—NN.SUFF]. **kakkʼashʼah** *that which is a leg* [kak—yaʼah] [SUB—be]. **kakkʼánʼnah** *those which are legs, leggings* [kak—na-yaʼah] [SUB—DIST-be]. **kakkukʼashʼah** *that which is my leg* [kak=ku—yaʼah] [SUB—1.PAT—be]. **kahʼakʼánʼnah** *those which are one's legs* [kak=ʼa—yaʼah] [SUB=DEFOC.PAT—DIST-be]. **kʼá:shih** *in the leg* [—yih] [—LOC].

leggings *see* **leg.**

leopard, tiger *noun* **kishiʼ.**

lick *verb base* **-kidúyʼ-** [ki-dúyʼ] [PREVB-lick]. *For example* **kidúyʼah** *he has licked it* [—ah] [— PERF]. **tsihdúyʼah** *I have licked it* [tsi—ah] [1.AGT—PERF]. **hákkidúyʼsaʼ** *he's licking it* [hák—saʼ] [IND—IMPFV].

lie down *verb base* **ʼisaʼ** [ʼi-saʼ] [PREVB-lie.down]. **nakiʼsaʼ** *used for lying down, bed* [nak=yi—] [INST.SUB-DEFOC.AGT—].

lie down, marry *verb base* **-ʼitaʼbihn-** [ʼi-taʼ-bihn] [PREVB-PREVB-lie.down]. *For example* **kaki:taʼbih** *to lie down* [kak—] [SUB—]. **ʼita:bihnah** *he has lied down* [—ah] [—PERF]. **ʼita:wabihnah** *they have lied down* [—wa—ah] [—ANIM.PL—PERF]. **hítʼitaʼbih** *he lied down* [hít—] [PAST—]. **háhʼita:bí:saʼ** *he's lying down* [hák—saʼ] [IND—IMPFV]. **ʼita:bín:chah** *he's going to lie down* [—chah] [—INTENT].

pitta:bín:chah *they (du) are going to lie down, marry* [wiht—chah] [DU—INTENT]. **dà:ta'bih** *lie down!* [yah'—] [2.AGT—].

lift *verb base* **-niwayuh-** [ni-wayuh] [PREVB-climb]. *For example* **'áwni:há:yah** *he's lifted it* [—ah] [—PERF]. **'áwniwahá:yah** *they've lifted it* [—wa—ah] [—ANIM.PL—PERF]. **'áwni:háychah** *he's going to lift it* [—chah] [—INTENT]. **tsi:win'aháychah** *I'm going to lift it* [—chah] [—INTENT]. **tíwyuhchah** *he's going to lift it* [—chah] [—INTENT]. **dàm:mayuh** *lift it!* [yah'—] [2.AGT—].

light *adjective* **ná:nuh.** *See also* **oil, flame, light.**

light weight object *noun root* **baháwt-.** *For example* **baháw:t'uh** *light weight object* [—'uh] [—NN.SUFF].

lightning *verb base* **-haháwdín'-** [ha-háw-dín'] [space-lightning-CAUS]. *For example* **háhá:wdín'usa'** *lightning is flashing* [hák—'u-sa'] [IND—MID-IMPFV]. **kahá:wdín'unah** *lightning* [kak—'unah] [SUB—MID].

like *verb base* **-witnut-** [wit-nut] [mind-like]. *For example* **pi'nutah** *he likes it* [—hah] [—HAB]. **pù:nutah** *they (du) like it* [wiht—hah] [DU—HAB]. **kú:'nutah** *I like it* [ku—hah] [1.PAT— HAB]. **pi'nutah nasánáy'aw** *he likes to sing.*

like that *adverb* **síná.**

limb *see* **branch, limb.**

lip *noun root* **náywakshut-.** *For example* **náywahshutsih** *on the lip* [—yih] [—LOC]. **kah'ánáywahshutsa'ah** *that which is one's lip* [kak='a—ya'ah] [SUB=DEFOC.PAT—be]. **kah'ánáywahshun'nah** *those which are one's lips* [kak='a—na-ya'ah] [SUB=DEFOC.PAT— DIST-be].

listen *verb base* **-'isikahdatchah** ['i-sikah-datchah] [PRENN-ear-be.standing]. *For example* **'iskahdatchah** *he's listening* **kaki:sikátah** *to listen* [kak—] [SUB—]. **hít'iskahdach'ah** *he listened* [hít—] [PAST—]. **háh'iskahdatchah** *he's listening* [hák—] [IND—]. **háhak'iskahdatchah** *they are listening* [hák=hak—] [IND=PL.PAT—]. **'iskahdakihchah** *he's going to listen* [—chah] [—INTENT]. **dà:sikátah** *listen!* [yah'—] [2.AGT—]. *See also* **hear.**

little itch (a dance) *noun* **káháytsi'** [káháy-tsi'] [itch-HYPO].

liver *noun root* **kánk-**. *For example* **kán:k'uh** *liver* [—'uh] [—NN.SUFF].

lizard *noun* **bán:k'as**.

load up *verb base* **-hakacháppán'-** [haka-t-kát-wán'] [INDIV.DIST-BENFV-behind-put]. *For example* **hakacháppán'chah** *he's going to load it up* [—chah] [—INTENT]. **hakacháppán'nah** *they (pl) have loaded it up* [—nah] [—PERF]. **píkkacháppán'chah** *they (du) are going to load it up* [wiht—chah] [DU—INTENT].

lock *verb base* **-nutnahkátti'** [-nut-nahk-kátti'] [BENFV-iron-turn]. *For example* **kakín'ahkátti'** *to lock* [kak=yi—] [SUB=DEFOC.AGT—]. **nakín'ahkátti'** *key* [nak=yi] [INST.SUB=DEFOC.AGT—].

locust *noun* **t'áy:shi'**.

log *see* **wood, tree, log**.

long *adjective root* **-diba'**. *For example* **hadiba'** *long* [ha—] [ADJ.PREF—].

look for *verb base* **-háywa'udi-** [háy-wa'udi] [activity-look.for]. *For example* **kániháywa:dihah** *they're said to be looking for it* [kán-yi—hah] [HRSAY-DEFOC.AGT—HAB].

loom *see* **weave, braid**.

louse *noun* **bih**.

love, affection *verb base* **-náw'nut-**. *For example* **kakínáw'nut** *that which is love, affection* [kak=yi—] [SUB=DEFOC.AGT—].

lumber *noun root* **yakahsáwt-**. *For example* **yakahsáwt'uh** *lumber* [—'uh] [—NN.SUFF]

lunch *noun root* **kinúnt-**. *For example* **kakkínún:tsah** *that which is lunch* [kak—ya'ah] [SUB— be].

lung *noun* **'íw'us**.

lying on something, be *verb base* **-kid'ini'a'-** [kid-'ini-'a'] [elevated.surface-lying-be.present]. *For example* **hákkidín:'a'** *it's lying on it* [hák—] [IND—]. **háhnashdín:'a'** *they're lying on it* [hák=na—] [IND=DIST—]. **háhtsihdín:'a'** *I'm lying on it* [hák=tsi—] [IND=1.AGT—].

háhtsíwìn:chidín:'a' *we (du) are lying on it* [hák=tsi-wiht—] [IND=1.AGT-DU—]. **háhtsínchidín:'a'** *we (pl) are lying on it* [hák=tsi-na—] [IND=1.AGT-DIST—].

M

maggot *see* **worm, maggot**.

magician *noun* **yú:ku'**.

make, do *verb base* **'a'nih/'a'na'**- ['a-'nih/'a-'na'] [PREVB-make]. *For example* **'a'nihah** *he has made it, done it* [—ah] [—PERF]. **níh'a'na'** *when he made it* [ník—] [PAST.TEMP.SUB—]. **pihtáynihah** *they (du) made it* [wiht-háy—ah] [DU-event—PERF]. **háywa'nihah** *they (pl) made it* [háy-wa—ah] [event-ANIM.PL—PERF].

male animal *noun* **kinish**. *See also* **bull, male animal**.

man *see* **warrior, young man**.

mange *see* **itch, mange**.

man's sister *noun root* **dáhd-**. *For example* **dáhdin'** *man's sister* [—in'] [—kinsman.of.other.than.speaker].

manure *phrase* **wá:kas 'ìdah** *cow feces*.

many, much *quantifier* **wayah**.

March (the month) *noun* **wá:nit**.

marrow *noun root* **nám:biht-**. *For example* **nám:biht'uh** *marrow* [—'uh] [—NN.SUFF]. **kahnàm:bí:ts'ah** *that which is marrow* [kak—ya'ah] [SUB—be].

marry *see* **lie down, marry**.

master of ceremonies *see* **announcer, master of ceremonies**.

material *see* **cloth, material, flag**.

mattress *phrase* **naki'sa' kahbáhtsa'ah** *sack for lying down*.

May (the month) *phrase* **hashnih ha'imay** *big spring*.

maybe, perhaps *adverb* **nuka'**.

me, myself *pronoun* **kahtsi:**.

mean (verb) *verb base* **bakana** [baka-na] [sound-mean]. *For example* **bakánhah** *he means* [—hah] [—HAB]. **sídàw:kánhah** *what do you mean?* [sít=yah'—hah] [what?=2.AGT—HAB].

255

measles *see* **smallpox**.
measure *verb base* **-tyaay'i'n** [t-yaay'-i'n] [BENFV-measure-CAUS]. *For example* **kakitsá:y'in'** *to measure* [kak=yi—] [SUB=DEFOC.AGT—]. **nakitsá:y'in'** *ruler, tape measure* [nak=yi—] [INST.SUB=DEFOC.AGT—].
meat *noun root* **ka'uht-**. *For example* **ka'uht'uh** *meat* [—'uh] [—NN.SUFF].
medicine *see* **bitter, medicine**.
melon, watermelon *noun* **k'unu'**.
melt *verb base* **kiyúk-** [ki-yúk] [PREVB-melt]. *For example* **kíyú:kah** *it has melted* [—ah] [—PERF].
meningitis *phrase* **tsah dak'áwtah** *mister cramp* [—wa—ah] [—ANIM.PL—PERF].
menstruate *phrase* **hanháh kúyt'ahanhah** *I'm not cooking* [kúy=t'a—] [NEG=1.AGT.irr—].
mention, touch on *verb base* **-tdatahákidi-** [t-data-hákidi] [BENFV-PREVB-touch]. **híttsittáná:kit** *I mentioned it, touched on it* [hít=tsi—hah] [PAST=1.AGT—HAB]. **tsittánáhdi'a'** *I'll mention it, touch on it* [tsi—'a'] [1.AGT—FUT]. **ná: dittaháhdah** *he got touched by it, lost his head over it, acted silly about it*.
merchandise *see* **possession, property, merchandise, store**.
mescal bean *noun* **dáytinu'**.
Mexican *noun* **Hispayun**. From Spanish Espagnol.
middle *see* **half, middle**.
middle finger *phrase* **kahdí:ti' kah'isimbits'ah** *middle finger*.
midnight *phrase* **kahdí:ti' kahinash'ah** *half night*.
mile *see* **width**.
milk *noun* **tsú:tsu'**
Minco, Oklahoma. na Mín:kuh *at Minco*.
miscarriage, have a *verb base* **-tkáthákidi-** [t-kát-hákiki] [BENFV-flat.against-touch]. *For example* **kahuchátá:kit** *to have a miscarriage* [kak=nu—] [SUB=3.BEN—]. **tuchátáhdah** *she's had a miscarriage* [nu—ah] [3.BEN—PERF]. **tuchátawaháhdah** *they've had a miscarriage* [nu— wa—ah] [3.BEN—ANIM.PL—PERF].

miss *verb base* **-'awiyashákidi-** ['awi-yas-hákiki-] [ABS.SG-walking-pass.by]. *For example* **'áwyasáhdah** *he has missed him* [—ah] [—PERF]. **ku:wiyasáhdah** *I've missed him* [ku—ah] [1.PAT—PERF]. **tsit'iyasáhdah** *I've missed him* [tsi-t—ah] [1.AGT-BENFV—PERF]. **dah'ut'iyaswaháhdi'a'** *you (pl) will miss him* [yah'u-t—'a'] [2.AGT/3.BEN-BENFV—FUT].

Miss Monday (girl born on Monday). Sah Mán:dih.

miss (in shooting) *phrase* **háykahay tsi:chahkah** *I've pierced it off the mark.*

mix *see* **put together, mix.**

mix (intrans) *verb base* **ní'wá'n** [ní'-wá'n] [PREVB-mix]. *For example* **nakíní'wan'** *what one mixes with, baking powder* [nak=yi—] [INST.SUB=DEFOC.AGT—].

mix (trans) *verb base* **nní'wá'n** [n-ní'-wá'n] [BEN-PREVB-mix]. *For example* **tunní'wa'nah** *she has mixed it* [nu—ah] [3.BEN—PERF]. **háhunní'waway'sa'** *they're mixing it* [hák=nu—wa—sa'] [IND=3.BEN—ANIM.PL—IMPFV]. **dah'unní'wan'** *mix it!* [yah'—] [2.AGT—].

moccasins *phrase* **kut'uh kah'ánán'nah** *moccasins, buckskin feet.*

mold *see* **rancid** *or* **moldy.**

Monday *see* **straight, Monday.**

money, dollar *noun* **sunah.**

monkey *noun* **makah.**

monte (card game) *noun* **mún:tih.**

mood *see* **temperament, mood.**

moon *noun* **nish.**

mop *see* **wash.**

mortar, ash wood *noun* **kikuh.**

mosquito *noun* **ká:sah.**

moss *noun* **sháw'nat.**

most, still *adverb* **háy:shi'.**

Mother of Pestle *name* **Kúht'is Sá:sin'** (woman's name).

mother (of someone else) *noun root* **sás-**. *For example* **sá:sin'** *mother* [—in'] [— kinsman.not.of.speaker].

mother (of speaker) *noun* **'íná'.**
mother's father *noun* **'a'ahtsi'.**
mother's mother *noun* **'íná'tsi'.**
mother earth *phrase* **'íná' wá:dat.**
mother-in-law *noun* **'ìn:ká:'an'.**
mother's brother *noun* **'ibah.**
mother's older brother *noun* **'ibah ha'imay.**
mother's younger brother *noun* **'ibáti'ti'.**
mother's older sister *phrase* **'ina' ha'imay** *big mother.*
mother's younger sister **'ínà:ti'ti'.**
mouse *noun* **dát.**
mouth *noun root* **náywak-.** *For example* **kahnáywach'ah** *that which is a mouth* [kak—ya'ah] [SUB—be]. **kah'ánáywach'ah** *that which is one's mouth* [kak='a—ya'ah] [SUB=DEFOC.PAT—be]. **náywachih** *in the mouth* [—yih] [—LOC].
move (intrans) *verb base* **-nahúniku'-** [na-hunik-u'] [PREVB-move-MID]. *For example* **tahúnku'nah** *he has moved* [—nah] [—PERF]. **híttahúnku'uh** *he moved* [hít—] [PAST—]. **háhnahúnku'sa'** *he's moving* [hák—sa'] [IND—IMPFV]. **háhtsínhúnku'sa'** *I'm moving* [hák=tsi—sa'] [IND=1.AGT—IMPFV]. **tahúnku'chah** *he's going to move* [—chah] [—INTENT]. **dàn:húnku'uh** *move!* [yah'—] [2.AGT—].
move (trans) *verb base* **-nahúniki-** [na-húniki] [PREVB-move]. *For example* **tahún:kah** *he has moved it* [—ah] [—PERF]. **híttahú:nih** *he moved it* [hít—] [PAST—]. **háhnahúnkisa'** *he's moving it* [hák—sa'] [IND—IMPFV]. **tahúnki'a'** *he'll move it* [—'a'] [—FUT]. **pìn:húnki'a'** *they (du) will move it* [wiht—'a'] [DU—FUT]. **tawahúnki'a'** *they (pl) will move it* [—wa—'a'] [—ANIM.PL—FUT]. **tsínhúnki'a'** *I'll move it* [tsi—'a'] [1.AGT—FUT]. **dàn:hú:nih** *move it!* [yah'—] [2.AGT—].
movies, television. **kahdashkún'í:shu'** *those that are moving shadows.* [kak=dashku-na-íshu'] [SUB=shadow-DIST-move]. **kúkidashkúnnibáwsa'** *at the movies* [kúk=yi-dashku-na-yi-bahw-sa'] [LOC.SUB=DEFOC.AGT-shadow-DIST-PREVB-see-IMPFV].

Mrs or Miss. Sah (female title).

much *see* **many, much.**

mucus *noun* **sú:hay.**

mud *noun root* **kandut-.** *For example* **kandut'uh** *mud* [—'uh] [—NN.SUFF]. **kanduts'ah** *be mud* [—ya'ah] [—be].

mulatto *noun* **minat.**

mule *noun* **sikahwadiba'.** *See* **ear, long.**

multiple, ambiguous *adjective root* **-nakahwa'.** *For example* **hánkahwa'** *multiple, ambiguous* [ha—] [ADJ.PREF—]. **hánkahwa' bakáy:'ah** *it's ambiguous speech.*

mumps *noun* **ba'widi:** [ba'k-widi:] [throat-swell]. *For example* **kah'umbaw'di:** *that which swells one's throat, mumps.*

Muskogee *noun* **Mashkú:kih.**

muskrat *noun root* **batchissán-** *For example* **batchissántsi'** *muskrat* [—tsi'] [—HYPO].

my goodness, wow! *exclamation* **háy! Háy hatidu'!** *My goodness it's hot!* **Háy wayah káwyáhnah!** *My goodness we've had a lot of rain!*

mysterious, magical *adjective root* **–shdánah.** *For example* **hashdá:nah** *mysterious, magical* [ha—] [ADJ.PREF—].

N

Naká:dut (a Caddo band) *phrase* **na ká:dut** *tar place.*

Namidish (a Caddo band) *phrase* **na midish** *salt place, (subdivision of Yatasi).*

Nasunah (a Caddo band) *phrase* **na sunah** *with money.*

Natchez *noun* **Natchis.**

nauseated, be *verb base* **-kahw'à'-** [kah-w'á'] [inside-be.nauseated]. *For example* **hákkáw'á'sa'** *he's nauseated* [hák—sa'] [IND—IMPFV]. **hákkukáw'á'sa'** *I'm nauseated* [hák=ku—sa'] [IND=1.PAT—IMPFV]. **háh'akáw'ádin'sa'** *it's nauseating* [hák='a—din'- sa'] [IND=DEFOC.AGT.IRR—CAUS-IMPFV].

navel *noun root* **nashk'ú'n-.** *For example* **nashk'ún'nih** *on the navel* [—yih] [—LOC]. **kahnashk'ún'nah** *that which is a navel* [kak—ya'ah] [SUB—be].

near (in space or time) *adverb* **bitiht'i'** [bitih-t'i'] [near-DIM].
bitiht'i' kiwat *near home.* **bitiht'i' diskah** *near noon.*

neck *noun root* **natsi-**. *For example* **kah'anatsí:'ah** *that which is one's neck* [kak='a—ya'ah] [SUB=DEFOC.PAT—be]. **kúkkunatsí:'ah** *on my neck* [kúk=ku—ya'ah] [LOC.SUB=1.PAT—be]. **kukambáht'a'nihah kúkkunatsí:'a'** *it made a blister on my neck.*

needle *noun root* **datt-**. *For example* **datt'uh** *needle* [—'uh] [—NN.SUFF]. **kahdattsa'ah** *that which is a needle* [kak—ya'ah] [SUB—be].

neigh *verb base* **-kats'í'-** [ka-tsí'] [PREVB-neigh]. *For example* **kats'í'nah** *it has neighed* [—nah] [—PERF]. **hákkats'í'sa'** *it's neighing* [hák—sa'] [IND—IMPFV]. **hákkabats'í'sa'** *they're neighing* [hák—ba—sa'] [IND—ANIM.PL—IMPFV].

nephew *see* **son, daughter, nephew, niece.**

nephew, niece of man *noun* **páhtsi'.**

nephew or niece (of someone else) *noun root* **wáhd-**. **wáhdin'** *nephew or niece* [—in'] [—kinsman.not.of.speaker].

new *adjective root* **-suhun'**. *For example* **hasuhun'** *new* [ha-suhun'] [ADJ.PREF-new].

niece *see* **son, daughter, nephew, niece** *or* **nephew or niece.**

niece, man's sister's child *noun* **páhtsi'.**

night *noun* **nápba'.**

night *noun root* **yinas-** [yi-nas] [PRENN-night]. *For example* **kahinash'ah** *that which is night* [kak—ya'ah] [SUB—be].

nine *numeral* **híwí:sikah** *four and five.*

no *exclamation* **hún'nah.**

noise *verb base* **baksáy'** [bak-sáy'] [noise-emit]. *For example* **kahbahsay'** *noise* [kak—] [SUB—]. **kúkkambahsáy'sa'** *the sound of water* [kúk=kan—sa'] [LOC.SUB=water—IMPFV].

noise, make a *verb base* **bak'asáy'** [bak-'a-sáy'] [sound-PREVB-emit]. *For example* **tsiwk'asáy'nah** *I made a noise* [tsi—nah] [1.AGT—PERF]. **kashsháw'k'asay'** *don't make a noise, be quiet* [kash=sah'—] [PROHIB=2.AGT.IRR—]. **puwkk'asáy'nah** *they*

(du) made a noise [wiht—nah] [DU—PERF].
kúyawkk'asáy'chah *he's not going to make a noise*
[kú=ya—chah] [NEG=3.AGT.IRR—INTENT].

noon *noun* **diskah.**
noon whistle *phrase* **hít'ikah diskah** *it shouted noon.*
north *phrase* **kuna hakuhdu'** *in the direction of cold.*
nose *noun root* **suk-.** *For example* **suchih** *nose, in or on the nose* [—yih] [—LOC]. **kah'isúnna'ah** *those which are noses* [kak='i—na-ya'ah] [SUB=PRENN—DIST-be].
not quite *adverb* **hú:** *not quite.* **hú: kúyatáyántsa'** *it didn't quite succeed.*
notch *noun root* **náhsukah-.** *For example* **kahnáhsukáy'ah** *notch* [kak—ya'ah] [SUB—be]. **kahnáhsukánnah** *notches* [kak—na-ya'ah] [SUB—DIST-be].
notch, cut a *see* **remove a chunk, cut a notch.**
nothing *noun* **ts'í:nih. ts'í:nih kú:ku'** *nothing but water.*
November *phrase* **nípba' ha'imay** *big October.*
now *adverb* **dúhya'.**
number *phrase* **náydaha'wi kahukkánáydah'wichah** *that which will count for one, number* [kak–nu-nu-haka—chah] [SUB=3.BEN-BENFV-INDIV—INTENT].
nurse (verb) *verb base* **-'ahidi'n-** ['a-hid-i'n] [PREVB-suck-CAUS]. *For example* **háh'ahidin'sa'** *she's nursing* [hák—sa'] [IND—IMPFV].

O

oak, black *noun* **ki'ih** *black oak.*
oak, burr *noun* **'na'shi'** *burr oak.*
ocean *phrase* **hikút ha'imay** *big lake.*
October *noun* **nípba'.**
off the mark *adverb* **háykahay.**
often, continually *adverb* **híbí:. híbí: dáw'ahkihah** *they visit often.* **híbí: pak'uhah** *it barks continually.*
Oh! *exclamation* **Háw!**

oil, flame, light *noun* **binánk-**. *For example* **bínán:k'uh** *oil, flame, light* [—'uh] [—NN.SUFF]. **kahbínáh:ch'ah** *that which is oil, flame, light* [kak—ya'ah] [SUB—be]. **kahbínán'áy'ah** *flames, lights* [kak—na-ya'ah] [SUB—DIST-be].

okay *exclamation* **háwwih**.

Oklahoma City *phrase* **ha'imay kúhnámmiht'a'** *big town*.

old *adjective root* **-bíw'kat**. *For example* **habíw'kat** *old* [ha—] [ADJ.PREF—].

old lady *noun* **sah'yati'**.

Old Lady Whitebead *phrase* **Sah Kíní:tih** *Miss Canadian (River)*.

old man *noun* **nisti'**.

old man, be an *adjective root* **-nisti'**. *For example* **hanisti'** *be an old man* [ha—] [ADJ.PREF—].

older brother *noun* **'inay'**.

older brother of man *noun root* **náh-**. *For example* **ná:hin'** *older brother* [—in'] [—kinsman.not.of.speaker].

older brother of woman *noun* **kinittsi'**.

Omaha (Indian) *noun* **'ímaha:** Last two vowels nasalized.

on foot *adverb* **ná:wih**.

on *see* **at, in, on**.

on the other hand *adverb* **kú:su'**.

on the other side *adverb* **kuti:**.

on this side *adverb* **'áy'si'**.

on top of *see* **over, above**.

one *numeral* **'wísts'i'**.

one hour *phrase* **'wísts'i' kah'ihá:kit** *one hour*.

one hundred *numeral* **'wísts'i' haishuh** *one straight*.

one thirty *phrase* **'wísts'i' kahdí:ti'** *one middle*.

one thousand *numeral* **'wísts'i' hanisti'** *one old man*.

one week. **'wísts'i' 'íniku'** *one Sunday*.

onion *noun* **daháw**.

open, uncover *verb base* **-yibidts'úk-** [yi-bid-ts'úk] [PREVB-close-REVERS]. *For example* **káybitts'ú:kah** *he hs opened it, uncovered it* [—ah] [—PERF]. **káybitts'úhchah** *he's going to open it* [—chah] [—INTENT]. **pihcháybitts'úhchah** *they (du)*

are going to open it [wiht—chah] [DU—INTENT].
dahkáybitts'uh *open it!* [yah'—] [2.AGT—]. **dibitts'úhchah**
he's going to uncover it [—chah] [—INTENT].

or *conjunction* **hi'nuh.**

orange *see* **yellow, orange, bile.**

orphan *noun* **yahwah.**

Osage *noun* **Wá:shash.**

other, another, more, differently *adverb* **húshnu'** *other, another, more, differently.* **húshnu' wá:dat kaniháywa:dihah** *they're said to be looking for another land.* **húshnu' kú:ku'** *more water.* **dí: Háy:nay húshnu' ts'itawkáy'ah** *these Haynay spoke differently.*

otter *see* **weasel, otter.**

outside, outdoors *adjective* **bítdih. háh'ín:'a' bítdih** *she's lying outside.*

over there *adverb* **ku'á:na'. ku'á:na' hípbakáybah** *he heard it over there.* **ná: ku'á:na'** *that one over there.*

over, above *adverb* **há:yuh.** *For example* **há:yuh** *over, above.*
kúhá:yuh *just over, just above* [kú—] [JUST—]. **há:yuh dáy:'ah** *it's hanging above.* **há:yúshah** *further above.*
há:yuh kúhámmú'sa' *up on the hill.* **há:yuh kah'áw'ich'á'wat** *to face upward.* **na há:yuh na nakihash'náwyah** *on top of the table.*

owe *verb base* **-thayas'ini'a'-** [t-hayas-'ini-'a'] [BENFV-money-lying-be.present]. *For example* **háhutayas'ni'a'** *he owes* [hák=nu] [IND=3.BEN—]. **háhutayas'niwá:wa'** *they owe* [hák=nu-wá—] [IND=3.BEN-ANIM.PL—].

owl, hoot *noun* **'u'ush** *hoot owl.*

owl, horned *noun* **nihih** *horned owl.*

owl, screech *noun* **kah'ay'tsi'** *screech owl.*

P

pain *see* **ache, pain.**
pain, be in *see* **sick, in pain, be.**

paint *see* **rub, paint**.
paper *see* **book, paper, hide, sheet metal**.
parched corn mixed with honey *noun* **ní:'wa'**.
pass by *verb base* **-'ihákidi-** ['i-hákidi] [PREVB-pass.by]. *For example* **kaki:yá:kit** *to pass by* [kak=yi—] [SUB=DEFOC.AGT—]. **'iháhdah** *he has passed by* [—ah] [—PERF]. **hít'ihá:kit** *he passed by* [hít—] [PAST—]. **paháhdah** *they have passed by* [wa—] [ANIM.PL—]. **háh'iháhdisa'** *he's passing by* [hák—sa'] [IND—IMPFV]. **tsiyáhdi'a'** *I'll pass by* [tsi— 'a'] [1.AGT—FUT]. **dah'yá:kit** *pass by!* [yah'—] [2.AGT—]. **kah'ihá:kit** *that which passes by, hour* [kak—] [SUB—].
patient, be *see* **temperament, mood**.
Pawnee *noun* **'áwá:hih**.
pawpaw *noun* **shit'ush**. **Na Shit'ush** *Natchitoches (a Caddo band), pawpaw place*.
pay (intrans) *verb base* **-hayas'nih-** [hayas-'nih] [money-make]. *For example* **hayas'nih'a'** *he'll pay* [—'a'] [—FUT]. **híttsihayas'na'** *I paid* [hít=tsi—] [PAST=1.AGT—].
pay (trans) *verb base* **-thayas'nih-** [t-hayas-'nih] [BENFV-money-make]. *For example* **ditayas'nihah** *one has paid him* [yi—ah] [DEFOC.AGT—PERF]. **híttsitayas'na'** *I paid him* [hít=tsi—] [PAST=1.AGT—]. **tsitayas'nih'a'** *I'll pay him* [tsi—'a'] [1.AGT—FUT].
pay, make someone *verb base* **-hayas'nihdi'n-** [hayas-'nih-di'n] [money-make-CAUS]. *For example* **híkkuhayas'nihdin'** *he made me pay* [hít=ku—] [PAST=1.PAT—].
pea, black-eyed *phrase* **dabas ha'imay** *big bean*.
peach *phrase* **ka'as ch'uht'uh**.
peacock *phrase* **nu' ká:nush** *French turkey*.
pecan *noun* **náhya'**.
peel *verb base* **-kich'ud-** [ki-ch'ud] [PREVB-peel]. *For example* **kakihch'ut** *for one to peel* [kak=yi—] [SUB=DEFOC.AGT—]. **kich'udah** *she has peeled it* [—ah] [—PERF]. **kich'utchah** *she's going to peel it* [—chah] [—INTENT]. **pitch'utchah** *they*

(du) are going to peel it [wiht— chah] [DU—INTENT].
kiwach'utchah *they (pl) are going to peel it* [—wa—chah] [— ANIM.PL—INTENT].

pelican *see* **crooked, swan, pelican.**

pen (enclosure) *verb* **kúh'akà:nihsa'** *where it is standing inside* [kúk='a-kah-'anikis-'a'] [LOC.SUB=DEFOC.PAT-inside-be.standing-be.present].

penis *noun root* **matt-.** *For example* **matt'uh** *penis* [—'uh] [—NN.SUFF]. **hást'uh kúhtsíyáhassa'** *where I urinate. See also* **bone, iron.**

pepper *noun* **kah'án:k'as.**

pepper, black *noun root* **dít-.** *For example* **dít'uhtsi'** *black pepper* [—'uh-tsi'] [—NN.SUFF-HYPO].

perceive *see* **see, perceive.**

perch (fish) *noun* **kaysi'.**

perch variety *noun* **sán:kuh** *a kind of perch (fish).*

perhaps *see* **maybe, perhaps.**

persimmon *noun* **'as.**

person *noun* **háyá:nuh.**

persuade *verb base* **-t'awis'inihanahakah-** [t-'awis-'ini-hana-ha-kah] [BENFV-sitting-lying-walking-PREVB-persuade]. *For example* **kakit'is'nihánhakah** *to persuade someone* [kak=yi—] [SUB=DEFOC.AGT—]. **tsit'is'nihánhakahnah** *I have persuaded him* [tsi—nah] [1.AGT— PERF].
tsit'is'nihánhawakahnah *we have persuaded him* [tsi—wa—nah] [1.AGT— ANIM.PL—PERF].

pestle *noun* **kúht'is.**

pick up *verb base* **-'inuhk-** ['inu-hk-] [PREVB-pick.up]. *For example* **'inuhkah** *he has picked it up* [—ah] [—PERF]. **hít'inuh** *he picked it up* [hít—] [PAST—]. **híppittuh** *they (du) picked it up* [hít=wiht—] [PAST=DU—]. **hít'immah** *they (pl) picked it up* [hít—wa—] [PAST—ANIM.PL—]. **háh'inuhsa'** *he's picking it up* [hák—sa'] [IND—IMPFV]. **'inuhchah** *he's going to pick it up* [—chah] [—INTENT]. **dá'nuh** *pick it up!* [yah'—] [2.AGT—].

picture *noun root* **kahyu-**. *For example* **kakkahyúy'ah** *that which is a picture* [kak—ya'ah] [SUB—be]. **kakkahyúnna'ah** *those which are pictures* [kak—na-ya'ah] [SUB—DIST-be].

picture, take a *verb base* **-kahyu'a'nih-** [kahyu-'a-'nih] [picture-PREVB-make]. *For example* **kukahyùy:nihchah** *they're going to take my picture* [ku—chah] [1.PAT—INTENT]. **kakikahyúy'na'** *for one to take pictures* [kak=yi—] [SUB=DEFOC.AGT—].

pierce *verb base* **-'ichahk-** ['i-chahk] [PREVB-pierce]. *For example* **tsi:chahkah** *I've pierced it* [tsi—ah] [1.AGT—PERF].

pig *noun* **nahkush**.

pigeonhole *phrase* **kúki:'ih'isa' nusht'uh** *where you put in paper.*

pile up, park *verb base* **-'itsudahaki'ni-** ['itsuda-hak-i'ni] [in.a.pile-stand-upright-CAUS]. *For example* **kaki:tsutá:kin'** *to pile up, park* [kak=yi—] [SUB=DEFOC.AGT—]. **'isdaháh'nah** *he has piled it up, parked* [—ah] [—PERF]. **'isdawaháh'nah** *they've piled it up, parked* [— wa—ah] [—ANIM.PL—PERF]. **háh'isdaháh'nisa'** *he's pilling it up, parking* [hák—sa'] [IND—IMPFV].

pillow, cushion *noun* **bí:tsih**. **nakímbí:tsih** *pillow* [nak=yi-nu—] [INST.SUB=DEFOC.AGT-BENFV—].

pinch *verb base* **-bit'ú'-** [bi-t'ú'] [PREVB-pinch]. *For example* **kakiw't'u'** *for one to pinch* [kak=yi—] [SUB=DEFOC.AGT—]. **háhbit'ú'sa'** *he's pinching it* [hák—sa'] [IND—IMPFV]. **bit'ú:'ah** *he has pinched it* [—ah] [—PERF]. **biwat'ú:'ah** *they have pinched it* [—wa— ah] [—ANIM.PL—PERF]. **ku:'t'ú:'ah** *it has pinched me* [ku—ah] [1.PAT—PERF]. **híttsiw't'u'** *I pinched it* [hít=tsi—] [PAST=1.AGT—]. **pi'nutah nas'a'aw't'u'** *he likes to pinch.* See also **squeeze, pinch**.

pine *noun* **diwas**.

pink *see* **purplish red, pink, coral**.

pit *see* **seed, pit**.

pity, kiss, bless *verb base* **-náwtsiháh-** [náwtsi-háh] [PREVB-go]. *For example* **kakínáwtsihah** *for one to pity someone* [kak=yi—]

[SUB=DEFOC. agt—]. **táwtsiháhnah** *he has pitied her* [—nah] [—PERF]. **táwtsiwaháhnah** *they have pitied her* [—wa—nah] [—ANIM.PL—PERF]. **híttsínáwtsihah** *I pitied her* [hít=tsi—] [PAST=1.AGT—]. **háhtsínáwtsiháhsa'** *I'm pitying her* [hák=tsi—sa'] [hák=1.AGT—IMPFV]. **dah'náwtsihah** *pity her!* [yah'—] [2.AGT—].

place *noun root* **ha-**. *For example* **kaháy:'ah** *that which is a place* [kak—ya'ah] [SUB—be].

plain, visible, daylight *adjective* **náyá:nuh**.

plaster (verb) *phrase* **sik'uh hákkátdu'sa'** *he's applying stone flat against it, plastering.*

play *verb base* **–táywanih-** [t-háy-wanih] [BENFV-activity-engage.in]. *For example* **kakitáywan** *for one to play* [kak=yi—] [SUB=DEFOC.AGT—]. **háhutáywanihsa'** *he's playing* [hák=nu—sa'] [IND=3.BEN—IMPFV]. **tsitáywanihchah** *I'm going to play* [tsi-ba-chah] [1.AGT—INTENT]. **tsitáywa:nihchah** *we're going to play* [tsi—wa—chah] [1.AGT—ANIM.PL—INTENT]. **tutáywanihchah** *he's going to play* [nu—chah [3.BEN—intent].

play handgame, cards *verb base* **-da'náwtsutsi-** [da'náw-tsutsi] [PREVB-play.handgame]. *For example* **kakida'náwtsus** *for one to play the handgame, cards* [kak=yi—] [SUB=DEFOC.AGT—]. **háhda'náwtsussa'** *he's playing the handgame, cards* [hák—sa'] [IND— IMPFV]. **háhda'náwwáttsisa'** *they're playing the handgame, cards* [hák—wa—sa'] [IND—ANIM.PL—IMPFV]. **sada'náwwáttsah** *have they played the handgame, cards?* [sa—wa—ah] [3.IRR—ANIM.PL—PERF]. **nakida'náwtsus** *used for playing the handgame, cards* [nak=yi—] [INST.SUB=DEFOC.AGT—].

playing cards *phrase* **nakida'náwtsus kahush'náy'ah** *pieces of paper used for playing cards*.

pleasant *see* **enjoyable, pleasant, fun**.

please *verb base* **-nawitnut-** [na-wit-nut] [DIST-mind-please]. *For example* **kakínáw'nut** *to please someone* [kak=yi—]

[SUB=DEFOC.AGT—]. **táw'nutnah** *it has pleased him* [—nah]
[—PERF]. **táw'nutah** *it pleases him* [—hah] [—HAB].
tsináw'nutah *it pleases me* [tsi—hah] [1.AGT— HAB].
háhnáw'nussa' *it pleases him* [hák—sa'] [IND—IMPFV].

plum *see* **fruit, plum**.

pocket *verb base* **nubáhtya'ah** [nu-báht-ya'ah] [BENFV-bag-be]. *For example* **kahúmbáhtsa'ah** *that which is one's bag, pocket* [kak=nu—] [SUB=3.BEN—]. Cf. **bag**.

pocket knife. **katti'ti'** *little knife* [kat-ti'ti'] [knife-DIM].

point *verb base* **-danatsu'-** [dana-tsu'] [PREVB-point]. *For example* **dántsu'ah** *he has pointed* [— ah] [—PERF]. **dámmatsu'ah** *they have pointed* [—ah] [—PERF]. **hítdán:tsu'** *he pointed* [—ah] [—PERF]. **kúhdatt'a'** *where the needle is, point* [kúk— 'a'] [LOC.SUB—be.present].

pointer, index finger *phrase* **danatsu' nakittitsu'** *what you point with, index finger* [nak=yi—] [INST.SUB=DEFOC.AGT—].

poison ivy *noun* **dan'nin'**.

pokeberry *noun* **duhuh**.

poker *see* **stir**.

polecat (Putorius putorius) *see* **skunk**.

Ponca *noun* **Pánkah**.

porch. **kúh'áwdatchah** *where it projects horizontally* [kúk='awi-datchah] [LOC.SUB=horizontally-stand].

porcupine *phrase* **nahkush dá:ch'uh** *thorn pig*.

possession, property, merchandise, store *noun root* **kachán-**. *For example* **kachán:'uh** *possession, property, merchandise, store* [—'uh] [—NN.SUFF].

possum *noun* **t'á:win'**.

postage stamp *see* **head**.

post, forked *noun root* **náhsikah-**. *For example* **kahnáhsikáy'ah** *that which is a forked post* [kak—ya'ah] [SUB—be]. **kúhnáhsikah'a'** *where the forked post is* [kúk—'a'] [LOC.SUB— be.present].

pot, iron *noun* **nán'ni'**.

potato *noun* **'i:'**.

Potawatami *phrase* **K'unu' Háyá:nuh** *melon person.*

pottery, crockery *phrase* **ka'an háin:ku'** *smooth bottle.*

pound *verb base* **-nadí'-** [na-dí'] [DIST-pound]. *For example* **hákíndí'sa'** *one is pounding it* [hák=yi—sa'] [IND=DEFOC.AGT—IMPFV]. **tadí:'ah** *she has pounded it* [—ah] [—PERF]. **híttadi'** *she pounded it* [hít—] [PAST—]. **háhnawadi'sa'** *they're pounding it* [hák—wa—sa'] [IND—ANIM.PL—IMPFV]. **tadi'wa'** *she'll pound it* [—wa'] [—FUT].

pour *verb base* **-katwani'-** [kat-wani'] [liquid-put.in]. *For example* **kakikappan'** *for one to pour* [kak=yi—] [SUB=DEFOC.AGT—]. **kappán'chah** *he's going to pour it* [—chah] [— INTENT]. **dahkappá:wan'** *pour it (pl)!* [yah'—wa—] [2.AGT—ANIM.PL].

prairie *noun* **suhih**.

prairie chicken *noun* **'ú'ná:nih**.

prairie dog *noun* **du'ut. Tsah Du'ut** *Mister Prairie Dog.*

prairie grass *phrase* **k'uhut suhih**.

prairie Indian *phrase* **suhih kahwá:hin'**.

prairie turtle, box turtle. ch'ayah suhih.

preacher *phrase* **Tsah 'Iniku'** *Mister Sunday.*

precipitate *verb base* **-'awiya'asuh-** ['awi-ya-'asuh] [ABS.SG-PREVB-come]. *For example* **háh'áwya'suh** *it's precipitating* [hák—] [IND—]. **hinah háh'áwya'suh** *it's snowing.*

pregnant, be *verb base* **-thad'a'-** [t-had-'a'] [BENFV-pregnant-be.present]. *For example* **háhutada'** *she's pregnant* [hák=nu—] [IND=3.BEN—]. **háhutappá:ya'** *they're pregnant* [hák=nu— wa—] [IND=3.BEN—ANIM.PL—].

prop up *verb base* **-'awikahwínwíh-** ['awi-kah-wín-wih] [ABS.SG-inside-fall-prevent]. *For example* **kaki:wikahwímmih** *for one to prop up* [kak=yi—] [SUB=DEFOC.AGT—]. **nahyah'wikahwímmih** *wood used for propping up, cane, crutches* [nak=yah'—] [inst.SUB=wood—].

property *see* **possession, property, merchandise, store.**

Public Health Service *phrase* **Na Kunah** *at the doctor's.*

puddle *noun* **kammach'ah** [kan-wak-ya'ah] [water-hole-be].
pull *verb base* **-'ayahdá'n-** ['a-yah-dá'n] [PREVB-NEXT.TO-pull]. *For example* **kaki:yahdan'** *to pull* [kak=yi—] [SUB=DEFOC.AGT—]. **'ayahdá'nah** *he has pulled* [—ah] [—PERF]. **'ayahwadá'nah** *they have pulled* [—wa—ah] [—ANIM.PL—PERF]. **háh'ayahdáy'sa'** *he's pulling* [hák—sa'] [IND—IMPFV]. **dáhyahdan'** *pull!* [yah'—] [2.AGT—].
pull toward oneself, invite somebody *verb base* **-'ayahdani'ni-** ['a-yah-dan-i'ni] [PREVB-NEXT.TO-pull-CAUS]. *For example* **kaki:yahdá:nin'** *to pull toward oneself, invite* [kak=yi—] [SUB=DEFOC.AGT—]. **híttsi:yahdá:nin'** *I pulled it toward me, invited somebody* [hít=tsi—] [PAST=1.AGT—]. **dah'yahdá:nin'** *pull it toward you!* [yah'—] [2.AGT—].
pull up *verb base* **-'awi'adá'n-** ['awi-PREVB-dá'n] [projecting.out-PREVB-pull.up]. *For example* **'áw'adá'nah** *he has pulled it up* [—ah] [—PERF].
pull, lead *verb base* **-'awi'ayahdáni'ni-** ['awi-'a-yah-dan-i'ni] [goal-PREVB-away-pull-CAUS]. *For example* **dà:wi:yahdá:nin'** *pull it, lead it!* [yah'—] [2.AGT—].
pumpkin *see* **melon, watermelon**.
punk *noun* **bá:kish**. Dead spongy wood used to start fires.
puppy *noun* **dì:ti'ti'** *little dog* [dí'-ti'ti'] [dog-DIM].
pure *see* **whole, pure, intact**.
purple *noun root* **dakánk-**. *For example* **dakán:k'uh** *purple* [—'uh] [—NN.SUFF].
purplish red, pink, coral *phrase* **dakán:k'uh hatinu'** *purple red*.
pus *noun root* **kinay't-**. *For example* **kinay't'uh** *pus* [—'uh] [—NN.SUFF].
put in *verb root* **-kah-**. *For example* **nakkahsa'** or **nakakkahsa'** *used to put something in, plate, dish* [nak(ak)—sa'] [INST.SUB—IMPFV]. **nakkanchahsa'** *used to put water in* [nak=kan—sa'] [INST.SUB=water— IMPFV]. **dahkáwni'ih** *go and put it in!* [yah'—wa-ni'ih] [2.AGT—ANIM.PL-AND].

put on a table *verb base* **-kid'awá'-** [kid-'a-wá'] [elevated.surface-PREVB-leave]. *For example* **kakihdawa'** *to put on a table* [kak=yi—] [SUB=DEFOC.AGT—]. **híkkippa'** *he put it on the table* [hít—] [PAST—]. **híppishdawa'** *they (du) put it on the table* [hít=wiht—] [PAST=DU—]. **híkkíppá:wa'** *they (pl) put it on the table* [hít—wá—] [PAST—ANIM.PL—]. **híttsihdawa'** *I put it on the table* [hít=tsi—] [PAST=1.AGT—]. **hákkíppá'sa'** *he's putting it on the table* [hák—sa'] [IND—IMPFV]. **dáhdawa'** *put it on the table!* [yah'—] [2.AGT—].

put out (a fire or a light) *verb base* **-nakyúki'n-** [nak-yúk-i'n] [fire-use.up-CAUS]. *For example* **dàn:chú:kin'** *put it out!* [yah'—] [2.AGT—]. **dàm:bayú:kin'** *put it out (pl)!* [yah'—wa—] [2.AGT—ANIM.PL—].

put things on a table *verb base* **-nakidwá'-** [na-kid-wá'] [DIST-elevated.surface-leave]. *For example* **tsínchippá'chah** *I'm going to set the table* [tsi—chah] [1.AGT—intent]. **dàn:chippa'** *set the table!* [yah'—] [2.AGT—].

put together, mix *verb base* **-dawá'-** [da-wá'] [hanging-put.together]. *For example* **dáwá:'ah** *he has put it together* [—ah] [—PERF]. **hítdawa'** *he put it together* [hít—] [PAST—]. **háhdáwá'sa'** *he's putting it together* [hák—sa'] [IND—IMPFV]. **háhdáwáwá'sa'** *they're putting iit together* [hák—wa—sa'] [IND—ANIM.PL—IMPFV].

Q

quail *noun* **k'ú'yat.**
queen (in cards) *see* **woman, queen (in cards).**
quick *see* **fast, quick.**
quicksand *noun* **kach'aw.**
quick-tempered, be *see* **temperament, mood.**
quiet down *verb base* **-witkahwanahw-** [mind-kah—wa—nahw] [mind-inside-DIST-quiet.down]. *For example* **pù:chahwanahwah** *they (du) have quieted down* [wiht—ah] [DU—PERF]. **pichahwánáwchah** *he's going to quiet down* [—

chah] [—INTENT]. **ku:chahwánáwchah** *I'm going to quiet down* [ku—chah] [1.PAT—INTENT].

quiet down (of a crowd) *verb base* **-hatkahwanahw-** [hat-kah—wa—nahw] [crowd-inside-DIST- quiet.down]. *For example* **hachahwanahwah** *the crowd has quieted down* [—ah] [—PERF].

quilt *noun* **nashdáná:win'**.

quit *verb base* **-tháyyakíh-** [t-háy-yakíh] [BENFV-event-quit]. *For example* **tutáyyakíhnah** *he has quit* [nu—nah] [3.BEN—PERF]. **kutáyyakíh'a'** *I will quit* [ku—'a'] [1.BEN—FUT].

R

rabbit *noun* **du'u'**.

raccoon *noun* **'ut**.

radio *phrase* **'isikahdatchah naki:sikátah** *what you listen to*.

rain *verb base* **-káwyah-** [káw-yah] [rain-go.along]. *For example* **kakkáwyah** *to rain* [kak—] [SUB—]. **káwyahnah** *it has rained* [—nah] [—PERF]. **káwyahah** *it rains* [—hah] [—HAB]. **hákkáwyahsuh** *it's raining* [hák—suh] [IND—IMPFV]. **káwyahchah** *it's going to rain* [—chah] [—INTENT]. **híbi: káwyahah** *it rains all the time*.

rainbow *noun* **nash'ná:win'**.

raining, stop *verb base* **-káwkud-** [káw-kud] [rain-sever]. *For example* **káwkudah** *it has stopped raining* [—ah] [—PERF].

rancid or **moldy** *noun* **sukáy:bah** *something rancid or moldy*.

rat *noun* **saht'aw'**.

rat terrier *noun root* **pituh-** *For example* **pituhtsi** *rat terrier* [—tsi'] [—HYPO].

rattle (of a snake) *noun* **nisin**.

rattlesnake *phrase* **nisin kahunchah'ni'** *it has a rattle*.

raven *noun* **'u'ah**.

ravine, ditch, canyon *noun root* **kahyat-**. *For example* **kakkahyats'ah** *that which is a ravine* [kak—ya'ah] [SUB—

be]. **kakkahyanna'ah** *those which are ravines, ditches* [kak—na-ya'ah] [SUB—DIST-be].

rawhide *noun* **ká:yah.**

razor *see* **scrape.**

read *phrase* **nusht'uh háhibáwsa'** *he's looking at a book, reading.*

ready, now *exclamation* **nahá:h.**

ready, be *verb base* **-thányawasid-** [t-hán-yawas-id] [BENFV-entity-ready-AND]. *For example* **tutánnáwsit** *he's ready* [nu—] [3.BEN—]. **híttutánnáwsit** *he was ready* [hít=nu—] [PAST=3.BEN—]. **sa'utánnáwsit** *are you ready?* [sa'u—] [2.BEN.IRR—].

ready, get *verb base* **-thányawas'u-** [t-hán-yawas-'u] [BENFV-entity-ready-MID]. *For example* **háhutánnáwsu'sa'** *he's getting ready* [hák=nu—sa'] [IND=3.BEN—IMPFV]. **híttutánnáwsu'uh** *he got ready* [hít=nu—] [PAST=3.BEN—]. **háhutámmá:wsu'sa'** *they (pl) are getting ready* [hák=nu—wa—sa'] [IND=3.BEN—ANIM.PL—IMPFV]. **híkkutánnáwsu'uh** *I got ready* [hít=ku—] [PAST=1.BEN—].

recur *see* **happen again, recur.**

red *adjective root* **-tinu'.** *For example* **hatinu'** *red* [ha—] [ADJ.PREF—].

Red River *noun* **Bahat.** *Also* **káyántinu'.**

redbird *noun* **'yáw'dus.**

redbud (Cercis canadensis) *noun* **kahdá:kis.**

reject, refuse *verb base* **-niwithíh-** [niwit-híh] [PREVB-reject]. *For example* **tíwtihnah** *he has rejected it* [—nah] [—PERF]. **pìm:mitihnah** *they (du) have rejected it* [wiht—nah] [du—PERF]. **tíw'wahíhnah** *they (pl) have rejected it* [—wa—nah] [—ANIM.PL—PERF]. **híttíwtih** *he rejected it* [hít—] [PAST—]. **kúmmitíhnah** *he has rejected me* [ku—nah] [1.PAT—PERF].

remove a chunk, cut a notch *verb base* **-dákká'wisk-** [dákkà-wisk] [PREVB-remove.a.chunk]. *For example* **dákkà:wiskah** *he has removed a chunk, cut a notch* [—ah] [—PERF]. **dákkáwà:wiskah** *they have removed a chunk, cut a notch* [—wa—ah] [—ANIM.PL— PERF]. **háhdákkà:wissa'** *he's removing*

273

a chunk, cutting a notch [hák—sa'] [IND—IMPFV].
dahdákká'wis *remove a chunk, cut a notch!* [yah'—] [2.AGT—].

remove from a work group *verb base* **-dakud-** [da-kud] [hanging-sever]. *For example* **hít'áwdakut** *he took him off the job* [hít='awi—] [PAST=ABS.SG—]. **hít'áwdahdu'uh** *he left the job* [hít='awi—u'uh] [PAST=ABS.SG—MID]. **hídit'ikkut** *he had workmen or money taken from him* [hít=yi-t-'i—] [PAST=DEFOC.AGT-BENFV-PREVB—]. **kut'ippáhdah** *we've had resources taken from us, were docked* [ku-t-'i—wá—ah] [1.PAT-BENFV-PREVB—ANIM.PL— PERF]. **kut'ikkudunah** *I've had workmen or money taken from me* [ku-t-'i—u- nah] [1.PAT-BENFV-PREVB—MID-PERF].

repair *verb base* **-'aniht'a'nih-** ['a-niht-'a-'nih] [PREVB-repaired-PREVB-make]. *For example* **kaki:niht'a'na'** *to repair something* [kak=yi—] [SUB=DEFOC.AGT—]. **'aniht'a'nihah** *he has repaired it* [—ah] [—PERF]. **hít'aniht'a'na'** *he repaired it* [hít—] [PAST—].

Republican Party *see* **rooster**.

rest *verb base* **-yaht'anih-** [yaht-'a-nih] [rested-PREVB-become]. *For example* **daht'anihah** *he rests* [—hah] [—HAB].
daht'awanihah *they (pl) rest* [—wa—hah] [—ANIM.PL—HAB].
háhyaht'anihsa' *he's resting* [hák—sa'] [IND—IMPFV].
kuyaht'anihchah *I'm going to rest* [ku—chah] [1.PAT—INTENT].

resurrected, be *verb base* **-kayisiw'tak-** [ka-yi-siw'-taki] [PREVB-PREVB-PREVB-emerge]. *For example* **hákkáysiwtahsa'** *he's being resurrected* [hák—sa'] [IND—IMPFV]. **níkkáysiw'tah** *one who has been resurrected* [ník—] [PAST.TEMP.SUB—].
káysiw'tah *resurrected spirit.* **háyá:nuh níkkáysiw'tak** *person who has been resurrected.*

return, come back *verb base* **-'ahuhn-** ['a-huhn] [PREVB-return]. *For example* **nit'ahún:dah** *he came back* [nit—id-ah] [PAST.GEN.PTCPL—CISLOCc-PERF].

rib *noun* **kú'shi'**.

ribbon, string *noun root* **kibínt-**. *For example* **kibín:t'uh** *ribbon, string* [—'uh] [—NN.SUFF]. **kakkibíntsa'ah** *that which is a ribbon, string* [kak—ya'ah] [SUB—be]. **kakkibín'áy'ah** *those which are ribbons, strings* [kak—na-ya'ah] [SUB—DIST-be].

rice *phrase* **kisi' k'uhut** *corn grass*.

rich, wealthy *adjective* **kat'a'**.

ridgepole *noun* **dubi:**.

riding, be *verb base* **-kid'awis'a'-** [kid-'awis-'a'] [elevated.surface-sitting-be.present]. *For example* **hákkidáwsa'** *he's riding* [hák—] [IND—]. **háhtsihdáwsa'** *I'm riding* [hák=tsi—] [IND=1.AGT—]. **háhwìn:chidáwsa'** *they (du) are riding* [hák=wiht-na—] [IND=DU-DIST—]. **háhnashdáwsa'** *they (pl) are riding* [hák=na—] [IND=DIST—].

right side *phrase* **kuna ha'ahat** *in the good direction*.

rigid, viscous, syrup *adjective root* **-dánnu'**. *For example* **hadán:nu'** *rigid, viscous, syrup* [ha—] [ADJ.PREF—].

rind, bald head *noun root* **dak'usht-**. *For example* **dak'usht'uh** *rind, bald head* [—'uh] [— NN.SUFF]. **k'unu' kahdak'ush'náy'ah** *those which are melon rinds* [k'unu' kak—na-ya'ah] [k'unu' SUB—DIST-be].

rinse *verb base* **-kahi'n-** [ka-hi'n] [PREVB-rinse]. *For example* **kahi'nah** *she has rinsed it* [—ah] [—PERF]. **híkkahin'** *she rinsed it* [hít—] [PAST—]. **tsikahin'hah** *I rinse it* [tsi—hah] [1.AGT—HAB]. **hákkahí:sa'** *she's rinsing it* [hák—sa'] [IND—IMPFV]. **kahin'na'** *she'll rinse it* [—'a'] [—FUT]. **pihchahin'na'** *they (du) will rinse it* [wiht—'a'] [DU—FUT]. **kawahin'na'** *they (pl) willl rinse it* [—wa—'a'] [—ANIM.PL—FUT]. **dahkahin'** *rinse it!* [yah'—] [2.AGT—].

ripe *adjective root* **–káyus**. *For example* **haká:yus** *ripe* [ha—] [ADJ.PREF—].

rise (of bread) *see* **ferment, rise, be tanned**.

river *noun root* **nikidáh-**. *For example* **tihdáy'ah** *it's a river* [—ya'ah] [—be]. **nihdá:hih** *at the river* [—yih] [—LOC].

river, crooked *phrase* **dik'ut tihdáy:'ah** *it's a crooked river.*

road *noun root* **niyát-**. *For example* **níyá:tsih** *on the road* [—yih] [—LOC]. **tunná:ts'ah** *it's his road, his way* [nu-n—ya'ah] [3.BEN-BENFV—be].

roan, gray (of a horse) *adjective* **baskahnuh**.

roar, groan *verb base* **-'ikúh-**. *For example* **kah'i:kuh** *to roar, groan* [kak—] [SUB—]. **'ikúhnah**. *he has roared, groaned* [—nah] [—PERF].

roast *see* **broil, roast**.

robin *noun* **bihku'**.

rock *see* **stone, rock**.

rooster. Tsah Kinish *Mister Male, rooster, Republican Party.*

root *noun root* **bahnáis-**. *For example* **bahnáisuh** *root* [—'uh] [—NN.SUFF]. **kahbahnáisha'ah** *that which is a root* [kak—ya'ah] [SUB—be]. **kahbahnáinna'ah** *those which are roots* [kak—na-ya'ah] [SUB—DIST-be].

root, a kind of *noun* **ka'us**.

root used as bread substitute *noun* **dakish**.

rope *noun root* **hás-**. *For example* **há:suh** *rope* [—'uh] [—NN.SUFF]. **kah'ahásh'ah** *that which is a rope* [kak='a—ya'ah] [SUB=DEFOC.PAT—be].

rot *verb base* **-kach'áhy-** [ka-ch'áh-y] [PREVB-rot-INCH]. *For example* **kakkách'ah** *to rot* [kak—] [SUB—]. **hákkach'áysa'** *it's rotting* [hák—sa'] [IND—IMPFV]. **kach'áy'a'** *it will rot* [—'a'] [—FUT].

rotate *verb base* **-'awikahnabinik-** ['awi-kah-na-binik] [circular.motion-inside-DIST-rotate]. *For example* **háh'áwnabínkisa'** *he's rotating it* [hák—sa'] [IND—IMPFV]. **naki:wikahnabí:nih** *top (toy), what you spin with* [nak=yi—] [INST.SUB=DEFOC.AGT—]. **háh'áwkahnabínku'sa'** *it's rotating* [hák—u'-sa'] [IND—MID-sa']. **hákk'aswikahnabínku'sa'** *the wheel is turning* [hák=k'as—u'-sa'] [IND=leg—MID-IMPFV]. **'áwkahnabínku'chah** *it's going to rotate* [—chah] [—INTENT]. **'áwnabínku'nah** *he turned around* [—nah] [—PERF].

háh'áwnabínkisa' *he's rotating it* [hák—sa'] [IND— IMPFV].
'áwnabínku'hah *it rotates* [hák—hah] [IND—HAB].
'áwkahnabínku'chah *it's going to rotate* [—chah] [IND—INTENT]. **tsihniwabínku'nah** *we rotated* [tsi—nah] [1.AGT—PERF]. **háhanikahnawabínku'sa'** *they are rotating* [hák=hani—wa—sa'] [IND=ABS.PL—ANIM.PL—IMPFV].
háh'áwkahnabínkisa' *he's rotating it, spinning it* [hák—sa'] [IND—IMPFV]. **kúkka'náwkahnabínku'sa'** *whirlpool, where the water is rotating* [kúk—sa'] [LOC.SUB—IMPFV].
kúkik'aswikahnabínkisa' *roulette wheel, carousel, ferris wheel* [kúk=yi—sa'] [IND=DEFOC.AGT—IMPFV].
hákk'as'wikakahnabínku'sa' *the wheel is turning* [hák—sa'] [IND— IMPFV].

rotten, stinking *adjective root* **-kách'ah.** *For example* **haká:ch'ah** *rotten, stinking* [ha—] [ADJ.PREF—].

rot, let something *verb base* **-tkach'áhy-** [t-ka-ch'áh-y] [BEN-rot-inch]. *For example* **kah'uchách'ah** *to let something rot* [kak='u—] [SUB–3.BEN—]. **tuchawach'áhyah** *they've let it rot* [nu—wa—ah] [3.BEN—ANIM.PL—PERF]. **háhuchach'áysa'** *he's letting it rot* [hák=nu—sa'] [IND=3.BEN—sa'].

round dance *noun* **washáni:kiy.**

round object *see* **sphere, round object.**

rub something against something *verb base* **-da'yuh-** [da'-yuh] [PREVB-rub]. *For example* **háhda:yuhsa'** *she's rubbing it against something* [hák—sa'] [IND—IMPFV].

rub, paint *verb* **'ini'ihuk** ['ini-'i-huk] [lying-PREVB-run]. *For example* **'ini:hukah** *he has rubbed it, painted it* [—ah] [—PERF]. **háh'ini:huhsa'** *he's rubbing it, painting it* [hák—sa'] [IND—IMPFV]. **háh'ini:wahuhsa'** *they're rubbing it, painting it* [hák—wa—sa'] [IND— ANIM.PL—IMPFV]. **tsi:ni:huhchah** *I'm going to rub it, paint it* [tsi—chah] [1.AGT—INTENT].

ruler, yardstick, tape measure *verb base* **-tsawaáy'ni-.**
nakitsá:y'in' *ruler* [nak=yi—] [INST.SUB=DEFOC.AGT—].
tsitsá:y'nichah *I'm going to measure it* [tsi—chah] [1.AGT—

INTENT]. **tutsáwá:y'nah** *they have measured it* [nu—nah] [3.BEN—PERF].

run *verb base* -**'awiyas-** ['awi-wiyas] [ABS.SG-run]. *For example* **háh'àwwiyah** *he's running* [hák—] [IND—].

run by *verb base* -**'awiyákidi-** ['awi-yákidi] [goal-go.by]. *For example* **hít-'áwyá:kit** *he ran by* [hít—] [PAST—]. **háh'áwyáhdisa'** *he's running by* [hák—sa'] [IND—IMPFV]. **'áwyáhdah** *he has run by* [— ah] [—PERF].

runt *noun root* **dah'tsún-**. *For example* **dah'tsún:tsi'** *runt* [—tsi'] [—HYPO].

rust *noun* **ká:hish.**

rusted *see* **wilted, withered, rusted.**

S

Sac (Indian) *noun* **Sá:kiyah.**

sack *see* **bag, sack.**

sadden *verb base* -**'awitsiháh-** ['awitsi-háh] [sad-go]. *For example* **kah'áwtsihah** *to sadden* [kak—] [SUB—]. **háh'áwtsiháhsa'** *it's saddening* [hák—sa'] [IND—IMPFV]. **háh'áwtsiwaháhsa'** *it's saddening to several people* [hák—wa—sa'] [IND—ANIM.PL— IMPFV]. **hákkú:tsiháhsa'** *it's saddening to me* [hák=ku—sa'] [IND=1.PAT—IMPFV].

saddle *noun* **nahnachah.**

Sadie Bedoka Weller *name* **Nín:hih.**

sage *noun* **kasahká:yu'.**

salamander *noun* **kibin.**

saliva *noun* **ká:k'ush.**

salt *noun* **widish.**

sand *noun* **wí:'ish.**

sand plum *phrase* **ka'as bahat** *red river plum.*

Saturday *noun* **'íniku:ti'ti'** *little Sunday.*

Sá:win' *noun* (woman's name).

Sáw:nan *noun* (woman's name).

say *verb base* **-bak'anahy-** [bak-'a-nahy] [speech-PREVB-become]. *For example* **tsiwk'a'** *I said it.* **bahwá:wa'** *they (pl) said it* [—wáw—] [—ANIM.PL—]. **tsiwk'áwá:wa'** *we (pl) said it* [tsi—wáw—] [1.AGT—ANIM.PL—]. **pú:k'a'** *they (du) said it* [wiht—] [DU—]. **pú:k'anih'a'** *they (du) will say it* [wiht—'a'] [DU—FUT]. **bah'wanih'a'** *they (pl) will say it* [—wa—'a'] [—ANIM.PL—FUT]. **bah'nihchah** *he's going to say it* [—chah] [— INTENT]. **bah'wanihchah** *they (pl) are going to say it* [—wa—chah] [—ANIM.PL—INTENT]. **híttsiwk'anah** *I said it* [hít=tsi—] [PAST=1.AGT—]. **tsiw'k'anihchah** *I'm going to say it* [tsi—chah] [1.AGT—INTENT]. **bah'nahyah** *he has said it* [—ah] [—PERF]. **bah'nih'a'** *he will say it* [—'a'] [—FUT]. **tsiwk'anih'a'** *I will say it* [tsi—'a'] [1.AGT—FUT]. **bah'ní:nun'** *he used to say it* [—nun'] [— ITER]. **háhtsiwk'anihsa'** *I'm saying it* [hák=tsi—sa'] [IND=1.AGT—IMPFV]. **tsiwk'anih'a'** *I will say it* [tsi—'a'] [1.AGT—FUT]. **tsiwk'awanihchah** *we (pl) are going to say it* [tsi—wa—chah] [1.AGT—ANIM.PL—INTENT]. **tsiu:k'anihchah** *we (du) are going to say it* [tsi-wiht—chah] [1 AGT-DU—INTENT]. **kúwáttsiwk'anih'a'** *just as I would say it* [kú-wát-tsi—'a'] [JUST-SIMUL-1.AGT—FUT].

scaffold *see* **bed, scaffold.**

scar *noun* **kisih.**

scare *verb base* **-káppatak'n-** [káppa-tak-'n] [fright-emerge-CAUS]. *For example* **káppatáh'nah** *he has scared him* [—ah] [—PERF]. **tsikáppatáhah** *I've scared him* [tsi—ah] [1.AGT— PERF]. **káppa'waháh'nah** *they've scared him* [—wa—ah] [—ANIM.PL—PERF].

scared, get *verb base* **-káppataki-** [káppa-taki] [fright-emerge]. *For example* **káppakkah** *he's gotten scared* [—ah] [—PERF]. **káppa'áhkah** *they've gotten scared* [—wa—ah] [—ANIM.PL—PERF]. **kukáppakkah** *I've gotten scared* [ku—ah] [1.PAT—PERF]. **hákkáppakkisa'** *he's getting scared* [hák—sa'] [IND—IMPFV]. **káppakki'a'** *he'll get scared* [—'a'] [—FUT].

scrape *verb base* **-kisáw'-** [ki-sáw'] [PREVB-scrape]. *For example*
kakihsaw' *for one to scrape something* [kak=yi—]
[SUB=DEFOC.AGT—]. **kisáw'chah** *he's going to scrape it* [—
chah] [—INTENT]. **dáhsaw'** *scrape it!* [yah'—] [2.AGT—].
nakihsaw'unah *one uses it to scrape oneself, razor*
[nak=yi—'unah] [INST.SUB=DEFOC.AGT—MID].

scratch *verb base* **-hawak'ásh-** [hawa-k'ásh] [PREVB-scratch]. *For
example* **kuhwak'á:shah** *it has scratched me* [ku—ah]
[1.PAT—PERF]. **kuhwawak'á:shah** *it has scratched us* [ku—
wa—ah] [1.PAT—ANIM.PL—PERF].

scratch a dog *verb base* **-kiwá:hnu'di'-** [ki-wá:h-nu'-di'] [PREVB-
scratch-MID-CAUS]. *For example* **hákkíwá:hnu:di'sa'** *he's
scratching it* [hák—sa'] [IND—IMPFV].

scratch oneself *verb base* **-kiwats'áhyu'-** [ki-wats'áhy-u'] [PREVB-
scratch-MID]. *For example* **hákkiwats'áhyu'sa'** *he's
scratching* [hák—sa'] [IND—IMPFV]. **hákkiwawats'áhyu'sa'**
they're scratching [hák—wa—sa'] [IND—ANIM.PL—IMPFV].
hákkuhwats'áhyu'sa' *they're scratching* [hák=ku—sa']
[IND=1.PAT—IMPFV].

scratch (intrans, of a dog) *verb base* **-kiwá:hnu'-** [ki-wá:h-nu']
[PREVB-scratch-MID]. *For example* **hákkíwá:hnu'sa'** *it's
scratching* [hák—sa'] [IND—IMPFV]. **hákkíwáwá:hnu'sa'**
they're scratching [hák—wa—sa'] [IND—ANIM.PL— IMPFV].

scrotum *phrase* **báht kúkkúmbáh'na'a'** *where my bags are*
[kúk=ku-nu—na-'a'] [LOC.SUB=1.PAT- BENFV—DIST-be].

scum, debris on water *noun* **yú:duh.**

second *numeral* **na bit** *at two.*

secret, keep *verb base* **-hayawá'i'n-** [ha-ya-wá'-i'n-] [time-?-secret-
CAUS]. *For example* **háhá:w'in'sa'** *he's keeping it secret*
[hák—sa'] [IND—IMPFV].

see, perceive *verb base* **–yibahw-** [yi-bahw] [PREVB-perceive]. *For
example* **tsí:báwnah** *I've seen it* [tsi—nah] [1.AGT—PERF].
híttsí:bah *I saw it* [hít=tsi—] [PAST=1.AGT—]. **nattsí:báwnah**
after I've seen it [nat=tsi—nah] [TEMP.SUB=1.AGT—PERF].

nast'áybáwnah *if I have seen it* [nat=t'a—nah] [GEN.COND=1.AGT.IRR—PERF]. **ts'ist'áy:bah** *I haven't seen him yet* [ts'is=t'a—] [PRIOR=1.AGT.IRR—]. **kúhtsí:báwsa'** *where I see it* [kúk=tsi—sa'] [LOC.SUB=1.AGT—IMPFV]. **háhtsí:báwsa'** *I see it* [hák=tsi—sa'] [IND=1.AGT—IMPFV].

seed *noun root* **hwást-**. *For example* **wást'uh** *seed* [—'uh] [—NN.SUFF]. **kúyahwást'a'** *there's no seed* [kú=ya—'a'] [NEG=3.IRR—be.present].

seed, pit *noun root* **nakiyút-**. *For example* **tachíyú:ts'ah** *seed, pit* [—ya'ah] [—be]. **kahnachíyú:ts'ah** *that which is a seed, pit* [kak—ya'ah] [SUB—be].

seldom *see* **few**.

self *noun* **wít**.

Seminole *noun* **Shimaná:nih**.

send away *verb base* **-yán'adih-** [yán-'a-dih] [CAUS-PREVB-go]. *For example* **híttsíyán:'at** *I sent it away* [hít=tsi—] [PAST=1.AGT—]. **tsíyán'adih'a'** *I'll send it away* [tsi—'a'] [1.AGT—FUT]. **dah'yán:'at** *send it away!* [yah'—] [2.AGT—].

send in this direction *verb base* **-yánwáh-** [yán-wáh] [CAUS-?]. *For example* **dámmáhnah** *he sent it this way* [—nah] [—PERF]. **híttsiyámmah** *I sent him* [hít=tsi—] [PAST=1.AGT—]. **híttsíyámmá:wah** *we sent it this way* [hít=tsi—wa—] [PAST=1.AGT—ANIM.PL—].

separate (intrans) *verb base* **-kashwawík-** [kash-wawik] [PREVB-separate]. *For example* **kahwíkkashwawih** *to separate* [kak=wiht—] [SUB=DU—]. **píkkashwáwí:kah** *they (du) have separated, divorced* [wiht—ah] [DU—PERF].

separate (trans) *verb base* **-kashwawíki'n-** [kash-wawík-i'n] [PREVB-separate-CAUS]. *For example* **dáhkashwáwí:kin'** *separate them!* [yah'—] [2.AGT—]. **dah'íkkashwáwí:kin'** *separate them (du)!* [yah'-wiht—] [2.AGT-DU—]. **dáhkashwáwwwí:kin'** *separate them (pl)!* [yah'—wa—] [2.AGT—ANIM.PL—].

set down *verb base* **-'awinahwi'ni-** ['awi-nahw-i'ni] [?-sit.down-CAUS]. *For example* **'áwnáw'nah** *he has set it down* [—ah]

[—PERF]. **'áwwánáw'nah** *they (pl) have set it down* [—wa—ah] [—ANIM.PL—PERF]. **'áwnáw'nichah** *he's going to set it down* [— chah] [—INTENT]. **pit'ínáw'nichah** *they (du) are going to set it down* [wiht—chah] [DU— INTENT]. **'áwwánáw'nichah** *they (pl) are going to set it down* [—wa—chah] [—ANIM.PL— INTENT]. **tsi:wínáw'nichah** *I'm going to set it down* [tsi—chah] [1.AGT—INTENT].

set the table *see* **put things on a table.**

seven *numeral* **bissikah** *two and five.*

sever *see* **break apart, sever.**

sew *verb base* **-kisút-** [ki-sút] [PREVB-sew]. *For example* **kisútah** *she sews* [—hah] [—HAB]. **hákkisússa'** *she's sewing* [hák—sa'] [IND—IMPFV]. **kisútchah** *she's going to sew* [—chah] [—INTENT]. **kiwasútchah** *they're going to sew* [—wa—chah] [—ANIM.PL—INTENT]. **tsihsútchah** *I'm going to sew* [tsi—chah] [1.AGT—INTENT]. **dáhsut** *sew!* [yah'—] [2.AGT—]. **dah'wí:tsut** *sew (du)!* [yah'-wiht—] [2.AGT-DU—]. **dahwá:sut** *sew (pl)!* [yah'—wá—] [2.AGT—ANIM.PL—]. **nakihsut** *one uses it for sewing, sewing machine* [nak=yi—] [INST.SUB=DEFOC.AGT—].

shadow *noun root* **dashkuh-**. **kahdashkúnna'ah** *those that are dark, shadows* [kak—na-ya'ah] [SUB—DIST-be].

sharp *adjective root* **-dáchu'**. *For example* **hadá:chu'** *sharp* [ha—] [ADJ.PREF—].

shave *verb base* **-kisáw'u-** [ki-sáw' u] [PREVB-scrape-MID]. *For example* **tsihsáw'uchah** *I'm going to shave* [tsi—chah] [1.AGT—INTENT].

shawl *noun* **kahwasín'ni'**.

shawl, wear a *verb base* **dahnuh** [dah-nuh] [PREVB-wear.a.shawl]. *For example* **háhdahnuhsa'** *she's wearing a shawl* [hák—sa'] [IND—IMPFV]. **háhdahwanuhsa'** *they're wearing shawls* [hák—wa—sa'] [IND—ANIM.PL—IMPFV]. **hítdahnuhah** *she wore a shawl* [hít— hah] [PAST—HAB]. **híttsidahnuhah** *I wore a shawl* [hít=tsi—hah] [PAST=1.AGT—HAB].

Shawnee *noun* **Shawanuh.**

sheep *noun root* **káwanas-**. *For example* **káwanastsi'** *sheep* [—tsi'] [—HYPO].

sheep *see* **blanket, wool, sheep**.

sheet metal *see* **book, paper, hide, sheet metal**.

shell *noun* **kiyah**. Hainai *spoon*.

Shirley, Oklahoma *noun* **Shí:nih**.

shirt *see* **wear**.

shoe, war party *noun* **wá:hih**.

shoot, stab *verb root* **-('i)chahk-**. *For example* **kaki:chah** *to shoot, stab* [kak=yi—] [SUB=DEFOC.AGT—]. **pachahchah** *they (pl) are going to shoot* [wa—chah] [ANIM.PL—INTENT]. **tsi:wichahkah** *I've shot it* [tsi-'awi—ah] [1.AGT-ABS.SG—PERF]. **tsi:chah'a'** *I'll shoot it* [tsi—'a'] [1.AGT—FUT]. **'ichahchah** *he's going to shoot it* [—chah] [—INTENT].

short *adjective root* **-dúnku'**. *For example* **hadún:ku'** *short* [ha—] [ADJ.PREF—].

short and fat *noun* **biduhk-**. *For example* **biduhk'uh** *something short and fat* [—'uh] [—NN.SUFF]. Source of name Bedoka.

shortening *see* **fatty, greasy**.

shoulder *noun root* **bihdah-**. *For example* **bihdahih** *in the shoulder* [—yih] [—LOC]. **kah'abihdáy'ah** *that which is one's shoulder* [kak='a—ya'ah] [SUB=DEFOC.PAT—be].

shoulder blade *noun* **dayah**.

shout *verb base* **-('i)káh-**. *For example* **'ikáhnah** *he has shouted* [—nah] [—PERF]. **hít'i:kah** *he shouted* [hít—] [PAST—]. **háh'ikáhsa'** *he's shouting* [hák—sa'] [IND—IMPFV]. **háhwihcháhsa'** *they (du) are shouting* [hák=wiht—sa'] [IND=DU—IMPFV]. **háhwakáhsa'** *they (pl) are shouting* [hák=wa—sa'] [IND=ANIM.PL—IMPFV]. **háhtsi:káhsa'** *I'm shouting* [hák=tsi—sa'] [IND=1.AGT—IMPFV]. **'ikáhchah** *he's going to shout* [—chah] [—INTENT]. **háh'ikáhdin'sa'** *he's making it shout, blowing the whistle* [hák—di'n-sa'] [IND—CAUS- IMPFV]. **kah'a:káhdin'** *whooping cough* [kak='a—di'n] [SUB=DEFOC.PAT—CAUS]. **háh'ikáhsa'** *he's shouting* [hák—sa']

[IND—IMPFV]. **háh'ikáhnun'sa'** *he's shouting repeatedly* [hák—nun'-sa'] [IND—ITER-IMPFV].

show *verb base* **-haybahwdi'n-** [ha-yi-bahw-di'n] [space-PREVB-see-CAUS]. *For example* **dahkuháybáw:din'** *show me!* [yahku—] [2.AGT/1.PAT—].

sibling-in-law *noun* **dahay'**.

sibling, younger *noun root* **yahd- yahdin'** *younger sibling (not of speaker)* [—in'] [—kinsman not of speaker].

sick, be *verb base* **-tnáw'uh-** [t-náw-'uh] [BENFV-hurt-MID]. *For example* **tutnáw'uhah** *he's sick* [nu—hah] [3.BEN—HAB]. **híttutnáw'uhah** *he was sick* [hít=nu—hah] [PAST=3.BEN—HAB]. **háhutnáw'uhsa'** *he's being sick* [hák=nu—sa'] [IND=3.BEN—IMPFV]. **hákkutnáw'uhsa'** *I'm sick* [hák=ku—sa'] [IND=1.PAT—IMPFV].

sick, in pain, be *verb base* **-tnáwwáy'-** [t-náw-wáy'] [BENFV-down-be.sick]. *For example* **háhutnáwwáy'sa'** *he's sick, in pain* [hák=nu—sa'] [IND=3.BEN—IMPFV]. **háhutnáwwáwáy'sa'** *they're sick, in pain* [hák=nu—wa—sa'] [IND=3.BEN—ANIM.PL— IMPFV].

side of head *see* **temple, side of head**.

side, on the *noun root* **kúysah-**. *For example* **kúysahih** *on the side* [—yih] [—LOC].

sigh, take a deep breath *phrase* **ha'imay dihán'unah** *he sighed, took a deep breath*.

similar, almost alike *adjective* **chá'duh**.

sincere, be *verb base* **-bakah'á'-** [bakah-'á'] [truth-be.present]. *For example* **bakah'á'hah** *he's sincere* [—hah] [—HAB]. **kúyawkah'á'hah** *he's not sincere* [kú=ya—hah] [NEG=3.AGT-IRR— HAB].

sing *verb base* **-náy'áw-** [náy-'áw] [PREVB-sing]. *For example* **háhnáy'áwsa'** *he's singing* [hák—sa'] [IND—IMPFV]. **híppit'ihah híyánáy'aw** *he wanted to sing*.

Sioux *phrase* **Tsah Ba'kush** *Mister Cutthroat*.

sister-in-law *see* **brother-in-law, sister-in-law**.

sister, older *noun* **'iyay'**.

sister, older (male speaker) *noun* **t'á:hay'**.
sister, older (of woman, not of speaker) *noun* **yáh'an'**.
sister, younger *noun* **t'áyti'ti'**.
sit down *verb base* **-nahw-**. *For example* **'áwnahwah** *he has sat down* ['awi—ah] [ABS.SG—PERF]. **pitninahwah** *they (du) have sat down* [wiht-hani—ah] [DU-ABS.PL—PERF]. **haniwanahwah** *they (pl) have sat down* [hani-wa—ah] [ABS.PL-ANIM.PL—PERF]. **hít'áwnah** *he sat down* [hít='awi—] [PAST=ABS.SG-ANIM.PL—]. **háh'áwnáwsa'** *he's sitting down* [hák='awi— sa'] [IND=ABS.SG—IMPFV]. **áwnáwchah** *he's going to sit down* ['awi—chah] [ABS.SG— INTENT]. **tsi:wínáwchah** *I'm going to sit down* [tsi-'awi—chah] [1.AGT-ABS.SG—INTENT]. **dà:winah** *sit down!* [yah'-'awi—] [2.AGT-ABS.SG—].
sit inside *verb base* **-kah'awis-** [kah-'awis] [inside-sit]. *For example* **hákkà:wissa'** *he's sitting inside* [hák—sa'] [IND—IMPFV]. **háhnachà:wissa'** *they (pl) are sitting inside* [hák=na-t— sa'] [IND=ABS.PL-BENFV—IMPFV]. **háhwìn:chà:wissa'** *they (du) are sitting inside* [hák=wiht- na-t—sa'] [IND=DU-ABS.PL-BENFV—IMPFV]. **háhtsikà:wissa'** *I'm sitting inside* [hák=tsi— sa'] [IND=1.AGT—IMPFV].
sit up *verb base* -**'awist'aháy-** ['awis-t-'a-háy] [sitting-NOM-PREVB-rise]. *For example* **kaki:wist'aya** *to sit up* [kak=yi—] [SUB=DEFOC.AGT—]. **'awist'ahá:yah** *he has sat up* [— ah] [—PERF].
six *numeral* **dán:kih**.
size, be a certain *verb base* -**'ihut-** ['i-hut] [PREVB-be.a.certain.size]. *For example* **'ihuthah** *it's that size* [—hah] [—HAB]. **pá:hah** *they are that size* [wa—hah] [ANIM.PL—HAB]. **'isihda:wá:hah** *the beans are that size* [—sihda'-wa—hah] [—beans-ANIM.PL—HAB]. **sittún:tut** *how big his is* [sít=nu-nut—] [WH.INTERROG=3.BEN-BENFV—]. **sittúntutchah** *how big his is going to be* [sít=nu-nut—chah] [WH.INTERROG=3.BEN-BENFV—intent]. **sidàn:tut** *how big yours is* [sít=yah'u-nut—] [WH.INTERROG=2.BEN-BENFV—].

skeleton *phrase* **háyá:nuh kahnán:na'ah** *a person made of bones.*

skin *see* **hide, skin.**

skin, outer *noun root* **kah'nusht-** *For example* **kah'nusht'uh** *outer skin* [—'uh] [—NN.SUFF]. **kakkah'nushtsa'ah** *that which is outer skin* [kak—ya'ah] [SUB—be].

skunk, polecat (Putorius putorius) *noun root* **danchín-**. *For example* **danchín:tsi'** *skunk* [—tsi'] [—HYPO]. *Also* **wihit.**

sky *noun root* **kahchah-**. **kakkahcháy'ah** *that which is sky* [kak—ya'ah] [SUB—be]. *See also* **cloud, sky.**

slave *noun* **hihuh.**

sleep *noun root* **yahk-**. *For example* **háh'ikkihsa'** *he's sleeping* [hák—sa'] [IND—IMPFV]. **hít'ikkih** *he slept* [hít—] [PAST—]. **híttsi:dikih** *I slept* [hít=tsi—] [PAST=1.AGT—]. **yahk'uh** *sleep* [yahk-'uh] [sleep-NN.SUFF].

sleepy, be *verb base* **-'idikih'n'u-** ['i-dikih-'n-'u] [PREVB-sleep-INCH-MID]. *For example* **háh'ikkín'usa'** *he's sleepy* [hák—sa'] [IND—IMPFV]. **hákkudikín'usa'** *I'm sleepy* [hák=ku—sa'] [IND=1.PAT—IMPFV]. **hákkuwakkín'usa'** *we're sleepy* [hák=ku-wa—sa'] [IND=1.PAT-ANIM.PL—IMPFV].

sleep, go to *verb base* **-'idikih'n-** ['i-dikih-'n] [PREVB-sleep-INCH]. *For example* **tsi:dikín:chah** *I'm going to go to sleep* [tsi—chah] [1.AGT—INTENT]. **'ikkí:nah** *he has fallen asleep* [— ah] [—PERF]. **háh'ikkí:sa'** *he's falling asleep* [hák—sa'] [IND—IMPFV]. **'ikkín:chah** *he's going to fall asleep* [—chah] [—INTENT].

sleighbell *see* **copper, copper bucket, sleighbell.**

slice *see* **cut up, slice, chop.**

slip *verb base* **-'inibáhyuniki-** ['ini-báh-yuniki] [lying-PREVB-escape]. *For example* **kah'a:nibáhyunih** *to slip* [kak='a—] [SUB=DEFOC.PAT—]. **'ímbáhyún:kah** *he has slipped* [—ah] [—PERF]. **'ímbáhwáyún:kah** *they have slipped* [—wa—ah] [—ANIM.PL—PERF].

slow *see* **heavy, slow.**

small *adjective root* **-yúhtiti'**. *For example* **háyúhtiti'** *small* [ha—] [ADJ.PREF—]. Hainai **habánáshtsi'** *small* [ha—tsi'] [ADJ.PREF—HYPO].

small amount *noun root* **daw-**. *For example* **dawtiti'** *a small amount, a little bit* [—titi'] [—DIM].

smallpox *noun root* **ní:bán-**. *For example* **ní:bán:'uh** *smallpox* [—'uh] [—NN.SUFF]. **hatinu' ní:bán:'uh** *red smallpox, measles*.

smart *adjective* **wídah'ni'**.

smile *verb base* **-wit'awiyáw'anut-** [wit-'awi-yáw- 'a-nut] [MIND-ABS.SG-?-PREVB-please]. *For example* **kah'áwt'áwyáw'nut** *to smile* [kak='a—] [SUB=PREVB—]. **háhwitníyáwwanussa'** *they (pl) are smiling* [hák=wit-hani-yáw—wa—nut-sa'] [IND=mind-abs.pl-?—ANIM.PL—please-IMPFV]. **háhwit'awiyáw'anussa'** *he's smiling* [hák—sa'] [IND—IMPFV]. **háhwù:táníyáwwanussa'** *they (du) are smiling* [hák=wiht—sa'] [IND=DU—IMPFV]

smoke (noun) *noun root* **hi'us-** *or* **di'us-**. *For example* **kahi'ush'ah** *that which is smoke* [kak—ya'ah] [SUB—be]. **hi'ú:suh** *smoke* [—'uh] [—NN.SUFF].

smoke (verb) *verb base* **-kahwá'-** [kah-wá'] [inside-smoke]. *For example* **hákkahwá'sa'** *he's smoking* [hák—sa'] [IND—IMPFV]. **sahkahwá'hah** *do you smoke?* [sah'—hah] [2.AGT.IRR— HAB]. **háhtsikahwawá'hah** *we (pl) smoke* [hák=tsi—wa—hah] [IND=1.AGT—ANIM.PL— HAB].

smooth, slippery *adjective root* **-inku'**. *For example* **háin:ku'** *smooth, slippery* [ha—] [ADJ.PREF—].

snake *noun* **kikah**.

snake, bullhead *see* **spread**.

sneeze *verb base* **-hahánt'ish-** [ha-hánt'ish] [space-sneeze]. *For example* **hahánt'ishnah** *he has sneezed* [—nah] [—PERF]. **háwá:nt'ishnah** *they have sneezed* [—wa—nah] [—ANIM.PL—PERF]. **háhahánt'ishsa'** *he's sneezing* [hák—sa'] [IND—IMPFV]. **hákkuhá:nt'ishwit'ihsa'** *I want to sneeze* [hák=ku—wit-'a'ih-sa'] [IND=1.PAT—mind-be.present-IMPFV].

sniff *verb base* **-ká'su'-** [ká-'s-u'] [PREVB-sniff-MID]. *For example* **hákká:su'sa'** *he's sniffing* [hák—sa'] [IND—IMPFV]. **hákkáwà;su'sa'** *they're sniffing* [hák—wá—sa'] [IND—ANIM.PL—IMPFV].

snort *verb base* **-kawáy'u-**. *For example* **hákkáwáy'usa'** *it's snorting* [hák—sa'] [IND—IMPFV]. **hákkáwáwáy'usa'** *they're snorting* [hák—wa—sa'] [IND—ANIM.PL—IMPFV].

snow (noun) *see* **ice, snow.**

snow *phrase* **hinah háh'áwya'suh** *it's precipitating snow, its snowing.* **hinah háh'áwwissa'** *snow is arriving, it's beginning to snow.*

soak (trans) *verb base* **-hawatya'-** [hawat-ya'] [in.water-?]. *For example* **kahawátsa'** *to soak* [kak—] [SUB—].

soap *see* **wash.**

soap weed *see* **hemp, bear grass, soap weed.**

soft, tender *adjective root* **-ch'únu'**. *For example* **hach'ú:nu'** *soft, tender* [ha—] [ADJ.PREF—].

soldier *noun* **sún:dah.** From French *soldat.*
fort, army, Ft. Cobb. Na Sún:dah *at the soldier.*

sometimes *adverb* **kúkasáht'i'.**

somewhere *adverb* **'ínniyah.**

song *noun root* **n-**. *For example* **kahunnahní:'ah** *those which are songs* [kak=nu-n—ni-ya'ah] [SUB=3.BEN-BENFV—DIST-be]. **kahun'nan** *number of songs* [kak=nu-n—'a-nih] [SUB=3.BEN-BENFV—PREVB-make].

song, kind of *noun root* **dánuh-**. *For example* **dánuhtsi'** *kind of song* [—tsi'] [—HYPO].

son-in-law *see* **father-in-law, son-in-law.**

son, daughter, nephew, niece *noun root* **han-**. *For example* **hanin'** *son, daughter, nephew, niece* [—'] [kinsman.of.someone.not.speaker]. **haninti'ti'** *younger son, daughter, nephew, niece* [—in'-ti'ti'] [—kinsman not of speaker-DIM].

soot *see* **dipper, soot.**

sound of hitting *exclamation* **k'uh k'uh.**

sour *adjective root* **-bashku'**. *For example* **habashku'** *sour* [ha—] [ADJ.PREF—]. Also a meat preparation.

south *phrase* **kuna hatidu'** *in the direction of hot*.

space *noun root* **ha-**. *For example* **kutáy:'ah** *my space* [ku-t—ya'ah] [1.BEN-BENFV—be]. **tutáy'ah** *his space* [nu-t—ya'ah] [3.BEN-BENFV—be].

spade (card suit) *phrase* **mán hadiku'** *black heart*.

Spanish moss *noun* **hi'nih**.

speech, language *noun root* **baka-**. *For example* **kahawkáy'ah** *that which is speech, language* [kak=ha—ya'ah] [SUB=space—be].

sphere, round object *noun root* **kidúnk-**. *For example* **kidúncha'ah** *it's a sphere* [—ya'ah] [— be]. **kakkidúncha'ah** *that which is a sphere* [kak—ya'ah] [SUB—be].

spider *noun* **tasih**.

spider web *phrase* **tasih kahusbán'nah**.

spill over *verb base* **-'awidawatak-** ['awi-dawa-tak] [ABS.SG-PREVB-emerge]. *For example* **'awippakkah** *it has spilled over* [—ah] [—PERF]. **ka'náwdáwtakah** *the liquid has spilled over* [kan—ah] [liquid—PERF]. **'áwdáwtáh'nah** *he has made it spill over* [—'n- ah] [liquid—CAUS-PERF].

spill (intrans) *verb base* **-'i'hahw-** ['i-hahw] [PREVB-spill]. *For example* **kat'i:hahwah** *the liquid has spilled* [kat—ah] [liquid—ah]. **híkkat'i'hah** *the liquid spilled* [hít=kat—] [PAST=liquid—]. **hákkat'i:háwsa'** *the liquid is spilling* [hák=kat—sa'] [IND-liquid—IMPFV]. **kat'i:háwchah** *the liquid is going to spill* [kat—chah] [liquid—INTENT].
tuchat'i:hahwah *her liquid has spilled* [nu-t-kat—ah] [3.BEN-BENFV-liquid—ah]. **tumbát'i:hahwah** *her gravy has spilled* [nu-n-bát—ah] [3.BEN-BENFV-flour—PERF].

spill (trans) *verb base* **-'i'hahw'-** ['i-hahw-'] [PREVB-spill-CAUS]. *For example* **híkkat'i'haw'** *she's spilling the liquid, emptying it out* [hák=kat—sa'] [IND=liquid—IMPFV]. **dahkat'i'haw'** *empty out the liquid!* [yah'-kat—] [2.AGT-liquid—].

spine *noun root* **pit-**. *For example* **pit'uh** *spine* [—'uh] [—NN.SUFF].

split *see* **fork, split, divide.**

spoil (intrans) *verb base* **-háy'áy-** [háy-'áy] [event-spoil]. *For example* **háháy'áysa'** *it's spoiling* [hák—sa'] [IND—IMPFV]. **háy'áychah** *it's going to spoil* [—chah] [—INTENT].

spoil (trans) *verb base* **háy'áy'** [háy-'áy-'] [event-spoil-CAUS]. *For example* **tsiháy'áy'chah** *I'm going to spoil it* [tsi—chah] [1.AGT—INTENT]. **pihtáy'áy'chah** *they (du) are going to spoil it* [wiht—chah] [DU—INTENT]. **háywa'áy'chah** *they (pl) are going to spoil it* [—wa— chah] [—ANIM.PL—INTENT]. **kannáy'áy'wa'** *it will spoil the water* [kan—wa'] [water—FUT].

sponge down *see* **wet, sprinkle, sponge down.**

spoon *see* **horn, spoon.**

spoon (Hainai) *see* **shell.**

spray *verb base* **-háyk'ahwa'n-** [háyk-'ahwa'n] [PREVB-spray]. *For example* **kakiháyk'áhwan'** *for one to spray* [kak=yi—] [SUB=DEFOC.AGT—]. **háyk'áhwa'nah** *he has sprayed* [—ah] [—PERF]. **háyba'áhwan'hah** *they spray* [—wa—hah] [—ANIM.PL—HAB].

spread *verb base* **-káppitsíy-** [káppi-tsíy] [PREVB-spread]. *For example* **káppitsí:yah** *it has spread* [—ah] [—PERF]. **hákkáppitsí:sa'** *it's spreading* [hák—sa'] [IND—IMPFV]. **hákkáppiwatsí:sa'** *they're spreading* [hák—wa—sa'] [IND—ANIM.PL—IMPFV]. **kakkáppitsih** *it spreads, spreading alder, bullhead snake* [hák—sa'] [IND—IMPFV].

spread out, be *verb base* **-yáhnih-** [ya-'hnih] [PREVB-be.spread.out]. *For example* **háhyáhnihsa'** *it's being spread out* [hák—sa'] [IND—IMPFV]. **háts'ihyáwáhnihsa'** *they're already spread out, the beds are made* [háts'ik—wa—sa'] [PRIOR.IND—ANIM.PL—IMPFV].

spring (season) *noun* **hashnih.**

sprinkle *see* **wet, sprinkle, sponge down.**

sprinkle clothes *verb base* **-hakachánkibádi'n-** [hakachán-ki-bád-i'n] [clothes-PREVB-be.wet- CAUS]. *For example*

kakihkachánchibá:din' *for one to sprinkle clothes* [kak=yi] [SUB=DEFOC.AGT—].

squash bug *see* **June bug, squash bug, stink bug.**

squash, summer *see* **gourd, stinking.**

squeak *see* **creak, squeak.**

squeeze, pinch *verb base* **-'awikáw't'ú'-** [awi-káw'-t'ú'] [GOAL-PREVB-squeeze]. *For example* **kaki:wikáw't'u'** *to squeeze something* [kak=yi—] [SUB=DEFOC.AGT—]. **tsi:wikáw't'ú'ah** *I've squeezed it* [tsi—ah] [1.AGT—PERF]. **'áwkàw:wat'ú'chah** *they're going to squeeze it* [—wa—chah] [—ANIM.PL—INTENT].

squirrel *noun* **shiwah.**

squirrel, ground *noun root* **dá:kúy-.** *For example* **dá:kúytsi'** *ground squirrel* [—tsi'] [—HYPO].

stalk *noun root* **hándat-.** *For example* **kahándats'ah** *that which is a stalk* [kak—ya'ah] [SUB— be]. **kahándanna'ah** *those which are stalks* [kak—ha-ya'ah] [SUB—DIST-be].

stamp one's feet *verb base* **-ay'inibi'sak-** [ay-'ini-bi'-sak] [feet-lying-PREVB-stomp]. *For example* **hítayniw'sah** *he stamped his feet* [hít—] [PAST—]. **dáhayniw'sah** *stamp your feet!* [yah'—] [2.AGT—].

stand up *verb base* **-'anikisháy-** ['anikis-háy-] [standing-rise]. *For example* **hít'ánkisay** *he stood up* [hít—] [PAST—]. **tsi:nihsahá:yah** *I have stood up* [tsi—ah] [1.AGT—ah]. **hánánkiswahá:yah** *they have stood up* [hana—wa—ah] [CONT—ANIM.PL—PERF]. **'ánkisáychah** *he's going to stand up* [—chah] [—INTENT]. **dà:nihsahay** *stand up!* [yah'—] [2.AGT—]. **'ánkisá:yah** *he has stood up* [—ah] [—PERF].

stand upright *verb base* **-dahháki'ni-** [dah-hak-i'ni] [PREVB-stand.upright-CAUS]. *For example* **dahwaháh'nah** *they've stood it upright* [dah-wa—'n] [PREVB-ANIM.PL—CAUS]. **kakitá:kin'** *for one to stand something upright* [kak=yi—] [SUB=DEFOC.AGT—]. **daháh'nah** *he has stood it upright* [—ah]

[—PERF]. **tsitáh'nichah** *I'm going to stand it upright* [tsi—chah] [1.AGT—INTENT].

standing on a table, be *verb base* **-kid'anikis-** [kid-'anikis] [elevated.surface-be.standing]. *For example* **hákkidánkisa'** *it's standing on the table* [hák—'a'] [IND—be.present]. **háhnashdánkisa'** *things are standing on the table* [hák=na—'a'] [IND=DIST—be.present].

standing, vertical *verb base* **-datchah-** *For example* **háhdatchah** *it's standing, vertical* [hák—] [IND—].

star *noun* **tsíwk'as.**

steal *verb base* **-hakána'-** [ha-kán-a'] [space-PREVB-be]. *For example* **hítaká:na'** *he stole it* [hít—] [PAST—]. **hítakámma'** *they stole it* [hít—wa—] [PAST—ANIM.PL—].

steer *noun* **'yáy'shah.**

step into water *verb base* **-hawatshahyniki-** [hawat-shahy-niki] [liquid-step.down-be.standing]. *For example* **kakihwatsáy:nih** *to step into water* [kak=yi—] [SUB=DEFOC.AGT—]. **tsihwatsáynikah** *I've stepped into water* [tsi—ah] [1.AGT—PERF]. **hawatsáynikah** *he's stepped into water* [—ah] [—PERF]. **dáhwatsáy:nih** *step into the water!* [yah'—] [2.AGT—]. **táywatsáynikah** *they (pl) have stepped into water* [na—ah] [ABS.PL—PERF]. **pìn:náywatsáynikah** *they (du) have stepped into water* [wiht-ni-na—ah] [DU-DIST-DIST—PERF].

step on *verb base* **-'inibisak-** ['ini-bisak] [lying-step.on]. *For example* **kaki:niw'ch'a'** *to step on something* [kak=yi—] [SUB=DEFOC.AGT—]. **'iniwwach'a'ah** *they've stepped on it* [—wa— ah] [—ANIM.PL—PERF]. **di:niwsakah** *one stepped on him* [yi—ah] [DEFOC.AGT—PERF].

stepmother *noun* **'ikuy'.**

step, pace *phrase* **'wísts'i' kaki:nas'achah** *one step, one pace.*

step, take a *verb base* **-'anas'achahk-** ['a-nas-'a-chahk] [PRENN-foot-PREVB-jump]. *For example* **kaki:nas'achah** *to take a step* [kak=yi—] [SUB=DEFOC.AGT—]. **'anas'achahkah** *he has taken a step* [—ah] [—PERF]. **'anaswachahkah** *they have taken a* step [—wa—ah] [— ANIM.PL—PERF]. **hít'anas'achah** *he took a step* [hít—] [PAST—].

stick *noun root* **bahshuht-**. *For example* **bahshuht'uh** *stick* [—'uh] [—NN.SUFF]. **kahbahshú:ts'ah** *that which is a stick* [kak—ya'ah] [SUB—be]. **kahbahshún'nah** *those which are sticks* [kak—na-ya'ah] [SUB—DIST-be]. **bahshún:na'ah** *sticks* [—na-ya'ah] [— DIST-be].

stick in a body part *verb base* **-kahwaníy-** [kah-waníy] [INSIDE-insert]. *For example* **k'áncháwní:yah** *he has stuck his head in* [k'ánt—ah] [head—PERF]. **'isukáwní:yah** *he has stuck his nose in* ['isu—ah] [nose—PERF]. **'anahkáwní:yah** *he has stuck his foot in* ['anas—ah] [foot—PERF]. **hít'isikáwnih** *he stuck his hand in* [hít='isi—] [PAST=hand—]. **hít'isínchahwáwnih** *they stuck their hands in* [hít='isi-na—wa—] [PAST=hand-DIST— ANIM.PL—]. **'isíkáwni:chah** *he's going to stick his hand in* ['isi—chah] [hand—INTENT]. **'isukáwní:hah** *he sticks his nose in* ['isu—hah] [nose—HAB]. **híbi: 'isukáwní:hah** *he always sticks his nose in*.

still, yet, most *adverb* **háy:shi'** *still, yet, most*. **háy:shi' ha'ahat** *the best (most good)*.

stink bug *see* **June bug, squash bug, stink bug**.

stinking *see* **rotten, stinking**.

Stinking Creek (east of Cogar, Oklahoma). **Na Haká:ch'ah** *at stinking*.

stir *verb base* **-ká'hwí'-** [ká-'hwí'] [PREVB-stir]. *For example* **kakiká'hwi'** *for one to stir* [kak=yi—] [SUB=DEFOC.AGT—]. **kà:wí:'ah** *she has stirred it* [—ah] [—PERF]. **kà:wí'chah** *she's going to stir it* [—chah] [—INTENT]. **dahká'hwi'** *stir it!* [yah'—] [2.AGT—]. **dah'wihchá'hwi'** *stir it! (du)* [yah'-wiht—] [2.AGT-DU—]. **dahkáwá'hwi'** *stir it! (pl)* [yah'—wa—] [2.AGT—ANIM.PL—]. **dahkuchá'hwi'** *stir it for me!* [yah'-ku-t—] [2.AGT- 1.BEN-BENFV—]. **nakínká'hwi'** *one uses it for stirring fire, poker* [nak=yi-na—] [INST.SUB=DEFOC.AGT-fire—].

stir liquid *verb base* **-káttabíniki-** [kat-ta-bíniki] [water-PREVB-rotate]. *For example* **kakikáttabí:nih** *for one to stir* [kak=yi—] [SUB=DEFOC.AGT—]. **hákkáttabínkisa'** *she's stirring it* [hák—sa'] [IND—IMPFV]. **hákkáttawabínkisa'** *they're stirring it* [hák—wa— sa'] [IND—ANIM.PL—IMPFV]. **nídikáttabí:nih** *what one stirred, fried corn mush* [nít=yi—] [PAST.GEN.PTCPL=DEFOC.AGT—]. **hákkáttabínkisa'** *she's stirring the water* [hák—sa'] [IND— IMPFV]. **hákkáttawabínkisa'** *they're stirring the water* [hák—wa—sa'] [IND—ANIM.PL—IMPFV].

stomach *see* **belly.**

stomach ache, have a *verb base* **-nunbinnhanwi'-** [nu-n-binn-han-wi'] [3.BEN-BENFV-belly-PREVB- feel.pain]. *For example* **híttúmbinnammi'hah** *he had a stomach ache* [hít—hah] [PAST— HAB]. **hákkúmbinnammi'sa'** *I'm having a stomach ache* [hák=ku—sa'] [IND=1.PAT— IMPFV]. **híttúmbinnammáwi'hah** *they had stomach aches* [hít—wa—hah] [PAST—HAB].

stomp dance *noun* **kakittihánhakah.**

stomp on *verb base* **-'inibi'sak-** ['ini-bi'-sak] [lying-PREVB-stomp.on]. *For example* **'iniwsakah** *he has stomped on it* [—ah] [—PERF]. **hít'iniw'sah** *he stomped on it* [hít—] [PAST—]. **hít'iniwwá:sah** *they stomped on it* [hít—wa—] [PAST—ANIM.PL—]. **dà:niw'sah** *stomp on it!* [yah'—] [2.AGT—].

stone, rock *noun root* **sik-.** *For example* **sik'uh** *stone, rock* [—'uh] [—NN.SUFF].

stooped over, be *verb base* **-'awi'itsudatchah-** ['awi-'i-tsu-datchah] [OBLIQUE-PREVB-stooped- be.standing]. *For example* **háh'áw'isdatchah** *he's stooped over, down on all fours* [hák—] [IND—]. **háhtsi:wi:tsudatchah** *I'm stooped over* [hák—] [IND—].

stop (intrans) *verb base* **-hahnín-** [hah-nín] [PREVB-stop]. *For example* **hítahni:** *he stopped* [hít—] [PAST—]. **hahwaní:nah** *they have stopped* [—wa—ah] [—ANIM.PL—PERF]. **hahní:nah** *it* has stopped [—ah] [—PERF]. **hahnínhah** *he stops* [—hah] [—HAB]. **hahnínchah** *he's going to stop* [—chah] [—INTENT]. **dáhahni:** *stop!* [yah'—] [2.AGT—].

stop (trans) *verb base* **-hahní'n-** [hah-nín-'] [PREVB-stop-CAUS]. *For example* **tsihahní'nah** *I've stopped him* [tsi—] [1.AGT—].

stop, camp *verb base* **-hahnín-** [hah-nín] [PREVB-stop, camp]. *For example* **hítahnínnih** *he went over there and camped* [hít—nih] [PAST—AND].

store *see* **possession, property, merchandise, store.**

story *noun root* **náyúht-** [ná-yúh-t] [story-tell-NOM]. *For example* **tá:yúhtsa'ah** *it's a story* [— ya'ah] [—be]. **kahná:yúhtsa'ah** *that which is a story* [kak—ya'ah] [SUB—be].

stout *adjective root* **–dánnu'**. *For example* **hadánnu'** *stout* [ha—] [ADJ.PREF—].

stove *phrase* **Tsah Bin'nuh** *Mister Belly.*

straight, Monday *adjective root* **–ishuh**. *For example* **haishuh** *straight, Monday* [ha—] [ADJ.PREF—].

stranded, get *see* **stuck or stranded, get.**

stranger, foreigner, foreign tribe *noun root* **náwyahni-**. *For example* **kahnáwyahní:'ah** *for him to be a stranger* [kak—ya'ah] [SUB—be].

strangle *see* **choke, strangle.**

straw *noun* **sabit.**

strawberry *noun* **sukahbay.**

stretch *verb base* **-ká'uwasáy'u-** [ká'uwa-sáy-'u] [PREVB-emerge-MID]. *For example* **ká'uwasáy'unah** *he has stretched* [—nah] [—PERF]. **tsiká'uwasáy'unah** *I have stretched* [tsi—nah] [1.AGT—PERF]. **ká'uwawasáy'unah** *they have stretched* [—wa—nah] [— ANIM.PL—PERF].

string *see* **thread, string.**

striped, checkered *adjective root* **-k'úsín**. *For example* **hak'ú:sin** *striped* [ha—] [ADJ.PREF—]. **hak'ú:sin dì:tamah** *striped horse, zebra.* **kikah hak'ú:sin** *striped snake.*

strong *adjective root* **-'ik'ay**. *For example* **ha'ik'ay** *strong* [ha—] [ADJ.PREF—].

stubborn *adjective* **witsí:kih**.

stuck or stranded, get *verb base* **-yikahík-** [yika-hík] [PREVB-get.stuck]. *For example* **dikahí:kah** *he's gotten stuck* [—ah] [—PERF]. **dikahíh'a'** *he'll get stuck* [—'a'] [—FUT]. **píkkáykahí:kah** *they (du) have gotten stuck* [wiht-haka—ah] [DU-INDIV—PERF]. **hakáykawahí:kah** *they (pl) have gotten stuck* [haka—wa—ah] [INDIV—ANIM.PL—PERF]. **kúykahíhchah** *I'm going to get stuck* [ku—chah] [1.PAT—INTENT].

stuck, get *verb base* **-yikahíy-** [yika-híy] [PREVB-be.stuck]. *For example* **dikahí:yah** *he's gotten stuck* [—ah] [—PERF]. **píkkáykahí:yah** *they (du) have gotten stuck* [witht-haka—ah] [DU-INDIV—PERF]. **hakáykawahí:yah** *they (pl) have gotten stuck* [haka—wa—ah] [INDIV— ANIM.PL—PERF]. **kúykahí:yah** *I've gotten stuck* [ku—ah] [1.PAT—PERF].

stuck under water, be *verb base* **-hawatnukahhík-** [hawat-nukah-hík] [liquid-under-be.stuck]. *For example* **hawatnukahí:kah** *he's gotten stuck under water* [—ah] [—PERF]. **hawatnukahíhshiyah** *he's gotten stuck under water over there* [—shiyah] [— TRANSLOC.PERF].

stump *noun base* **yabíwtsu-**. *For example* **kahyabíwtsudatchah** *that which is a stump* [kak—datchah] [SUB—standing].

stutter *verb base* **bakatyikahíy** [bak-t-yika-híy] [voice-?-PREVB-get stuck]. *For example* **hawkátdikahí:hah** *he stutters (his voice gets stuck)* [ha—hah] [time—HAB].

succeed *verb base* **-thayánt-** [t-hayán-t-ya'ah] [BENFV-succeed-NOM-be]. *For example* **kúyatáyántsa'** *it didn't succeed* [kú=ya—] [NEG=3.IRR—].

succeed with difficulty *verb base* **-dáw'uh-**. *For example* **háhdáw'uhsa'** *he's succeeding with difficulty* [hák—sa'] [IND—IMPFV].

suck *verb base* **-kik'úd-** [ki-k'úd] [PREVB-suck]. *For example* **'ahi:dah** *he has sucked* [—ah] [— PERF]. **háh'ahissa'** *he's* *sucking* [hák—sa/] [IND—IMPFV]. **háh'awahissa'** *they're sucking* [hák—wa—sa/] [IND—ANIM.PL—IMPFV]. **háhtsi'issa'** *I'm sucking* [hák=tsi—sa/] [IND=1.AGT—IMPFV]. **dákk'ut** *suck it!* [yah'—] [2.AGT—]. **kakikk'ut** *for one to suck* [kak=yi—] [SUB=DEFOC.AGT—]. **kid'ú:dah** *he has sucked* [—ah] [—PERF]. **hákkik'ússa'** *he's sucking* [hák—sa'] [IND—IMPFV]. **kik'útchah** *he's going to suck* [—chah] [—INTENT]. **kiwak'útchah** *they're going to suck* [—wa—chah] [—ANIM.PL—INTENT]. **dákk'ut** *suck it!* [yah'—] [2.AGT—].

suet *see* **fat, bacon, suet.**

sugar *see* **sweet, sugar** *phrase* **widish habitsaw** *sweet salt.*

Sugar Creek. Na Widish Habitsaw.

suitcase *phrase* **nahakachánchahsa' kahbáhtsa'ah** *bag to put clothes in.*

sumac *noun* **dá:hat.**

sun *noun root* **sak-**. *For example* **sak'uh** *sun* [—'uh] [—NN.SUFF].

Sunday *noun* **'íniku'**. *Also* **hill, church, Christian.**

sunflower *noun root* **bahán-**. *For example* **bahán:tsi'** *sunflower* [—tsi'] [—HYPO].

sunflower, small *noun* **bachahdah.**

surgery *see* **cut.**

surprise *verb base* **-kahwáwdu'di'n-** [kah-wáw-du'-di'n] [INSIDE-be.surprised-MID-CAUS]. *For example* **t'akahwáwdu:din'na'** *I'll surprise you* [t'a—'a'] [1.AGT/2.PAT—be.present].

surprised, be *verb base* **-kahwáwdu'uh-** [kah-wáw-du'uh] [inside-be.surprised-MID]. *For example* **kah'akahwáwdu'uh** *for one to be surprised* [kak='a—] [SUB=DEFOC.PAT—]. **kahwáwdu'nah** *he has been surprised* [—nah] [—PERF]. **kukahwáwdu'nah** *I've been surprised* [ku—nah] [1.pat—PERF]. **tsichahwáwáwdu'nah** *I've been surprised at them* [tsi-t-wa—nah] [1.AGT-BENFV-ANIM.PL—PERF].

swan *see* **crooked, swan, pelican.**

sweat *verb base* **-kawtaki-** [kaw-taki] [sweat-stand]. *For example* **kawtaht'uh** *sweat (noun)* [—t-'uh] [—NOM-NN.SUFF].

hákkawtahsa' *he's sweating* [hák—sa'] [IND—IMPFV]. **hákkukawtahsa'** *I'm sweating* [hák=ku—sa'] [IND=1.PAT—IMPFV]. **hákkawwáhkisa'** *they're sweating* [hák—wa—sa'] [IND—ANIM.PL—IMPFV].

sweep *verb base* **-ha'abi'n-** [ha-'a-bi'n] [space-PREVB-sweep]. *For example* **kakih'abin'** *for one to sweep* [kak=yi—] [SUB=DEFOC.AGT—]. **híta'bin'** *she swept* [hít—] [PAST—]. **híttsih'abin'** *I swept* [hít=tsi—] [PAST=1.AGT—]. **háha:bi'sa'** *she's sweeping* [hák—sa'] [IND—IMPFV]. **háha:wabi'sa'** *they're sweeping* [hák—wa—sa'] [IND—ANIM.PL—IMPFV]. **dáh'abin'** *sweep!* [yah'—] [2.AGT—]. **nakih'abin'** *one uses it to sweep with, broom, buckbush* [nak=yi—] [INST.SUB=DEFOC.AGT—].

sweet, sugar *adjective root* **–bitsaw.** *For example* **habitsaw** *sweet* [ha—] [ADJ.PREF—].

swell *verb base* **-'awidíy-** ['a-widíy-] [PREVB-swell]. *For example* **kah'áw:di:** *to swell* [kak—[SUB—]. **pidí:yah** *it's gotten swollen* [—ah] [—PERF]. **hakáwáwdí:yah** *they've gotten swollen* [haka-wa—ah] [INDIV-ANIM.PL—PERF].

swell one's throat *verb base* **-nba'kwidíy-** [n-ba'k-widíy] [BENFV-throat-swell]. *For example* **kah'umbaw'di:** *that which swells one's throat, mumps* [kak=nu—] [SUB=3.BEN—].

swim *verb base* **-yahkis-** [yah-kis] [PREVB-swim]. *For example* **kakiyahkis** *to swim* [kak=yi—] [SUB=DEFOC.AGT—]. **hítdahkis** *he swam* [hít—] [PAST—]. **híttsiyahkis** *I swam* [hít=tsi—] [PAST=1.AGT—]. **dah'yahkis** *swim!* [yah'—] [2.AGT—].

sympathy *noun* **dáwnashi'.**

syphillis, venereal disease *noun* **tasu'.**

syrup *see* **rigid, viscous, syrup.**

T

table *see* **eat a meal.**

tadpole *noun root* **binchak'á'-.** *For example* **binchak'á'tsi'** *tadpole* [binn-kak'á'-tsi'] [belly-cry-HYPO].

tail *noun root* **batt-**. **kahbattsa'ah** *that which is a tail* [kak—ya'ah] [SUB—be].

take *verb base* **-ni'adih-** [ni-'a-dih] [PORT-PREVB-go]. *For example* **híkkún:'at** *I was taken* [hít=ku—] [PAST=1.PAT—]. **háhni:dihsa'** *he's taking it* [hák—sa'] [IND—IMPFV]. **ti:dihchah** *he's going to take it* [—chah] [—INTENT]. **tsín'adihchah** *I'm going to take it* [tsi—chah] [1.AGT—INTENT]. **pih'nadihchah** *they (du) are going to take it* [wiht—chah] [DU—INTENT]. **dáh'wih'nat** *take it (du)!* [yah'-wiht—] [2.AGT-DU—]. **dáh'nawat** *take it (pl)!* [yah'—wa—] [2.AGT—ANIM.PL—]. **tu'nadihchah** *he's going to take it to him* [nu-t—chah] [3.BEN-BENFV—INTENT]. **nátti' hachah híkkún:at** *at least I was taken there.*

take back, catch up *verb base* **ni'ahuhn** [ni-'a-huhn] [PORT-PREVB-return]. *For example* **ti:huhnah** *he has taken it back* [—ah] [—PERF]. **hítti'huh** *he took it back* [hít—] [PAST—]. **ti:húnhah** *he takes it back* [—hah] [—HAB]. **háhni:húysa'** *he's taking it back* [hák—sa'] [IND—IMPFV]. **dáh'nahuh** *take it back!* [yah'—] [2.AGT—].

take down *verb base* **-niwín-** [ni-wín] [PORT-go.down]. *For example* **tíwí:nah** *he has taken it down* [—ah] [—PERF]. **pìm:mí:nah** *they (du) have taken it down* [wiht—ah] [DU—PERF]. **tsímmáwí:nah** *we (pl) have taken it down* [tsi—wa—ah] [1.AGT—ANIM.PL—PERF]. **híttiwi:** *he took it down* [hít—] [PAST—]. **híppím'mi:** *they (du) took it down* [hít=wiht—] [PAST=DU—]. **híttíwá:wi:** *they (pl) took it down* [hít—wa—] [PAST—ANIM.PL—]. **háhníwí:sa'** *he's taking it down* [hák—sa'] [IND—IMPFV]. **tíwín:chah** *he's going to take it down* [—chah] [—INTENT]. **dám'mi:** *take it down!* [yah'—] [2.AGT—].

take out *verb base* **-ká'wisk-** [ká-'wisk] [PREVB-remove.a.chunk]. *For example* **kà:wiskah** *he has taken it out* [—ah] [—PERF]. **tsikà:wischah** *I'm going to take it out* [tsi—chah] [1.AGT—INTENT]. **dahká'wis** *take it out!* [yah'—] [2.AGT—].

dahkáwá'wis *take it out (pl)!* [yah'—wa—] [2.AGT—ANIM.PL—]. **dahkà:wiskih** *go and take it out!* [yah'—ih] [2.AGT—AND].

take something off the table *verb base* **-kidinuh-** [kidi-nuh] [elevated.surface-take.off]. *For example* **híkkidinuh** *he took it off the table* [hít—] [PAST—]. **píshdinuhchah** *they (du) are going to take it off the table* [wiht—chah] [DU—INTENT]. **kidiwanuhchah** *they (pl) are going to take it off the table* [—wa—chah] [—ANIM.PL—INTENT]. **dáhdinuh** *take it off the table!* [yah'—] [2.AGT—]. **tsihdinuhchah** *I'm going to take it off the table* [tsi—chah] [1.AGT—INTENT].

talk *verb base* **bakayányás** [baka-yán-yás] [sound-MCAUS-roam]. *For example* **háhtsiwkáyánná:sa'** *I'm talking* [hák=tsi—sa'] [IND=1.AGT—IMPFV].

tallow *see* **fatty, greasy, tallow.**

tan (a hide) *verb base* **tdáh** [tda-h] [PREVB-tan]. *For example* **kakitdah** *to tan* [kak=yi—] [SUB=DEFOC.AGT—]. **dáhnah** *she has tanned it* [—nah] [—PERF]. **dáwáhnah** *they have tanned it* [—wa—nah] [—ANIM.PL—PERF]. **hítdah** *she tanned it* [hít—] [PAST—]. **hítdawah** *they tanned it* [hít—wa—] [PAST—ANIM.PL—]. **háhdáhsa'** *she's tanning it* [hák—sa'] [IND—IMPFV]. **háhtsitdáhsa'** *I'm tanning it* [hák=tsi—sa'] [IND=1.AGT—IMPFV]. **dáhchah** *she's going to tan it* [—chah] [—INTENT]. **dáhdah** *tan it!* [yah'—] [2.AGT—].

tape measure *see* **ruler, yardstick, tape measure.**

tarantula *noun* **kuy.**

tar, gum *noun* **ká:dut. ká:dut hadiku'** *black tar.*

taste like *verb base* **-kay'-.** *For example* **hákkay'sa'** *it tastes like* [hák—sa'] [IND—IMPFV].

taste something liquid *verb base* **-kashibahw-** [kashi-bahw] [liquid-perceive]. *For example* **kakikashibah** *for one to taste liquid* [kak=yi—] [SUB=DEFOC.AGT—]. **kashibáwchah** *he's going to taste liquid* [—chah] [—INTENT]. **dah'wihchashibah** *taste the liquid (du)!* [yah'- wiht—] [2.AGT-DU—]. **dahkashiwá:bah** *taste the liquid (pl)!* [yah'—wá—] [2.AGT— ANIM.PL—].

taste (intrans) *verb base* **-kay'-**. *For example* **hákkay'sa'** *it tastes* [hák—sa'] [IND—IMPFV]. **kan'nah** *it has tasted* [—nah] [—PERF]. **ha'ahat hákkay'sa'** *it tastes good.* **dún:k'uh nahkush hákkay'sa'** *it tastes just like pork.*

taste (of liquid) *noun root* **kachah-**. *For example* **kakkacháy'ah** *that which is taste (of a liquid)* [kak—ya'ah] [SUB—be].

taste (trans) *verb base* **-kayibahw-** [ka-yi-bahw] [PREVB-PREVB-perceive]. *For example* **kakikáybah** *for one to taste* [kak=yi—] [SUB=DEFOC.AGT—]. **híkkáybah** *he tasted it* [hít—] [PAST—]. **káybáwchah** *he's going to taste it* [—chah] [—INTENT]. **dahkáybah** *taste it!* [yah'—] [2.AGT—].
dah'wihcháybah *taste it (du)!* [yah'-wiht—] [2.AGT-DU—].
dahkáywá:bah *taste it (pl)!* [yah'—wa—] [2.AGT—ANIM.PL—].

Tawaconi *noun* **Tawákunih**.

tea *noun* **ti:**. From French or English.

tear, cut *verb base* **-kiwawiki'n-** [ki-wawik-i'n] [PREVB-separate-CAUS]. *For example* **kakihwáwi:kin'** *for one to tear or cut* [kak=yi—] [SUB=DEFOC.AGT—]. **kíwáwih'nah** *he has torn it* [—ah] [—PERF]. **híkkíwwí:kin'** *he tore it* [hít—] [PAST—].

television *see* **movies, television**.

tell *verb base* **-háyyúh-** [háy-yúh] [event-tell]. *For example* **hítáyyuh** *he told* [hít—] [PAST—]. **háyyúhchah** *he's going to tell* [—chah] [—INTENT]. **tutáyyúhchah** *he's going to tell him* [nu-t—chah] [3.BEN-BENFV—INTENT]. **tsitáyyúhnah** *I've told him* [tsi-t—nah] [1.AGT- BENFV—nah].

tell a story *verb base* **-náyúh-** [ná-yúh] [story-tell]. *For example* **tá:yúhnah** *he has told a story* [—nah] [—PERF]. **híttá:yuh** *he told a story* [hít—] [PAST—]. **tá:yúhah** *he tells stories* [— hah] [—HAB]. **háhná:yúhsa'** *he's telling a story* [hák—sa'] [IND—IMPFV].

tell somebody *verb base* **-tháyyúh-** [t-háy-yúh] [BEN-PLACE-tell]. *For example* **dah'utáywayúhnih** *you (pl) go and tell him!* [yah'-nu—wa—nih] [2.AGT-3.BEN— ANIM.PL—and].

tell somebody something *verb base* **-nubaka'-** [nu-baka-'] [BENFV-speech-make]. *For example* **tsímbaka'** *I told him* [tsi—] [1.AGT—].

temperament, mood *noun root* **ni'akah-**. *For example* **hakáhti' háhni'akah'a'** *he feels on edge*. **ha'ahat ti'akáy'ah** *he's good natured, in a good mood*. **habadah ti'akáy'ah** *he's bad-tempered, in a bad mood*. **hakáhti' ti'akáy'ah** *he's quick-tempered, easily annoyed*. **hakáhti' ti'akánnah** *they're quick-tempered, easily annoyed*. **ha'ahat háhni'akah'a'** *he feels good*.

temple, side of head *noun root* **ká'dú-**. *For example* **kah'akà:dúy'ah** *that which is one's temple* [kak='a—ya'ah] [SUB=DEFOC.PAT—be]. **kúkkà:dú:'a'** *where the temple is* [kúk—'a'] [LOC.SUB—be.present].

ten *numeral* **bínáy'ah**.

tender *see* **soft, tender**.

tent *noun root* **sah-**. *For example* **sah'uh** *tent* [—'uh] [—NN.SUFF].

tent flap *phrase* **naháybih sah'uh** *tent apron*.

tepee *see* **vertical object, tepee**.

testicles *noun root* **náybik-**. *For example* **náybik'uh** *testicles* [—'uh] [—NN.SUFF].

Texas *noun* **Tíhsis. na Tíhsis** *in Texas*.

Thanksgiving. Nu' Nas'a'yah *when you eat turkey*.

that *pronoun* **ná:**

that is *adverb* **'itsi'**.

the coffee is hot *phrase* **hatidu' kapi: kan'nah** *hot coffee liquid is* [kan-ya'ah] [liquid-be].

the water is cold *phrase* **hakuhdu' kú:ku' kan'nah** *cold water liquid is*.

then *see* **there, then**.

there is *verb base* **-haháy'-** [ha-háy'] [space-exist]. *For example* **háhaháy'sa'** *there is* [hák— sa'] [IND—IMPFV].

there, then *adverb* **nátti'**.

thick *adjective root* **-'ik'is**. *For example* **ha'ik'is** *thick* [ha—] [ADJ.PREF—].

thief *noun* **kán:'ah**.

thin (of an object) *adjective root* **–kasah**. *For example* **hakasah** *thin* [ha—] [ADJ.PREF—].

thing, insect *noun* **dika'háy**.

thirsty, be *verb base* **-yahk'ahnu'u-** [yah-k'ah-nu'u] [PREVB-be.thirsty-MID]. *For example* **kahyahk'á:nu'** *to be thirsty* [kak—] [SUB—]. **háhyahk'án'usa'** *he's thirsty* [hák— sa'] [IND—IMPFV]. **hákkuyahk'án'usa'** *I'm thirsty* [hák=ku—sa'] [IND=1.PAT—IMPFV]. **hákkutsahk'án'usa'** *mine is thirsty* [hák=ku-t—sa'] [IND=1.PAT-BENFV—IMPFV]. **hákkuwihtyahk'án'usa'** *we (du) are thirsty* [hák=ku-wiht-t—sa'] [IND=1.PAT-DU-BENFV—IMPFV]. **hákkuyahbak'án'usa'** *we (pl) are thirsty* [hák=ku—ba—sa'] [IND=1.PAT—ANIM.PL—IMPFV].

thirteen *numeral* **bínáy'ah daháw'** *bit ten plus three*.

thirty *numeral* **bínáy'ah daháw'** *ten threes*.

this *pronoun* **dí:**.

thorns, brambles *noun root* **dá:ch-**. *For example* **dá:ch'uh** *thorns, brambles* [—'uh] [— NN.SUFF].

thread, string *noun root* **kahbat-**. *For example* **kahbat'uh** *thread, string* [—'uh] [—NN.SUFF]. **kakkahbatsa'ah** *that which is thread, string* [kak—ya'ah] [SUB—be].

three *numeral* **daháw'**.

three hundred *numeral* **daháw' haishuh** *three straight*.

throat *noun* **ba'k-**. *For example* **ba'chih** *in the throat* [—yih] [—LOC]. **kah'umba'ch'ah** *that which is one's larynx* [kak='u-n—ya'ah] [SUB=DEFOC.BEN-BENFV—be].

throw somebody down *verb base* **-h'abi'n-** [ha'a-bi'ni] [PREVB-hit]. *For example* **kakih'abin'** *for one to throw somebody down* [kak=yi—] [SUB-DEFOC.AGT—]. **kuh'aw'nah** *he has thrown me down* [ku—ah] [1.PAT—PERF]. **dáh'abin'** *throw him down!* [yah'—] [2.AGT—].

thunder *phrase* **'ika' kú:ku'** *grandmother water, thunder.*
thunder (verb) *verb base* **-káhninih-**. *For example* **kakkáhnin** *to thunder* [kak—] [SUB—]. **hákkkáhninihsa'** *it's thundering* [hák—sa'] [IND—IMPFV].
Thursday *phrase* **hiwi' haishuh** *four straight, Thursday.*
tick *noun* **dú:wih.**
tickle *verb base* **-kayiná'di'n-** [ka-yi-ná'-di'n] [PREVB-PREVB-be.ticklish-CAUS]. *For example* **kakikáyná'din'** *for one to tickle somebody* [kak=yi—] [SUB=DEFOC.AGT—]. **káywánà:di'nah** *they have tickled him* [—wa—ah] [—ANIM.PL—PERF].
ticklish, be *verb base* **-kayiná'-** [ka-yi-ná'] [PREVB-PREVB-be.ticklish]. *For example* **hákkáyná'sa'** *he's ticklish, on edge* [hák—sa'] [IND—IMPFV].
tie *verb base* **-kinúsh-** [ki-núsh] [PREVB-tie]. *For example* **kakihnush** *for one to tie something* [kak=yi—] [SUB=DEFOC.AGT—]. **híkkíwá:nush** *they tied it* [hít—wa—] [PAST—ANIM.PL—]. **háhtsihnúshsa'** *I'm tying it* [hák=tsi—sa'] [IND=1.AGT—IMPFV]. **dáhnush** *tie it!* [yah'—] [2.AGT—].
tiger *see* **leopard, tiger.**
timber in a valley *noun root* **bahkah-**. *For example* **bahkahih** [—yih] [—LOC].
timber on a hill *noun root* **dahdín-**. *For example* **dahdínnih** [—yih] [—LOC].
tin bucket *noun* **sahda'ni'.**
tiny *adjective* **ti'.**
tired of, fed up with, become *verb base* **-witháy'áy-** [wit-háy-'áy-] [mind-activity-spoil]. *For example* **pitáy'áyhah** *he gets tired of it* [—hah] [—HAB]. **pitáy'á:yah** *he's become tired of it* [—ah] [—PERF]. **pù:táy'á:yah** *they (du) have become tired of it* [wiht—ah] [—PERF]. **pitáywa'á:yah** *they (pl) have become tired of it* [—wa—ah] [—ANIM.PL—PERF]. **kú:táy'á:yah** *I've become tired of it* [ku—ah] [1.PAT—PERF].
tired, get *verb base* **-yahchud-** [yah-chud] [PREVB-get.tired]. *For example* **sa'ayahchudah** *did you get tired?* [sa'a—ah]

[2.PAT.IRR—PERF]. **háhyahchussa'** *he's getting tired* [hák—sa'] [IND—IMPFV]. **dahchut'a'** *he'll get tired* [—'a'] [—FUT]. **kuyahchudah** *I'm tired* [ku—ah] [1.PAT—PERF]. **dahchudah** *he's tired* [—ah] [—PERF]. **dahwachudah** *they're tired* [—wa—ah] [—ANIM.PL—PERF].

toad *noun* **'ich'an'**.

tobacco *noun* **yá:hah**.

toe *noun root* **nàm:bit-**. *For example* **kah'ánàm:bits'ah** *that which is one's toe* [kak='a—ya'ah] [SUB=DEFOC.PAT—be]. **kah'ánàm:bin'nah** *those which are one's toes* [kak='a—na-ya'ah] [SUB=DEFOC.PAT—DIST-be]. **nàm:bit'uh** *toe* [—'uh] [—NN.SUFF]. **kah'ínàm:bits'ah** *its toe* [kak='i—ya'ah] [SUB=PRENN—be]. **nàm:bitsih** *in the toe* [—yih] [—LOC].

toenail *noun root* **náwt-**. *For example* **kah'ánáwts'ah** *that which is one's toenail* [kak='a— ya'ah] [SUB=DEFOC.PAT—be]. **kah'ánàw:náy'ah** *those which are one's toenails* [kak='a—na-ya'ah] [SUB=DEFOC.PAT—DIST-be].

tongue *noun root* **dit-**. *For example* **dit'uh** *tongue* [—'uh] [—NN.SUFF]. **kahdits'ah** *that which is a tongue* [kak—ya'ah] [SUB—be]. **kahdin'nah** *those which are tongues* [kak—na-ya'ah] [SUB—DIST-be]. **kah'adits'ah** *one's tongue* [kak='a—ya'ah] [SUB=DEFOC.PAT—be]. **ditsih** *on the tongue* [—yih] [—LOC].

Tonkawa *noun* **Tankaway**.

too *see* **also, too**.

tooth, beaver *noun root* **t'a-**. **t'a'uh** *tooth, beaver* [—'uh] [—NN.SUFF]. **kah'a:t'áy'ah** *that which is one's tooth* [kak='a-'i—ya'ah] [SUB=DEFOC.PAT-PRENN—be]. **kah'it'ánna'ah** *teeth* [kak='i—na-ya'ah] [SUB=PRENN—DIST-be].

tortoise, prairie turtle *noun* **ch'áyáhsuwi'**.

touch *verb base* **-datahákidi-** [data-hákidi] [PREVB-touch]. **kakittahá:kit** *for one to touch something* [kak=yi—] [SUB=DEFOC.AGT—]. **tsittaháhdah** *I've touched it* [tsi—ah] [1.AGT— PERF]. **háhdanáhdisa'** *he's touching it* [hák—sa']

[IND—IMPFV]. **kashsháttahá:kit'** *don't touch it!* [kash=sa—] [PROHIB=3.AGT.IRR—]. **háhdámmaháhdisa'** *they're touching it* [hák—wa—sa'] [IND—ANIM.PL—IMPFV]. **dánáhdihah** *he touches it* [—hah] [—HAB].

touch on *see* **mention, touch on.**

tough, hard *adjective root* **-dashk'ah.** *For example* **hadashk'ah** *tough, hard* [ha—] [ADJ.PREF—].

town *noun root* **námmiht-.** *For example* **kúhnámmiht'a'** *where a town is* [kúk—'a'] [LOC.SUB—'a']. **háhnámmiht'a'** *there is a town* [hák—'a'] [IND—be.present].

track (of an animal) *noun root* **nat-.** *For example* **kahunnats'ah** *that which is a track* [kak=nu- n—ya'ah] [SUB=3.BEN-BEN—be]. **kahunnanna'ah** *those which are tracks* [kak=nu-n—na-ya'ah] [SUB=3.BEN-BEN—DIST-be].

trade *verb base* **-hatháh-** [hat-háh] [crowd-trade]. *For example* **tsihatáhchah** *I'm going to trade* [tsi—chah] [1.AGT—INTENT]. **háhatáhsa'** *he's trading* [hák—sa'] [IND—IMPFV]. **hatáhnah** *he has traded* [—nah] [—PERF]. **hítatah** *he traded* [hít—] [PAST—]. **hatáhchah** *he's going to trade* [—chah] [—INTENT]. **happaháhchah** *they're going to trade* [—wa—chah] [—ANIM.PL—INTENT]. **nakihatah** *one uses it for trading* [nak=yi—] [INST.SUB=DEFOC.AGT—]. **hatáhnah** *he has traded* [—nah] [—PERF]. **hítatah** *he traded* [hít—] [PAST—]. **tsihappaháhchah** *we're going to trade* [tsi—wa—chah] [1.AGT— ANIM.PL—INTENT]. **Dí: dischah nakihatah.** *This is trading day.*

transvestite *noun* **ní'aw.**

trash *noun root* **háttsiht-.** *For example* **háttsiht'uh** *trash* [—'uh] [—NN.SUFF]. (Grass, sticks, cans, garbage, etc.)

tree *noun root* **ya'k-.** *For example* **kahda'ts'ah** *tree* [kak—ya'ah] [sub—be]. *See also* **wood, tree, log.**

tree frog *noun* **kabat.**

tripe *see* **cow's stomach.**

trot *verb base* **-'awinányiyah-** ['awi-nán-yi-yah] [ABS.SG-over-PREVB-run]. *For example* **háh'áwnánniyah** *he is trotting* [hák—]

[IND—]. **háhánánní:wá:yah** *they are trotting* [hák=hana-na—wa—] [IND=ABS.PL-DIST—ANIM.PL—].

true *see* **straight, true.**

trunk *phrase* **nahakachánchahsa' kahyach'ah** *box used to put clothes in* [nak—kah-sa'] [INST.SUB—inside-IMPFV].

tuck-in shirt front *see* **breast, chest.**

Tuesday *phrase* **bít haishuh** *two straight. Also* **two hundred.**

turkey (Meleagris sp.) *noun* **nú'.**

turn bread over *phrase* **dashkat dà:nikà:wani'** *turn the bread over!.*

turn over (intrans) *verb base* **-'iniká'wanini-** ['ini-ká'-wanini] [lying-PREVB-turn]. *For example* **kaki:niká'wani'** *for one to turn something over* [kak=yi—] [SUB=DEFOC.AGT—]. **'ínkà:wánnah** *it has turned over* [—ah] [—PERF]. **'ínkà:wánnichah** *he's going to turn over* [—chah] [—INTENT]. **háh'ínkà:wánnisa'** *he's turning over* [hák—sa'] [IND—IMPFV]. **hánínkà:wáwni'a'** *they will turn over* [hani—wawa—'a'] [ABS.PL—ANIM.PL—FUT].

turn over (trans) *verb base* **-'iniká'wani'i-** ['ini-ká'-wani'i] [lying-PREVB-put.in]. *For example* **háh'ínkà:wán'isa'** *she's turning it over* [hák—sa'] [IND—IMPFV]. **háh'ínkà:wáwán'isa'** *they're turning it over* [hák—wa—sa'] [IND—ANIM.PL—IMPFV]. **'ínkà:wán'ichah** *he's going to turn it over* [—chah] [—INTENT]. **dà:nikà:wani'** *turn it over!* [yah'—] [2.AGT—].

turn the doorknob *see* **twist, wring.**

turn (intrans) *verb base* **-'awiká'wanini-** ['awi-ká'-wanini] [circular.motion-PREVB-turn]. *For example* **kah'áwkà:wani:** *to turn* [kak—] [SUB—]. **'áwkà:wánnichah** *it's going to turn* [—chah] [—INTENT]. **háhanikà:wáwni:sa'** *they (pl) are turning* [hák=hani—wa—sa'] [IND=ABS.PL—ANIM.PL—IMPFV].

turn (trans) *verb base* **-'awiká'wani'i-** ['awi-ká'-wani-'i] [circular.motion-PREVB-BEND-CAUS]. *For example* **dà:wikà:wani'** *turn it!* [yah'—] [2.AGT—]. **'áwkà:wán'ichah** *he's going to turn it* [—chah] [—INTENT]. **tsi:wikà:wán'ichah**

I'm going to turn it [tsi—chah] [1.AGT— INTENT]. **tucháttiʼah** *she has turned it* [nu—ah] [3.BEN—ah]. **háhucháwáttiʼsaʼ** *they're turning it* [hák=u—wá—saʼ] [IND=3.BEN—ANIM.PL—IMPFV]. **háhucháttiʼsaʼ** *she's turning it* [hák=nu—saʼ] [IND=3.BEN—IMPFV]. **háhnuʼìn:cháttiʼsaʼ** *they (du) are turning it* [hák=nu-wiht—saʼ] [IND=3.BEN-DU—IMPFV]. **dahʼucháttiʼ** *turn it!* [yahʼ-nu—] [2.AGT- 3.BEN—].

turtle, box *see* **prairie turtle, box turtle.**

turtle, little swamp *noun* **kaskʼah. kaskʼahtsiʼ** *stinking turtle* [—tsiʼ] [—HYPO].

turtle, prairie *see* **tortoise, prairie turtle.**

turtle, snapping *noun* **bá:dinʼ.**

turtle, soft-shelled *noun* **kiwayʼ**.

turtle, timber *phrase* **chʼayah dahdínnih.** Turtle with gray markings found in eastern Oklahoma.

turtle, water *noun* **shihawah.**

twelve *numeral* **bínáyʼah há:yuh bit** *ten plus two.*

twelve and a half cents *noun* **ʼiskanay.**

twenty *numeral* **bínáyʼah bit** *ten twos.*

twenty-five cents. bit ʼiskanay.

twenty-one *numeral* **bínáyʼah bit há:yuh ʼwístsʼiʼ** *ten twos plus one.*

twenty-two *numeral* **bínáyʼah bit há:yuh bit** *ten twos plus two.*

twenty-three *numeral* **bínáyʼah bit há:yuh daháwʼ** *ten twos plus three.*

twins *noun* **bí:shiʼ.**

twist, wring *verb base* **-káttiʼ-** [ká-ttiʼ] [PREVB-twist]. *For example* **kakikáttiʼ** *for one to twist, wring* [kak=yi—] [SUB=DEFOC.AGT—]. **hákkáttiʼsaʼ** *he's twisting it* [hák—saʼ] [IND—IMPFV]. **kakihkachánchátti'** *for one to wring clothes* [kak=yi-hakachán—] [SUB=DEFOC.AGT- clothes—]. **háhúmbiduhcháttiʼsaʼ** *he's turning the doorknob* [hák=nu-n-biduhk—saʼ] [IND=3.BEN-something.short.and.fat—IMPFV]. **nakicháttiʼ** *one uses it to grind* [nak=yi-t—] [INST.SUB=DEFOC.AGT—].

two *numeral* **bít.**

two hundred *numeral* **bít haishuh** *two straight.*

U

udder *see* **breast, udder.**

uncle *noun root* **bák-.** *For example* **bá:kin'** *uncle* [bák-in'] [uncle-kinsman not of speaker]. *Also* **bá:nin'.**

uncover *see* **open, uncover.**

underbrush *noun* **bí:da-.** *For example* **bí:dáy'ah** *it is underbrush* [—ya'ah] [—be].

underneath *noun root* **hánkah-.** *For example* **kúhánkah'a'** *where the under part is* [kúk—'a'] [LOC.SUB—be.present].

underneath, be *phrase* **'inika'ah kúh'ínkah'a'** *it's underneath* [kúk—'a'] [LOC.SUB— be.present]. **ínka'áy'ah** *it's underneath* [—ya'ah] [—be]. **dà:nik'ahyuh** *get underneath* [yah'—yuk] [2.AGT—enter]. **dà:nik'ahyu'** *put it underneath* [yah'—yu'] [2.AGT—put]. **'ínka'ahni'nah** *he has stayed underneath* [—ni'-nah] [—stay-PERF]. **'ínka'ahni'wa'** *he'll stay underneath* [—ni'-wa'] [—stay-FUT]. **'ínáwka'ahwani'wa'** *they'll stay underneath* [—wa—wa-ni'-wa'] [—ANIM.PL—ANIM.PL-stay-FUT]. **dà:nik'ahni'** *stay underneath!* [yah'—ni'] [2.AGT—stay].

under, be lying *verb base* **-'inika'ah-** ['ini-ka'ah] [lying-under]. *For example* **kà:nik'ahih** *it's lying under it* [kak—yih] [SUB—LOC]. **kà:nik'ahih nakihash'náwyah** *it's lying under the table.*

United States Government *phrase* **kahdí: ha'imay** *big chief.*

unripe *see* **green, blue, unripe.**

upset (emotionally) *verb root* **-wityihákidi'n-** [wit-yi-hákid-i'n-] [mind-PREVB-touch-CAUS]. *For example* **kakiwtsiháhdin'** *to upset someone* [kak—] [SUB—]. **híttsiwtsiháhdin'** *I upset him* [hít=tsi—] [PAST=1.AGT—]. **híppitacháhdin'** *he upset him* [hít—] [PAST].

urinate *phrase* **hást'uh háhyáhassa'** *he's urinating.*

urinate, defecate *verb base* **-yáhas-** [ya-'has] [PREVB-urinate/defecate]. *For example* **kakíyá:has** *for one to urinate, defecate* [kak=yi—] [SUB=DEFOC.AGT—]. **háhyáhassa'** *he's urinating, defecating.*

urine *noun root* **hást-**. *For example* **hást'uh** *urine* [—'uh] [—NN.SUFF].

use *verb base* **-hánnah-** [hán-ya'ah] [entity-be]. *For example* **'isikánnah** *he's using his hand* ['i- sik—] [PRENN-hand—]. **k'ántánnah** *he's using his head* [k'ánt—] [head]. **'anasánnah** *he's using his foot* ['a-nas—] [PRENN-foot—]. **'ich'ahánnah** *he's using his eye* ['i- ch'ah—] [PRENN-eye—]. **táywakánnah** *he's using his mouth* [náywak—] [mouth—]. **bíshtánnah** *he's using his ear* [bísht—] [ear—].

useless *adjective* **washah.**

V

vagina *noun* **nikattuhnu'**.

valley *noun root* **–kidah**. *For example* **kúkidah** *in the valley* [kú-kidah] [LOC.SUB-valley].

venereal disease *see* **syphillis, venereal disease.**

vertical object, tepee *noun* **shuhdah.**

very *adverb* **batanay'**.

virgin *phrase* **dún:k'uh náttihtsi'** *intact woman.*

Virgin Mary *phrase* **'ina' há:yuh** *mother above.*

viscous *see* **rigid, viscous, syrup.**

visible *see* **plain, visible, daylight.**

visit, appear in a clearing *verb base* **-yawataki-** [ya-wataki] [wood-appear]. *For example* **dáwtahsa'** *he's visiting* [—sa'] [—IMPFV]. **dáwtahsat** *he's going to go and visit* [—sat] [—INT.AND]. **dáwtakah** *he visits* [—hah] [—HAB]. **dáw'áhkah** *they've visited* [—wa—ah] [—ANIM.PL—PERF]. **dáw'áhkihah** *they visit* [—wa—hah] [—ANIM.PL—HAB]. **dáw'áhkisat** *they're going to go and visit* [—wa—sat] [—ANIM.PL—INT.AND]. **háhyáwtahsa'** *he's visiting* [hák—sa'] [IND—IMPFV].

hítdáwtah *he visited* [hít—] [PAST—]. **hítdáw'áhah** *they visited* [hít—wa—hah] [PAST— ANIM.PL—HAB]. **há'ukíhyáwtahsa'** *she's still visiting* [há'ukík—sa'] [CONT.IND—IMPFV]. **kashshah'yáwtah** *don't visit!* [kash-sah'—] [PROHIB-2.AGT.IRR—]. **kassah'yáwtah** *you should visit* [kas-sah'—] [OBLIG-2.AGT.IRR—]. **kíhyáw'áhah** *those who visit* [kík—wa— hah] [PAST.SUB—ANIM.PL—HAB]. **kúka'ukíhyáwtah** *he could just visit there* [kúka'ukík—] [NOTHING.BUT—]. **kúsah'yáwtah'a'** *you won't visit* [kú=sah'—'a'] [NEG=2.AGT.IRR—FUT]. **káw'nih kíhyáw'áhah** *let the visitors go first* [kík—wa—hah] [PAST.SUB—ANIM.PL—HAB]. **ní'ikáynutsáwtah** *whoever he visits* [ní'ikáy-nu-t—] [INDIS.SUB-3.BEN-BENFV—]. **ní'ikáyyáwtah** *whenever he visits* [ní'ikáy—] [INDIS.SUB]. **níkah'yáwtah** *when you visited* [ník=yah'—] [PAST.TEMPORAL.SUB=2.AGT—]. **níkáytsitsáwtah** *whichever one I visit* [níkáy-tsi-t—] [INDIS.SUB-1.AGT-BENFV—]. **ní'ukíhyáwtahnun'** *when he used to visit* [ní'ukík—nun'] [FORMERLY—ITER]. **síkáytsitsáwtah** *whenever I happen to visit him* [síkáy=tsi-t—] [INDIS.WH.INTERROG=1.AGT-BENFV—]. **tsi'ahyáwtahchah** *I'm going to visit for a while* [tsi-'ah—chah] [1.AGT-?—INTENT]. **tsíyáwtahah** *I visit* [tsi—hah] [1.AGT—HAB]. **tsíyáw'áhkisat** *we're going to go and visit* [tsi—wa—sat] [1.AGT—ANIM.PL—INT.AND]. **túhyáwtahsat** *probably he'll go and visit there* [túk—sat] [PROB—INT.AND]. **táhyáwtahsat** *he might go and visit there* [ták—sat] [POSS—INT.AND]. **wíkáynutsáwtah** *whoever he visits* [wíkáy=nu-t—] [INDIS.REL=3.BEN-BENFV—]. **wíkáytsitsáwtah** *whoever I visit* [wíkáy=tsi-t—] [INDIS.REL=3.agt-BENFV—]. **híbi: dáw'áhkihah** *they visit often.*

voice *see* **word, language, voice.**

W

wagon *noun* **k'ayasúy. k'ayasúyti'ti'** *baby carriage* [—ti'ti'] [—DIM]. **k'ayasúytsi'** *Buggy Creek* [—tsi'] [—HYPO].

wait! *exclamation* **Chahti'**! *Wait!*

walk *verb base* **-yaswíyah-** [yas-'awi-yas] [running-ABS.SG-walking]. *For example* **háhtsiyaswí:yah** *I'm walking* [hák=tsi—] [IND=1.AGT—].

walk by *verb base* **-yas'awiyaskidi-** [yas-'awi-yaskidi] [running-ABS.SG-pass.by.running]. *For example* **dasúyyáhdah** *he has walked by* [—ah] [—PERF].

walnut *noun* **sahah**.

want *verb base* **-wit'a'ih-** [wit-'a'ih] [mind-want]. *For example* **pit'ihah** *he wants it* [—hah] [—HAB]. **pù:nit'ihah** *they (du) want it* [wiht-hani—hah] [DU-ABS.PL—HAB]. **pit'wáw'ihah** *they (pl) want it* [wit-'a-wawa-'a'ih-hah] [mind-PREVB—ANIM.PL—want-HAB]. **híppit'ihah** *he wanted it* [hít—hah] [PAST—HAB]. **kú:t'ihah** *I want it* [ku—hah] [1.PAT—HAB]. **hákkú:nit'ihsa'** *I'm wanting it* [hák=ku—sa'] [IND=1.PAT—IMPFV].

war party *see* **shoe, war party**.

warrior, young man *noun* **shú:wi'**. **shú:wi' dah'yah** *you are brave*.

war, make *phrase* **wá:hih kakín:'at** *to make war*.

wash *verb base* **-kadís-** [ka-dís] [PREVB-wash]. *For example* **híkkadis** *she washed it* [hít—] [PAST—]. **hákkadissa'** *she's washing it* [hák—sa'] [IND—IMPFV]. **kadíschah** *she's going to wash it* [—chah] [—INTENT]. **kawadíschah** *they're going to wash it* [—wa—chah] [— ANIM.PL—INTENT]. **dahkadis** *wash it!* [yah'—] [2.AGT—]. **nakikadis** *one uses it for washing, soap* [nak=yi—] [INST.SUB=DEFOC.AGT—]. **nakiyanchadis** *one uses it for washing boards, mop, scrub brush* [nak=yi-ya-na—] [INST.SUB=DEFOC.AGT-wood-DIST—]. **nas'akadí:sah** *when one has washed it* [nas='a—ah] [GEN.COND=DEFOC.AGT—PERF].

wash dishes *verb base* **-nakahi'n-** [na-ka-hi'n] [DIST-PREVB-rinse]. *For example* **tachahi'nah** *she has washed the dishes* [—ah] [—PERF]. **tsinchahin'na'** *I'll wash the dishes* [tsi—'a'] [1.AGT—FUT]. **nakínchahin'** *one uses it for washing dishes, dish rag, kitchen sink* [nak=yi—] [INST.SUB=DEFOC.AGT—].

wash oneself *verb base* **-kadís'u-** [ka-dís-'u(nah)] [PREVB-wash-MID]. *For example* **hákkadís'usa'** *he's washing (himself)* [hák—sa'] [IND—IMPFV]. **tsikadís'uchah** *I'm going to wash (myself)* [tsi—chah] [1.AGT—INTENT]. **dahkadís'unah** *wash (yourself)!* [yah'—] [2.AGT—PERF].

Washington *noun* **Wáshintan.**

Washington, DC. Na Kahdíy Ha'imay *place of the United States Government (big chief).*

Washita River *noun* **Wáshitah.**

wasp *see* **bee, wasp.**

wasp, red *phrase* **wá:'ah hatinu'.**

water *noun* **kú:ku'.**

water container, bucket *phrase* **kú:ku' nakkanchahsa'.**

water moccasin *noun* **wahihsut.**

waterhole, be *verb base* **-kanwakya'ah** [kan-wak-ya'ah] [waterhole-be]. *For example* **kínkammach'ah** *it was a waterhole* [kín—] [PAST.HRSAY—]. **haka'aw' kínkammach'ah** *it was a deep waterhole.*

watermelon *see* **melon, watermelon.**

water, be *noun root* **kan-.** *For example* **kanna'ah** *it's water* [kan-ya'ah] [water-be].

wattles *noun root* **bánk-.** *For example* **bán:k'uh** *wattles* [—'uh] [—NN.SUFF].

weak, feeble, be *verb base* **-m'itna'-** (?) [m-'itna-'] [BENFV-PREVB-be (?)]. *For example* **kúyám'itna'** *he's weak, feeble* [kú=ya—] [NEG=DEFOC.PAT—]. **kúbám'itna'** *I'm weak, feeble* [kú=ba—] [NEG=1.PAT.irr—]. **kúyám'itnáwá:wa'** *they're weak, feeble* [kú=ya— wawa—] [NEG=DEFOC.PAT—ANIM.PL—].

wealthy *see* **rich, wealthy.**

wear *verb base* **-kahsanih-** [ka-hsanih] [PREVB-wear]. *For example* **tsikasnihchah** *I'm going to wear it* [tsi—chah] [1.AGT—INTENT]. **nakikahsan** *one uses it for wearing, shirt, dress* [nak=yi—] [INST.SUB=DEFOC.AGT—]. **kasnihchah** *she's going to wear it* [tsi—chah] [1.AGT— INTENT].

wear a blanket, shawl, robe, cape *verb base* **-daki'n-** [da-ki'n] [PREVB-wear.a.blanket]. *For example* **hítdakin'** *she wore a blanket* [hít—] [PAST—]. **hítdáwá:kin'** *they wore blankets* [hít—wá—] [PAST— ANIM.PL—]. **híttsidakin'** *I wore a blanket* [hít=tsi—] [PAST=1.AGT—].

wear a shawl *verb base* **-dahnuh-** [dah-nuh] [PREVB-wear.shawl]. *For example* **dahnuhnah** *she has worn a shawl* [—nah] [—PERF]. **hítdahnuhah** *she wore a shawl* [hít—hah] [PAST— HAB]. **híttsidahnuhah** *I wore a shawl* [hít=tsi—hah] [PAST=1.AGT—HAB]. **háhdahnuhsa'** *she's wearing a shawl* [hák—sa'] [IND—IMPFV]. **háhdahwanuhsa'** *they're wearing shawls* [hák—wa—sa'] [IND—ANIM.PL—IMPFV].

wear black *phrase* **kasnihchah hadiku'** *she's going to wear black.*

weasel, otter *noun* **yusah.**

weave, braid *verb base* **-nahi'n-** [na-hi'n] [PREVB-weave, braid]. *For example* **kakín:hin'** *for one to weave, braid* [kak=yi—] [SUB=DEFOC.AGT—]. **háhnahin'sa'** *she's weaving* [hák— sa'] [IND—IMPFV]. **háhnawahin'sa'** *they're weaving* [hák—wa—sa'] [IND—ANIM.PL— IMPFV]. **tahin'chah** *she's going to weave* [—chah] [—INTENT]. **tsínhin'chah** *I'm going to weave* [tsi—chah] [1.AGT—INTENT]. **nakínhin** *one weaves with it, loom* [nak=yi—] [INST.SUB=DEFOC.AGT—].

web *noun root* **nusbánn-**. *For example* **kahusbán'nah** *that which is a web* [kak—ya'ah] [SUB— be]. **tusbán'nah** *it is a web* [—ya'ah] [—be]. **nusbán'nuh** *web* [—'uh] [—NN.SUFF]. **háhusbán'nah** *it has a web* [hák—ya'ah] [IND—be]. **dí:yá:nah na nusbán'nuh** *it's been caught in the web.*

wedged in, in the crowd *noun root* **daka'ah-**. *For example* **háhdak'ah'a'** *he's wedged in, in the crowd* [hák—'a'] [IND—be.present]. **háhnachak'ah'a'** *they're wedged in, in the crowd* [hák=na—'a'] [IND=DIST—be.present].

Wednesday *phrase* **daháw' haishuh** *three straight.*

weed *noun root* **kasán-**. *For example* **kakkasánna'ah** *that which is a weed* [kak—ya'ah] [SUB— be].

weed used as emetic *noun* **ban'chas.** Used before a footrace to prevent shortwindedness.

weed used in sweat bath *noun* **kasánká:yu'.**

well *noun* **kakkammach'ah** [kak-kan-wak-ya'ah] [SUB-water-hole-be].

west *phrase* **kuna dischuh** *in the direction of the sunset.*

wet *adjective root* **-kakk'u'.** *For example* **hakakk'u'** *wet* [ha—] [ADJ.PREF—].

wet a small area *verb base* **-háybádi'n-** [háy-bád-i'n] [PLACE-be.wet-CAUS]. *For example* **kakiháybá:din'** *for one to wet a small area* [kak=yi—] [SUB=DEFOC.AGT—]. **háybán'nah** *she has wet a small area* [—ah] [—PERF]. **hítáybá:din'** *she wet a small area* [hít—] [PAST—].

wet, sprinkle, sponge down *verb base* **-kibádi'n-** [ki-bád-i'n] [PREVB-wet-CAUS]. *For example* **kakihbá:din'** *for one to wet something* [kak=yi—] [SUB=DEFOC.AGT—]. **kibán'nah** *she has wet it* [— ah] [—PERF].

whip *phrase* **bi'ni nakímbin'** *one uses it to hit something* [nak=yi-nu-bi'ni] [INST.SUB=DEFOC.AGT-BENFV-hit].

whiskey *noun* **wíski:.**

whisper *verb base* **-habakahshí'-** [ha-baka-hshí'-] [time-speech-whisper]. *For example* **kakihwakahshi'** *to whisper* [kak=yi—] [SUB=DEFOC.AGT—]. **háháwkahshi'sa'** *he's whispering* [hák—sa'] [IND—IMPFV]. **háháwkahwashi'sa'** *they (pl) are whispering* [hák—wa—sa'] [IND—ANIM.PL—IMPFV].

whistle *verb base* **-'it'akáyu'n-** ['i-t'akáyu-'n] [PREVB-whistle-CAUS]. *For example* **kaki't'aká:yun'** *to whistle* [kak=yi—] [SUB=DEFOC.AGT—]. **háh'it'akáyúy'sa'** *he's whistling* [hák—sa'] [IND—IMPFV]. **háh'it'akáyúwáy'sa'** *they're whistling* [hák—wa— sa'] [IND—ANIM.PL—IMPFV].

whistle blow *see* **shout.**

white *adjective root* **-káyu'.** *For example* **haká:yu'** *white* [ha—] [ADJ.PREF—].

white man *phrase* **háyá:nuh haká:yu'** *white person. See also* English language, white man.

whole *see* intact, whole, pure.

whooping cough *see* shout.

Wichita *noun* **Wíchita**.

width *noun root* **ká'hwi-** [ká-'hwi] [PRENN-width]. *For example* **síkkà:wihut** *how wide is it?* [sík—hut] [WH.INTERROG—?]. **síkkà:wihut'a'** *how wide will it be?* [sík—hut-'a'] [WH.INTERROG—?-FUT]. **kakkà:wi:'ah** *that which is width* [kak—ya'ah] [SUB—be]. **ha'imay kà:wi:'ah** *it's wide*. **'wists'i' kakkà:wi:'ah** *one width, one length, one mile*. **síná kà:wihut** *it's that wide*.

wildcat *noun* **wadu'**.

wilted, withered, rusted *adjective* **káttish**.

win *verb base* **-hachahkiyu'-** [hachah-kiyu'] [HUM.PAT-win]. *For example* **hachahkí:'ah** *he has won* [—ah] [—PERF]. **tsihachahkí:'ah** *I have won* [tsi—ah] [1.AGT—PERF]. **pihtachahkí:'ah** *they (du) have won* [wiht—ah] [DU—PERF].

wind *noun root* **háwt-**. *For example* **háwt'uh** *wind* [—'uh] [—nn.suff]. **kaháwts'ah** *that which is a wind* [kak—ya'ah] [SUB—be].

window, glass *verb* **kancháybah** *see inside water* [kan-kah-yi-bahw] [water-inside-see].

wing *noun root* **bís-**. *For example* **bí:suh** *wing* [—'uh] [—NN.SUFF]. **kah'abísh'ah** *its wing* [kah='a—ya'ah] [SUB=DEFOC.PA—be]. **kah'abín'nah** *its wings* [kah='a—na-ya'ah] [SUB=DEFOC.PA—DIST-be]. **bí:shih** *in the wing* [—yih] [—LOC]. **kúh'abí:sa'** *on its wing* [kúk='a—'a'] [LOC.SUB=DEFOC.PAT—be.present].

winter *see* cold, winter.

wipe *verb base* **-bí'n-** ['i-bí'n] [PREVB-wipe]. *For example* **'ibí'nah** *she has wiped it* ['i— ah] [PREVB—PERF]. **hít'i:bin'** *she wiped it* [hít='i—] [PAST=PREVB—]. **háh'ibí'sa'** *she's wiping it* [hák='i—sa'] [IND=PREVB—IMPFV]. **háhnabí'sa'** *she's wiping them* [hák=na—sa'] [IND=DIST—IMPFV]. **háhwabí'sa'** *they're wiping it* [hák=wa—sa'] [IND=ANIM.PL—IMPFV].

háhnawabí'sa' *they're wiping them* [hák=na-wa—sa'] [IND=DIST-ANIM.PL—IMPFV]. **nakímbin'** *what one wipes with, dish towel* [nak=yi-n—] [inst.SUB=DEFOC.AGT-BENFV—]. **dahbin'** *wipe it!* [yah'—] [2.AGT—]. **háhúmbí'sa'** *she's wiping it for somebody* [hák=nu-nu—sa'] [IND=3.BEN-BENFV—IMPFV]. **háhumbí'sa'** *she's wiping them for somebody* [hák=nu-na— sa'] [IND=3.BEN-DIST—IMPFV].

wipe a nose *verb base* **-'isubí'n-** ['i-su-bí'n] [PREVB-nose-wipe]. *For example* **háh'isubí'sa'** *he's wiping somebody's nose* [hák—sa'] [IND—IMPFV]. **háh'isubín'usa'** *he's wiping his nose* [hák—u-sa'] [IND—MID-IMPFV]. **dà:subín'unah** *wipe your nose!* [yah'—u-nah] [2.AGT— MID-PERF].

witch *noun* **náy:dih**.

withered *see* **wilted, withered, rusted**.

wolf, coyote *noun* **tá:shah**.

woman, queen (in cards) *noun* **náttih**.

wood, tree, log *noun root* **ya'k-**. *For example* **ya'k'uh** *wood, tree, log* [—'uh] [—NN.SUFF].

woodpecker *noun* **kahda:bá:tsus**.

woodpecker (sp) *noun* **kís'nis**. Small, black-speckled, red head, song foretells visitor.

woods *noun root* **bahkah-**. *For example* **bahkáy'ah** *woods* [—ya'ah] [—be]. **bahkahih** *in the woods* [—yih] [—LOC].

wool *see* **blanket, wool, sheep**.

word, language, voice *noun root* **baka-**. *For example* **kahbakáy'ah** *word* [kak—ya'ah] [SUB—be]. **kahawkáy'ah** *language, voice* [kak=ha—ya'ah] [SUB=space—be].

worm, maggot *noun* **ku'uh**.

worry *see* **apprehensive, be; worry**.

worse, worst *adjective* **kutí:shah**.

wrap. *verb base* **-'awikáynayu'-** ['awi-káy-na-yu'] [circular.motion-PREVB-DIST-put]. *For example* **kaki:wikáynayu'** *to wrap* [kak=yi—] [SUB=DEFOC.AGT—]. **'áwkáynayu'** *he has wrapped it* [—ah] [—PERF]. **hít'áwkáynayu'** *he wrapped it* [hít—]

[PAST—]. **dà:wikáynáwá:yu'** *wrap it (pl)!* [yah'—wá—] [2.AGT—ANIM.PL—].

wren (small variety) *noun root* **ts'i:pís-**. *For example* **ts'i:pístsi'** *wren* [ts'i:pís-tsi'] [ts'i:pís-HYPO].

wring clothes *see* **twist, wring.**

wring out *verb base* **-kawts'ú'din'-** [kaw-ts'ú'-di'n] [PREVB-wring.out-CAUS]. *For example* **híkkaw'ts'ú'din'** *she wrang it out* [hít—] [PAST—]. **tsikaw'ts'ù:din'na'** *I'll wring it out* [tsi—'a'] [1.AGT—FUT]. **dahkaw'ts'ú'din'** *wring it out!* [yah'—] [2.AGT—]. **dahkawwats'ú'din'** *wring it out (pl)!* [yah'—wa—] [2.AGT—ANIM.PL—]. **nakikaw'ts'ú'din'** *one uses it to wring out, wringer* [nak=yi—] [INST.SUB=DEFOC.AGT—].

write *verb base* **-yishuk-** [yi-shuk] [PREVB-write]. *For example* **háhtsí:shuhsa'** *I'm writing* [hák=tsi—sa'] [IND=1.AGT—IMPFV].

Y

yard *noun root* **náwyáh-**. *For example* **náwyá:hih** *in the yard* [—yih] [—LOC]. **ha'imay náwyá:hih tutáy'ah** *he has a big yard.*

yardstick *see* **ruler, yardstick, tape measure.**

Yatasi (a Caddo band) *noun* **Yatasi'**.

year *noun root* **hadáw-**. *For example* **kahadáwya'ah** *that which is a year* [kak—ya'ah] [SUB— be]. **'wísts'i' kahadáwya'ah** *one year.* **hasuhun' kahadáwya'ah** *new year.*

yearling horse or cow *noun root* **dáwyáh-**. *For example* **dáwyáhtsi'** *yearling horse or cow* [— tsi'] [—HYPO].

yellow, orange, bile *adjective root* **-k'ay'ku'**. *For example* **hak'ay'ku'** *yellow, orange, bile* [ha—] [ADJ.PREF—].

yes *exclamation* **'ahay.**

you *pronoun* **nakkah'yah.**

young *adjective root* **-sihdi'**. *For example* **hasihdi'** *young* [ha—] [ADJ.PREF—].

younger brother *noun* **tú:wi'**.

younger brother of woman *noun* **kinitti'ti'**.

Yuchi *noun* **Tahúkanih.**

Z

zebra *see* **striped, checkered.**

References

Bolton, Herbert Eugene. 1987. *The Hasinais: Southern Caddoans as seen by the Earliest Europeans*. Edited and with an Introduction by Russell M. Magnaghi. Norman: University of Oklahoma Press.

Bucca, Salvador, and Alexander Lesser. 1969. Kitsai Phonology and Morphophonemics. *International Journal of American Linguistics* 35: 7-19.

Carter, Cecile Elkins. 1995. *Caddo Indians: Where we Come From*. Norman: University of Oklahoma Press.

Chafe, Wallace. 1968. The Ordering of Phonological Rules. *International Journal of American Linguistics* 34: 115-136. [With Caddo examples.]

-----. 1976. *The Caddoan, Iroquoian, and Siouan Languages*. The Hague: Mouton. [Contains a discussion of earlier sources on the Caddo language, pp. 11-12, and a sketch of the Caddo language, pp. 55-82.]

-----. 1977. Caddo Texts. In Douglas R. Parks (ed.), *Caddoan Texts*, pp. 27-43.

-----. 1979. Caddoan. In Lyle Campbell and Marianne Mithun (eds.), *The Languages of Native America: Historical and Comparative Assessment*, pp. 213-235. Austin: University of Texas Press.

-----. 1983. The Caddo Language, its Relatives, and its Neighbors. In James S. Thayer (ed.), *North American Indians: Humanistic Perspectives*, pp. 243-250. University of Oklahoma Papers in Anthropology, Vol. 24, No. 2.

-----. 1990. Uses of the Defocusing Pronominal Prefixes in Caddo. *Anthropological Linguistics* 32: 57-68.

-----. 1993. Caddo Names in the de Soto Documents. In Gloria A. Young and Michael P. Hoffman (eds.), *The Expedition of Hernando de Soto West of the Mississippi, 1541-1543: Proceedings of the de Soto Symposia 1988 and 1990*, pp. 222-226. Fayetteville, Arkansas: The University of Arkansas Press.

-----. 1995a. The Realis-Irrealis Distinction in Caddo, the Northern Iroquoian Languages, and English. In Joan Bybee and Suzanne Fleischman (eds.), *Modality in Grammar and Discourse*, pp. 349-365. Amsterdam and Philadelphia: John Benjamins.

-----. 1995b. A Note on the Caddo Language. In Cecile Elkins Carter, *Caddo Indians: Where We Come From*, pp. 1-2. Norman, OK: University of Oklahoma Press.

-----. 1997. Introduction to George A. Dorsey, *Traditions of the Caddo*, pp. vii-xxiv. Reprinted by the University of Nebraska Press, Lincoln, NE.

-----. 2005a. Caddo. In Heather K. Hardy and Janine Scancarelli (eds.), *The Native Languages of the Southeastern United States*, pp. 323-350. University of Nebraska Press.

-----. 2005b. *Tsa Ch'ayah: How the Turtle Got Its Squares. A Traditional Caddo Indian Children's Story*. Philadelphia: Xlibris Corporation.

-----. 2007. Caddo. In Michael Montgomery and Ellen Johnson (eds.), *The New Encyclopedia of Southern Culture*, pp. 47-48. Chapel Hill: University of North Carolina Press.

-----. 2015. A Profile of the Caddo Language. In Michael D. Picone and Catherine Evans Davies (eds). *Language Variety in the South: Historical and Contemporary Perspective*, pp. 43-51. Tuscaloosa: University of Alabama Press.

-----. 2017. Caddo. In Michael Fortescue, Marianne Mithun, and Nicholas Evans (eds.), *Handbook of Polysynthesis*, 583-602. Oxford University Press.

Claiborne, Judge J. F. H., and Otis T. Mason. 1879. Anthropological News. *American Naturalist* 13:788-790. [John Sibley vocabulary]

da Cruz, Daniel. 1957. A revised analysis of segmental phonemes in Caddo. Department of Linguistics, Georgetown University.

Dorsey, George A. 1905. *Traditions of the Caddo*. Washington: Carnegie Institution of Washington. Reprint, with an Introduction by Wallace Chafe, Lincoln: University of Nebraska Press, 1997.

Fortescue, Michael, Marianne Mithun, and Nicholas Evans (eds.), *The Oxford Handbook of Polysynthesis*. Oxford University Press.

Gallatin, Albert. 1836. A synopsis of the Indian tribes within the United States east of the Rocky Mountains, and in the British and Russian possessions in North America. *Transactions and Collections of the American Antiquarian Society* 2:1-422. [Vocabulary from George Gray and John Sibley]

Glover, William B. 1935. A history of the Caddo Indians. *The Louisiana Historical Quarterly* 18:872-946.

Hughes, Jack Thomas. 1968. *Prehistory of the Caddoan-Speaking tribes*. Ph.D. dissertation, Columbia University.

Melnar, Lynette R. 1996. Caddo Verb-Stem Locatives. *1994 Mid-America Linguistics Conference Papers* 2:598-610.

-----. 2004. *Caddo Verb Morphology*. Lincoln: University of Nebraska Press.

Mithun, Marianne. 1999. *The Languages of Native North America*. Cambridge: Cambridge University Press. [Caddoan languages, pp. 369-374.]

Mooney, James. 1896. *The Ghost-Dance religion and the Sioux outbreak of 1890*. Bureau of American Ethnology Annual Report 14, Pt. 2. Washington: Government Printing Office. Reprint, with an Introduction by Raymond J. DeMallie, Lincoln: University of Nebraska Press, 1991.

Newkumet, Vynola Beaver, and Howard L. Meredith. 1988. *Hasinai: A Traditional History of the Caddo Confederacy*. College Station: Texas A&M University Press.

Parks, Douglas R. 1976. *A Grammar of Pawnee*. New York: Garland Publishing.

----- (ed.). 1977. *Caddoan Texts*. International Journal of American Linguistics, Native American Text Series, Volume 2, Number 1. The University of Chicago Press.

-----. 1991. *Traditional Narratives of the Arikara Indians*. Four volumes. Lincoln: University of Nebraska Press.

Parsons, Elsie Clews. 1941. *Notes on the Caddo. Memoirs of the American Anthropological Association* 57. Supplement to *American Anthropologist* 43, No. 3, Pt. 2.

Perttula, Timothy K. 1992. *The Caddo Nation: Archaeological and Ethnohistoric Perspectives*. University of Texas Press.

Rogers, J. Daniel, and George Sabo III. 1996. *The Caddos, the Wichitas, and the United States, 1846-1901*. College Station: Texas A&M University Press.

-----. 2004. Caddo. In Raymond D. Fogelson (ed.), *Handbook of North American Indians: Southeast, Volume 14*, pp. 616-631. Washington: Smithsonian Institution.

Rood, David. 1996. Sketch of Wichita, a Caddoan language. In Ives Goddard (ed.), *Handbook of North American Indians: Languages, Volume 17*, pp. 580-608. Washington: Smithsonian Institution.

Sapir, Edward. 1949. *Selected Writings in Language, Culture and Personality*. David Mandelbaum (ed.). Berkeley: University of California Press.

Schoolcraft, Henry R. 1853. *Information Respecting the History, Condition, and Prospects of the Indian Tribes of the United States*. Volume 1. Philadelphia: Lippincott, Grambo. [Vocabulary from Randolph B. Marcy]

Smith, F. Todd. 1995. *The Caddo Indians: Tribes at the Convergence of Empires, 1542-1854*. College Station: Texas A&M University Press.

-----. 1996. *The Caddos, the Wichitas, and the United States, 1846-1901*. College Station: Texas A&M University Press.

Spier, Leslie. 1924. Wichita and Caddo Relationship Terms. *American Anthropologist* 26:258-263.

Swanton, John R. 1942. Source Material on the History and Ethnology of the Caddo Indians. *Bureau of American Ethnology Bulletin* 132. Washington: Government Printing Office. Reprint, with an Introduction by Helen Hornbeck Tanner. Norman: University of Oklahoma Press, 1996.

Taylor, Allen R. 1963a. Comparative Caddoan. *International Journal of American Linguistics* 29:113-131.

-----. 1963b. The Classification of the Caddoan languages. *Proceedings of the American Philosophical Society* 107:51-59.

Troike, Rudolph C. 1964. The Caddo Word for 'Water'. *International Journal of American Linguistics* 30:96-98.

Whipple, Amiel Weeks. 1856. *Reports of Explorations and Surveys to Ascertain the Most Practicable and Economical Route for a Railroad from the Mississippi River to the Pacific Ocean*. Washington: War Department.

www.ingramcontent.com/pod-product-compliance
Lightning Source LLC
Chambersburg PA
CBHW060457010526
44118CB00018B/2450